Ute Ehrhardt · Wilhelm Johnen

**WENN ICH
EHRLICH BIN,**
DANN LÜG ICH
RICHTIG GUT

Ute Ehrhardt · Wilhelm Johnen

WENN ICH EHRLICH BIN, DANN LÜG ICH RICHTIG GUT

Wahrheit bringt uns nicht immer weiter

KNAUR

Das Gedicht auf Seite 100 haben wir entnommen aus: Wilhelm Busch:
Julchen. Vorbemerk. In: Was beliebt ist auch erlaubt. Wilhelm Busch.
Sämtliche Werke II. Herausgegeben von Rolf Hochhuth. 12. Auflage,
München 2008

Besuchen Sie uns im Internet:
www.knaur.de

© 2013 Knaur Verlag
Ein Unternehmen der Droemerschen Verlagsanstalt
Th. Knaur Nachf. GmbH & Co. KG, München
Umschlaggestaltung: ZERO Werbeagentur, München
Umschlagabbildung: plainpicture/ballyscanlon
Satz: Adobe InDesign im Verlag
Druck und Bindung: CPI – Ebner & Spiegel, Ulm
Printed in Germany
ISBN 978-3-426-65517-7

5   4   3   2   1

Wer die Wahrheit sagt,
wird früher oder später dabei ertappt.

Oscar Wilde

Inhalt

Alle Menschen lügen

Wer von sich behauptet: »Ich lüge nie!«, hat es bereits getan.

Lügen sind menschlich. Lügen sind verlockend. Lügen sind hilfreich. Also nutzen wir sie. Keiner entkommt dieser Versuchung. Jeder korrigiert die Wahrheit bewusst oder unbewusst. Jeder lügt.

Wer versuchen würde, niemals die Unwahrheit zu sagen, hätte es wirklich schwer im Leben und wäre oft unglücklich: Er hätte keine Freunde, häufig Ärger und viele Probleme im Job.

Gute Lügen stabilisieren Freundschaften.
Gute Lügen vermeiden Konflikte.
Gute Lügen verschaffen Vorteile.
Gute Lügen erhöhen Erfolgschancen.
Gute Lügen verstärken das Lebensglück.

Lügen gehört zu unserer Natur. Wir belügen andere und uns selbst. Wir versuchen zu verschleiern, was uns in ein schlechtes Licht setzen könnte. Wir beschönigen unsere Lüge, reden sie klein und vergessen sie wieder. Selbst eine faustdicke Lüge, die wir raffiniert eingefädelt haben, blenden wir nach kurzer Zeit aus, so schnell wie manchen Witz, über den wir eben noch herzhaft gelacht haben.

Haben wir erfolgreich gelogen, das Ziel erreicht, erfinden wir eine moralisch akzeptable Ausrede. Wir »überzeugen« uns davon, gerecht und integer gehandelt zu haben.

Im Grunde sind wir moralisch. Wir nutzen zwar die Vorteile einer kleinen Schummelei oder einer handfesten Lüge, aber ein Lügner wollen wir auf gar keinen Fall sein, auch nicht vor uns selbst. Wir halten das Prinzip der Wahrhaftigkeit hoch.

Das klingt paradox, ist es aber nicht: Gäben wir vor uns selbst jede Lüge zu, müssten wir unter Umständen unser Handeln korrigieren oder deutlicher zu unserer Lüge stehen. Solange die bewusste Lüge für uns frevelhaft bleibt, ist jedes weitere geschickte Erfinden neuer Unwahrheiten schwieriger. Wir hätten Skrupel, wären verunsichert. Andere würden dies spüren. Keiner würde uns mehr so leicht glauben. Unsere Lügen verlören Wirkung. Wie stünden wir da? Könnten wir uns selbst noch ernst nehmen?

Die Lüge kann nur im Verborgenen ihre volle Wirkung erzielen. Geschicktes Lügen ist keine Fähigkeit, mit der man prahlt. Man kann es nicht in einer Bewerbung als effiziente Fähigkeit hervorheben oder einer Geliebten zu Füßen legen. Aber eine klammheimliche Freude an einem gelungenen Täuschungsmanöver bleibt uns gelegentlich erhalten.

Wir wollen Sie für die Lüge gewinnen. Sie werden in Zukunft Lügen leichter erkennen, gelassener damit umgehen und die Intention einer Lüge genauer verstehen. Geben Sie das Vertrauen in einen ertappten Lügner nicht vorschnell auf. Wilhelm Busch spöttelt: »Der Beste muss mitunter lügen; zuweilen tut er's mit Vergnügen.«

Lesen Sie unser Buch mit einem ähnlichen Augenzwinkern, denn unsere bestversteckte Fähigkeit – perfekt zu schummeln – ist das Salz unseres Lebens[1]: Ohne Lüge bliebe vieles fad, und nur ein deutliches Zuviel macht alles ungenießbar.

Lüge soll Lüge heißen

Wir befassen uns in diesem Buch nicht mit Betrügereien, die für die Hintergangenen große Nachteile nach sich ziehen. Wir beschäftigen uns hauptsächlich mit den kleinen alltäglichen Lügen. Wir zeigen, wie schwer es ist, sich selbst mit allen Ungereimtheiten und plötzlichen Impulsen, für die wir keine wirkliche Erklärung haben, wahrzunehmen.

Wir werden in diesem Buch jede Unwahrheit, jede absichtsvolle Auslassung und jede halbe Wahrheit als Lüge verstehen. Wir wollen nicht jedes Mal diskutieren, ob eine Unwahrheit gravierend, zielgerichtet oder vermutlich absichtlich war. Immer, wenn wir eigentlich wissen, was wahr ist, oder auch nur das Fünkchen einer Ahnung haben *und* dieser Wahrheit einen Schleier verpassen oder sie einfach neu erfinden – dann lügen wir.

Die Fähigkeit zu lügen ist eine intellektuelle Höchstleistung, ohne deren Existenz keine soziale Welt möglich ist.

Wir wollen Lügen als das beschreiben, was sie sind:

- Lügen gehören zu unserem Leben
- Sie sind ein unersetzlicher Teil unserer zwischenmenschlichen Kommunikation

- Sie ermöglichen es, widersprechende Interessen zwischen verschiedenen Menschen konfliktärmer nebeneinander existieren zu lassen
- Sie helfen uns, scheinbar unvereinbare Impulse in uns parallel leben zu können
- Sie optimieren unseren persönlichen Vorteil
- Lügen sind oft human

Für Menschen gilt: Es gibt kein Lebensglück ohne Selbstmanipulation. Optimismus ist keine Frage des Schicksals oder der Gene, sondern eine positive Selbststeuerung.

In der Liebe sind freundliche Lügen unumgänglich. Tiefe Verbundenheit wächst auf einer gewollten und gesteuerten Manipulation, trotz aller genetischen und biologischen Prägung.

Dass die Fähigkeit, intelligent zu lügen, zum beruflichen Erfolg gehört, sollte niemand ernstlich bezweifeln. Ein weiteres unerlässliches Detail sozialer Kompetenz ist der gute Spürsinn für Lügen: zu wissen, wie sie eingesetzt werden und wann wir sie erwarten müssen.

Vielleicht ist es Ihnen schon passiert: Spontan, ohne Nachdenken lügen Sie. – Im Nachhinein wird deutlich, die Lüge war effizient und erfolgreich. Und Sie erkennen: »Hätte ich lange nachgedacht, abgewogen, wäre es eher schiefgelaufen.« Dieses bauchsichere Schwindeln verlangt eine feinfühlige Toleranz für die Lüge. Dafür wollen wir werben.

Vergessen Sie alles, was Sie über die Lüge zu wissen glauben

Eine Hommage an die Lüge: Eine russische Adelige war mit ihrem Diener nach Amerika durchgebrannt. Niemand verstand, warum sie statt des sorglosen Lebens als Hofdame das entbehrungsreiche Dasein einer fast mittellosen Immigrantin führen wollte. Sie stirbt nach vielen Jahren verarmt in New York, aber die Frage, warum sie diesen Lebensweg mit diesem Mann eingeschlagen hatte, beantwortete sie stets gleich und immer mit strahlenden Augen: »Warum? Ganz einfach: Er konnte so herrliche Lügen erzählen, dass man sich wie die schönste Frau der Welt fühlte.« Eleganter lässt sich nicht verdeutlichen, was uns gelegentlich die Lüge lieben lässt; Schmeicheleien sind das universelle Schmiermittel im zwischenmenschlichen Kontakt.

Bei Schmeicheleien wird uns die Lüge kaum bewusst.

Allgemein gilt: Wir ignorieren, wie oft wir – selbstverständlich und risikobereit – lügen. Vor Gericht wird Wahrheit gefordert. Meineide und Falschaussagen werden mit erheblichen Geldstrafen – sogar mit Gefängnis – geahndet.

13

Es wird geschworen. Das hält nur wenige davon ab, die Unwahrheit zu sagen.

Auch durch einen Richter wird die Wahrheit nicht sicher ans Licht gebracht, jeder weiß: »Vor Gericht gibt es ein Urteil, aber keine Wahrheit.«

Weshalb sollten Menschen im normalen Leben, wo in der Regel viel harmlosere Sanktionen drohen, etwas anderes tun? Wir leben mit der Lüge, ob es uns gefällt oder nicht. Und das ist gut so, denn sie ist deutlich nützlicher, als ihr Ruf vermuten lässt.

Zerstören Lügen Beziehungen?

Wir sind höflich, wir machen Komplimente, wir zeigen Anteilnahme, weil es erwartet wird. Wir verbergen unseren Ärger lächelnd, wir nicken zustimmend und verstecken unsere Zweifel, wir gehen langwierigen »sinnlosen« Diskussionen aus dem Weg, stimmen zu, ohne überzeugt zu sein. Um des lieben Friedens willen schweigen wir. Kleine soziale Lügen machen das Zusammenleben erst möglich.

Wir fragen: »Wird der andere meine Information verdauen können?« Wir variieren entsprechend die Wahrheit. Wer dieses soziale Gespür nicht besitzt, verliert sehr viel schneller die soziale Akzeptanz als der vorsichtige, clevere Lügner.

Zerstören Lügen Beziehungen? Sicher werden Beziehungen nach gravierenden aufgeflogenen Lügen beendet. Selten ist allein die Lüge der Grund für die Trennung.

Auch wenn es manchem verwerflich erscheint: Für erfolgreiche Lügen gilt das Gegenteil. Sie bleiben in der Regel unentdeckt, und sie halten die Beziehung aufrecht.

Machen Lügen einsam?

Unser moralischer Kodex möchte uns glauben machen: Menschen, die viel lügen, laufen Gefahr, einsam zu werden. »Wer einmal lügt, dem glaubt man nicht« – das klingt nach zu erwartender Ausgrenzung. Sicher ist allerdings: Wer fortwährend auf der nackten Wahrheit besteht, ist deutlich einsamer. Wir kennen chronische Aufschneider, deren Geschichten tatsächlich zur Hälfte erlogen sind. Jeder ahnt die Lügen und amüsiert sich dennoch über den Unterhaltungswert. Jeder tut, als würde er das beschriebene Abenteuer, die aufgebauschte Heldentat, die lustig-peinliche Verwechslung, die intellektuelle Leistung glauben. Der Aufschneider wird zum Alleinunterhalter. Einsam ist er nicht.

Ebenso wenig wie derjenige, der die Lüge geschickt als sozialen Schmierstoff nutzt: Er oder sie verhindert Reibungen und Konflikte. »Was er nicht weiß …«, ist eine häufig benutzte Redensart. Nicht ohne Grund, denn viele Kulturwissenschaftler sind sich einig: »Lügen sind notwendig für das Zusammenleben der Gesellschaft. Mit Lügen lösen wir Konflikte. Etwa zwei Drittel aller Lügen sind ›pro-sozial‹, sie dienen nur indirekt dem eigenen Nutzen, ihr Hauptzweck ist der soziale Frieden.«[2]

Sind Lügner dumm?

Wir hören gelegentlich: »Wer wirklich klug ist, braucht keine Lüge.« Wer diese These vertritt, vergisst, dass die Lüge eine interaktive Angelegenheit ist. Wer erfolgreich lügen will, muss oft in Bruchteilen von Sekunden eine neue Realität erfinden, die unbedingt Berührungspunkte mit dem Wissensstand des Belogenen haben muss. Es stellt eine intellektuelle Höchstleistung dar, Konflikte vorherzusehen und die Lüge so zu konstruieren, dass sich möglichst wenig Unvereinbares mit dem Vorwissen des Belogenen ergibt. Wenn ein Knirps sagt: »Ich habe keine Bonbons genascht«, obwohl er vor dem leeren Bonbonglas steht, ist das ziemlich einfallslos. Wenn er keck behauptet: »Ich wollte nur nachsehen, ob noch Bonbons da sind, aber das Glas war schon leer«, ist das ausgesprochen schlau.

Auch die Vierjährige, die Papa nicht bei der Arbeit stören soll und, nachdem etwas Zeit verstrichen ist, angeblich zur Toilette geht, aber heimlich zu ihrem Papa läuft, ist schon ziemlich gut darin, mit einer lässigen Flunkerei ihr Ziel zu verfolgen.

Haben Lügen kurze Beine?

Ein ziemlich abgegriffener Satz über Lügen ist der Sinnspruch: »Lügen haben kurze Beine!« Er soll uns vor der sicher zu erwartenden Aufdeckung der Lüge warnen. Denn: »Es ist nichts so fein gesponnen, kommt doch ans Licht der Sonnen.« Und tatsächlich: Tagaus, tagein wird gelogen. Aber wie oft wird ein Lügner enttarnt? Wie oft wird jemand wirklich angeprangert oder öffentlich bloßgestellt? Eher gilt der Satz: »Wer einmal lügt, dem glaubt man … noch ziemlich lange.«

Und so wird der pfiffige Verkäufer mit erprobten alten Tricks fröhlich weiter Kunden einwickeln. Er wird behaupten, genau das Gerät selbst zu besitzen, welches er uns besonders empfiehlt. Dem potentiellen Käufer will er suggerieren, das Beste zu erwerben, was es auf dem Markt zu kaufen gibt, weil auch er, der Fachmann, es besitzt. Dieses Verkaufsargument kommt beim Kauf von Computern, Mobiltelefonen oder bei teuren Markenartikeln so häufig vor, dass es schon fast ein Witz ist. Aber es funktioniert immer noch.

Sind Lügen verantwortungslos?

Manche nennen einen Lügner verantwortungslos. Wir bezweifeln diese Behauptung. Eine labile Freundin sagt: »Ich seh beschissen aus!« Vielleicht reicht es, sie in den Arm zu nehmen und zu fragen: »Was ist los?« – Ihr ehrlich zu sagen: »Ja, du siehst beschissen aus!«, ohne sie aufzufangen, ist immer falsch. Es wäre wenig einfühlsam, ihr diese Wahrheit unverhohlen zuzumuten. Wer hier eine gnädige Lüge kreiert, handelt mit Sicherheit verantwortungsvoll.

Wer einem Betrunkenen die Autoschlüssel versteckt und behauptet: »Ich weiß nicht, wo die Schlüssel sind«, vermeidet eine ausweglose Diskussion und handelt verantwortlich.

Wer einen vor Wut Tobenden durch eine geschickte Lüge davon abhalten kann, etwas Unbesonnenes zu tun, handelt verantwortlich.

Wollen wir wirklich nie belogen werden?

Angeblich wollen alle die Wahrheit hören. Doch gemeint ist damit häufig nur: eine Wahrheit, die uns gefällt. »Sag mir ehrlich, was du denkst!« bedeutet, wenn wir genauer hinhören: »Bitte sei meiner Meinung oder tu wenigstens so.«

»Reden ist Silber, Schweigen ist Gold.« Oder: »Wisse alles, was du sagst, aber sage nicht alles, was du weißt.« So lauten die typischen Kalenderweisheiten, die uns ermahnen, genau zu überlegen, bevor wir reden, und unter Umständen besser zu schweigen. Und solches Schweigen gleicht der Lüge aufs Haar.

Frisch Verliebte wollen keine Kritik am neuen Partner hören. Das würde nur verunsichern. Niemand bricht eine neue Beziehung ab, weil ein Freund auf die Schattenseiten der Angebeteten hinweist.

Wenn wir günstig einen Gebrauchtwagen gekauft haben, wollen wir nicht wissen, dass er aus einer Serie stammt, die für ihre Unzuverlässigkeit und die vielfachen Probleme mit der Elektronik berüchtigt ist. Es wäre keine Hilfe. Wir würden den Wagen kaum am nächsten Tag wieder verkaufen wollen.

»Habe ich das richtig gemacht?«, ist selten eine echte Frage. Sie zielt viel eher auf die Bestätigung eigener Vorstellungen. Denn eine Portion Unsicherheit ist immer im Spiel, wenn wir etwas getan oder entschieden haben. Die meisten Menschen brauchen vielfältige soziale Bestätigung. Wenn eine ehrliche Antwort betroffen macht oder demütigt, will fast niemand sie hören. Schon gar nicht, wenn eine Korrektur nicht mehr möglich ist.

Machen Lügen unglücklich?

Die vielleicht größte Drohung gegen die Lüge lautet: Wer lügt, kann nicht wirklich glücklich sein. Wir werden diesen Spieß umdrehen. Wir werden zeigen: Zum Glücklichsein gehört eine feinsinnige Form der Lüge!

Glück oder weniger emphatisch Zufriedenheit lässt Menschen länger leben. Glücksforscher bestätigen: Eine intelligente Selbstmanipulation ist Bedingung für ein positives Lebensgefühl.

Die Untersuchungen zeigen: Ohne eine subtile Lüge sind Glück oder Zufriedenheit nicht zu erreichen. Der Millionengewinn im Lotto, den sich manche als größte Quelle von Glück vorstellen, versagt nahezu immer.

Wirksam ist eine komplexe Selbststeuerung (»Reife Abwehr« genannt), die mit gutem Recht als Manipulation anzusehen ist, sie spiegelt die Kernkompetenz für stabiles Wohlbefinden. Martin Seligman, einer der bedeutendsten Wissenschaftler auf diesem Gebiet, hat die Bedingungen für ein positiv empfundenes und damit längeres Leben über zwei Jahrzehnte erforscht. Mehr im Kapitel »Kleine Lügen machen glücklich«.

Ehrlich währt am längsten?

Das Gute in uns spielt ab und an mit dem heroischen Gedanken, stets die Wahrheit zu sagen. Dass dabei eher ein
Konflikt-Teufel am Werk ist, bleibt uns verborgen. Für einen
kurzen Moment glauben wir, vieles wäre leichter, offener,
klarer. Aber das Gegenteil träfe ein. Vieles wäre schwieriger,
konfliktreicher, zerstörerischer.

• Ein Arbeitskollege möchte Sie wieder zu einem Essen
  einladen: »Hätten Sie Lust, in der kommenden Woche
  zu uns zum Abendessen zu kommen?« – Sie erwidern:
  »Vielen Dank für das Angebot, aber wir möchten nicht
  zu Ihnen kommen, Ihre Frau kocht schlecht, und Sie
  selbst werden unangenehm, wenn Sie mehr als drei Bier
  getrunken haben.«
• Ein Nachbar, den Sie gelegentlich grüßen, hat Sie in
  ein Gespräch verwickelt und sagt: »Über dieses Thema
  würde ich gerne mit Ihnen einmal in Ruhe sprechen.« –
  Sie antworten: »Ich habe kein Interesse an einem solchen
  Gespräch, Ihre Vorstellungen sind antiquiert und widersprechen meinen Überzeugungen. Wir würden beide nur
  unsere Zeit verschwenden.«

- Wenn Sie ein Mann sind: Auf einer Party beginnt die Frau des Gastgebers mit Ihnen ein Gespräch über klassische Musik. Sie trägt ein tief dekolletiertes Kleid. Sie starren ihr unverhohlen in den Ausschnitt, können nicht an sich halten und gestehen: »Ich versinke gerade trotz unseres interessanten Gesprächs in Ihrem Dekolleté, ich kann an nichts anderes denken und würde am liebsten mit Ihnen ins Schlafzimmer verschwinden.«
- Wenn Sie eine Frau sind: Ein attraktiver Arbeitskollege hat Sie zu einer Teambesprechung hinzugebeten. Auf seine Frage, was jetzt in einer bestimmten Angelegenheit zu tun wäre, antworten Sie: »Im Moment ist mir diese Sache völlig gleichgültig. Ich möchte nur von Ihren strahlenden Augen angesehen werden und wünsche mir nichts mehr, als Ihre Hände auf meinem Rücken zu spüren ...«

In solchen Situationen ist niemand ehrlich.

Wer steht zu seinen aggressiven, egoistischen, lüsternen oder unsozialen Gedanken? Jeder vertuscht und lügt, um Konflikte und Streit zu vermeiden, um sein Image nicht zu gefährden oder um einfach seine Ruhe zu haben.

»Ehrlich währt am längsten« gilt ebenso wenig wie die Behauptung »Die Erde ist eine Scheibe«. Unzensiert werden kritische soziale Botschaften selten ausgetauscht. Kommen uns dennoch »ehrliche« Formulierungen in den Sinn, setzen wir alles daran, schnell eine sozialverträgliche Fassung zu finden. Doch keiner will diese soziale Cleverness als Unehrlichkeit gelten lassen. Wir vermeiden Peinlichkeiten, wollen die Contenance wahren. Wir nennen es soziales Geschick, emotionale Klugheit, Höflichkeit, Diplomatie, aber keinesfalls Lüge.

Fällt es Ihnen schwer, diese gutgemeinten Verschleierungen Lüge zu nennen? Denken Sie: Es ist in Ordnung und geschieht in bester Absicht – Schroffheiten, Frivolitäten und Peinlichkeiten sollen vermieden werden?

Wahrscheinlich werden Sie auf den kommenden Seiten häufiger auf eine ähnliche Haltung bei sich stoßen. Sie werden widersprüchliche Impulse wahrnehmen. Ein Gefühl von »Man kommt um die Lüge nicht herum« stellt sich ein, aber Sie werden zögern, sich klar und deutlich zur Lüge zu bekennen. Wenn Sie mögen, lassen Sie sich auf diesen Konflikt ein. Sie erfahren mehr über sich und die Menschen in Ihrer Umgebung, wenn Sie die Lüge als alltäglichen, als selbstverständlichen Teil des Lebens verstehen. Und es kann spannend sein, gleichzeitig die eigene Abwehr gegen solche Wertungen zu spüren. Denn das ist der Konflikt in jedem Einzelnen und in der Gesellschaft.

Wenn Sie Lust haben, aktiv mit diesem Buch zu arbeiten, dann fragen Sie sich: »Wann habe ich das letzte Mal bewusst gelogen?« In wenigen Seiten sagen wir Ihnen, was wahrscheinlich geschehen wird, wenn Sie sich mit dieser Frage beschäftigen.

Wir wollen Sie nicht zu einem verantwortungslosen oder gar obsessiven Lügner machen. Wir wollen Ihre Wahrnehmung für Lügen schulen und Ihre Fähigkeit verbessern, wann immer Sie es wollen, mit Augenmaß und effizient zu lügen. Denn Lügen haben nur in einer Gesellschaft Erfolg, die Wahrheit fordert, sogar predigt und weitgehend einhält. Lüge darf nur Würze, niemals Nahrung sein. So viel Moral ist notwendig. Eine Gesellschaft voller Lügen würde sofort auseinanderbrechen. Sie wäre von Misstrauen ge-

Lügen haben nur in einer Gesellschaft Erfolg, die Wahrheit fordert, sogar predigt und weitgehend einhält.

prägt. Es gäbe keine Verlässlichkeit mehr, Absprachen wären sinnlos.

Aber die Lüge muss entmythologisiert werden, der Makel des großen Frevels muss ihr genommen werden. Nur dann lässt sie sich unverkrampft einsetzen, und dann lässt sie sich ohne Bosheit und Aggression erkennen und letztlich wohlwollend enttarnen.

Wo fangen Lügen an?

»Mein Haus, mein Auto, mein Boot.« – Wer sagt dem Großkotz, wie sehr seine Überheblichkeit stört?

»Auf keinen Fall Rotwein zum Fisch!« – Wer bremst den Etikette-Papst?

»Quarterback, … da bin ich auch schon drauf geritten!«, behauptet der Aufschneider bei einem Gespräch über Westernreiten. Auf einem »Quarter Horse« hätte er wohl deutlich besser gesessen, denn ein Quarterback ist eine Spielerposition im American Football. Wer klärt ihn auf?

Selbst wer sich mit einer Kritik vollkommen im Recht fühlt und sich ärgert, der äußert diese selten direkt. Anstatt mit schonungsloser Offenheit auf den Punkt zu kommen, biegt man etwas bei, kritisiert in kleinen Dosen, deutet vorsichtig und charmant etwas an oder stichelt mit fröhlicher Ironie.

Die deutlich übergewichtige Miri ist in der zensierten Fassung »gut beieinander«. Aber in dem Moment, in dem Miris Mutter aus der Rolle fällt und das eigene Kind mit den Worten beschreibt: »Sie ist dumm und unglaublich fett«, herrscht betretenes Schweigen. Die anwesenden Freundinnen der Mutter sind geschockt. Solche schonungslose Offenheit erwarten wir von niemandem und schon gar nicht von der eigenen Mutter.

Aus gutem Grund entscheiden Menschen sich häufig für die Lüge. Wer würde bei einer Bewerbung sagen: »Eigentlich mag ich Ihre Firma gar nicht, aber ich brauche dringend einen Job. Also nehme ich auch eine Stelle in einem drittklassigen Betrieb wie dem Ihren an.« Man kann niemandem empfehlen, solche Wahrheiten auszusprechen.

Wenn ich eine Geschichte mit einigen zusätzlichen, aber leider erfundenen Details anreichere – ist das schon lügen?

Einen einzigen, zugegeben, stürmischen Kuss – muss man ihn dem Partner beichten?

Wenn man einen Mann oder eine Frau besonders anziehend findet, es aber partout nicht zugeben will – ist das unaufrichtig?

Wenn man den Ärger herunterschluckt, den man auf den Partner / die Partnerin spürt – ist das schon hintergehen?

Wenn wir einen anderen schlecht dastehen lassen, seine Fehler übertreiben, seine Erklärungen veralbern, uns auf seine Kosten lustig machen, um eine Pointe anbringen zu können – sind wir dann schon Intriganten?

Wenn wir einen Konflikt entschärfen, indem wir einige Details weglassen, die nicht ausschlaggebend sind – führen wir dann schon unser Gegenüber hinters Licht?

Statt absoluter, potentiell verletzender Aussagen benutzt jeder von uns Abschwächungen oder kleine Ausreden. Wahrscheinlich Dutzende. Und zwar jeden Tag. Sind das schon Lügen?

Die kleinen Tricks

Kaum jemand nimmt die eigenen kleinen Manipulationen noch wahr. Selbst in einem gewöhnlichen Gespräch wird genau darauf geachtet, Worte zu finden, die wenig konfrontativ oder verletzend sind.

In einem ruhigen Dialog werden Intentionen mit gezielten Argumenten unterstützt. Man will sein Gegenüber in eine bestimmte Richtung lenken – oder sagen wir richtiger: manipulieren. Diese Kontrolle ist allgegenwärtig, sie tritt nur in den Hintergrund, wenn jemand wütend oder aufgeregt ist oder sehr angespannt spricht.

Jemand spielt gut Klavier und sorgt auf Partys für Stimmung. Sie wollen ihn deshalb gern auf ein Fest einladen. Unglücklicherweise fehlt ihm aber die rechte Lust zu kommen. Wie überreden Sie ihn? Wahrscheinlich so: »Es wäre doch schön, wenn wir alle mal wieder zusammen feiern würden.« Dass Sie ihn als Stimmungsgaranten benutzen wollen, werden Sie kaum deutlich hervorheben.

Oder: Man hat einen Bekannten mit voller Absicht nicht über eine geplante Klettertour informiert. Beim nächsten Treffen wird man darauf angesprochen und redet sich mit der eigenen Schusseligkeit raus: »Oh, ich dachte, ich hätte dich angerufen, ich werde immer vergesslicher. Tut mir leid. Ich hatte mich schon gewundert, warum du nicht gekommen bist.«

Für einen Basar sollen Kuchen gebacken werden. Sie haben schon fünf Absagen kassiert, mit welcher Begründung bitten Sie die Letzte auf Ihrer Liste um Hilfe? Wahrscheinlich mit dieser: »Alle essen deinen Kuchen so gern.« Dass niemand diese Aufgabe übernehmen wollte, werden Sie wahrscheinlich verschweigen. Manchmal sind wir auch ehrlich: »Du bist die Letzte auf meiner Liste, du kannst mich nicht im Stich lassen.« Aber auch dann werden wir verschweigen, dass wir für diese Erpressung genau diesen Menschen ausgesucht haben, weil wir wissen, dass solche Argumente bei ihm besonders gut ziehen.

Harmlose Mogeleien werden nicht als Lügen klassifiziert. Vielleicht sind sie zu alltäglich, zu banal, zu durchschaubar? Eins sind sie sicher: hilfreich. Sie erhöhen die Wahrscheinlichkeit, dass wir erreichen, was wir erreichen wollen. Sie beugen schlechter Stimmung und größeren Konflikten vor.

Wir erkennen unsere kleinen und großen Tricks nicht als Lügen, unser Gewissen bleibt unbelastet. Würden wir alle Vorwände »Unwahrheit« nennen (was immer noch ein bisschen besser klingt als Lüge), hätten wir erheblich mehr Skrupel, sie auszusprechen. Es kommt also noch eine gehörige Portion Selbstbetrug hinzu, denn meistens ahnt man, dass man im Begriff ist, kräftig zu schummeln.

Jemand will sich mit uns treffen, wir mögen ihn nicht besonders.

»Ich habe am Wochenende keine Zeit.«

»Die Arbeit frisst meine ganze Freizeit auf.«

»Ich muss meine Eltern besuchen.«

»Ich hab mich schon verabredet.«

»Ich ruf dich morgen an.«

Alles gelogen!

 Haben Sie inzwischen nach den kleinen Lügen der letzten Zeit geforscht, wie wir es Ihnen vorgeschlagen haben?
Wahrscheinlich nur ein ganz kleines bisschen. Aber auch wenn Sie sich intensiv mit dieser Suche beschäftigt hätten, wäre das Ergebnis ähnlich: Wenn wir über vergangene Lügen nachdenken, fällt uns fast nie etwas Ernstliches ein. Vielleicht einige scherzhafte Lügen oder erkennbare Übertreibungen, aber nichts Knackiges, richtig Gelogenes.
Man lügt und verdrängt.

Wir würden gewinnen, wenn wir dieses Muster wahrnehmen könnten. Es wäre der erste Schritt, Lügen als etwas Normales zu verstehen und ihre Verdrängung aufzuheben. Zugegeben: Ganz einfach ist es nicht, denn jeder hat eine Vielzahl von Ausflüchten bereit, die ihn davor bewahren, zu erkennen oder zuzugeben, dass er gelogen hat.

Die Lüge hilft unserem Seelenheil

Ronald hat auf einem engen Parkplatz beim Öffnen der Autotür eine leichte Schramme in den Lack eines anderen Wagens gekratzt. Seine erlösende Erklärung: »Das hätte auch jemand anders gewesen sein können, so was passiert ständig. Ich habe auch immer neue Macken am Wagen«, und etwas verlegen fügt er hinzu: »Solange mich keiner gesehen hat, gilt: Wo kein Kläger ist, da ist auch kein Richter.« Ronald weiß sich reinzuwaschen. Und er wird diesen Vorfall schnell vergessen haben.

Mit einem geschickten inneren Schachzug hält man sich eine Menge Unannehmlichkeiten vom Hals. Viele Männer kennen diese Situation: Sie haben ein Spezialwerkzeug im Supermarkt entdeckt. Es ist ziemlich teuer, sie werden es wahrscheinlich nur einmal in drei Jahren benutzen, aber sie müssen es trotzdem unbedingt haben. »Sonderangebot – hat nur einen Bruchteil des ausgezeichneten Preises gekostet!«, so die Ausrede. Man kann sich eine Menge quälender Diskussionen ersparen, wenn man seiner besseren Hälfte gelegentlich einen Bären aufbindet.

Unsere Schadenfreude muss manchmal gezügelt werden: Der ungeliebte Kollege hat einen Riesenfehler gemacht und bekommt eine geharnischte Standpauke vom Chef zu hören. Unsere Häme macht uns ganz ausgelassen, aber als wir ihm persönlich begegnen, zeigen wir ein ganz anderes Gesicht und heucheln Mitleid: »Das tut mir wirklich leid, dass diese Sache so schiefgelaufen ist.« Und wenn ein weiterer Kollege uns fragt: »Hast du das wirklich ernst gemeint?«, zischelt unsere gespaltene Zunge – wie selbstverständlich – ein klares: »Ja, sicher.«

Auf die Frage: »Haben Sie schon einmal gelogen?«, antwortet fast jeder: »Nicht wirklich.« Um bald danach anzumerken: »Ja, es war aber ganz harmlos.« Weitere Abschwächungen folgen: »Ist schon lange her.« Und: »War auch nicht wirklich wichtig.« Sowie: »Es hat wahrscheinlich niemandem geschadet.« Keiner will ein Lügner sein. Eine Ausnahme von dieser Regel gibt es, wenn der Belogene ein »schlechter Mensch« war – sagen wir ein unangenehmer Vermieter oder ein missgünstiger Nachbar –, dann kann es passieren, dass wir sogar mit einem gewissen Stolz von einer gelungenen Schummelstrategie erzählen. Aber im Allgemeinen geht unsere Abwehr gegen das Erinnern von Lügen so weit, dass wir überzeugt sind, wirklich sehr selten richtig zu lügen.

Erst wenn wir uns gestatten, die Augen zu öffnen, fallen uns viele kleine und dennoch handfeste Lügen auf, die wir anderen aufgetischt und erfolgreich eingesetzt haben. Zum Beispiel: Die täglichen Beteuerungen des jungen Ehemannes, wie köstlich das Essen schmeckt; die Schmeichelei über das gute Aussehen der Freundin; das Selbstlob über die beruflichen Erfolge. Die Versprechungen über die Zuverlässigkeit des zu verkaufenden Wagens, die übersteigerte Begeisterung über den unangekündigten Besuch eines alten Freundes.

Die Wahrheit ist gefährlich

Die Wahrheit ist keine Grundhaltung, mit der man gut durchs Leben kommt. Man redet sich ein, stets zu sagen, was man denkt, zumindest unter Freunden. Und vergisst: Unbedachte Ehrlichkeit liefe auch bei Freunden auf größere Konflikte hinaus.

Jemand, der seine Meinung ungefragt und ungefiltert herausposaunt, ist ziemlich unverschämt. Rund um die Uhr allein die Wahrheit auszusprechen würde uns nicht nur den Spaß am täglichen Gesellschaftsspiel des heimlichen Lästerns und Tuschelns nehmen, obendrein beleidigten wir Menschen, schüfen uns Feinde und brächten uns und andere in Schwierigkeiten.

Stellen Sie sich vor: Der neue Schwarm Ihrer besten Freundin gefällt Ihnen ganz und gar nicht, aber die beiden turteln ohne Unterlass wie zwei Teenager. Jetzt mit der eigenen Meinung herauszuplatzen, würde die Stimmung verderben.

Ein Freund will sein Auto verkaufen. Sie sind dabei, als er einem Interessenten die Wirtschaftlichkeit des Wagens anpreist. Berichten Sie dem potentiellen Käufer vom hohen Ölverbrauch, über den sich der Freund seit längerem beschwert? – Kaum.

Der neue Hund der Nachbarin erscheint uns als ziemlich räudige Töle. Teilen wir ihr unsere Wertung mit? – Hoffentlich nicht!

Ein alter Freund hat wieder geheiratet, seine Auserkorene ist ein zänkisches Weib. Wir können sie nicht leiden. Werden wir ihm gegenüber zu dieser Einschätzung stehen? – Gott bewahre.

Wir haben Mitleid mit den sehr alten Eltern, wir sehen ihnen vieles nach, wir verlieren kein Wort über ihre mangelhafter werdenden Essmanieren und die stets gleichen Kommentare zu Politik und Mitmenschen. – Wir schweigen liebevoll.

Selbst das scheußliche Gemälde, für das ein Bekannter ein Heidengeld ausgegeben hat, kommentieren wir eher höflich. Und auch mit der Erbtante verkehren wir zuvorkommend, obwohl sie ein echter Drachen ist.

Mit penetranter Ehrlichkeit würden wir mit Sicherheit Beziehungen und Jobs vermasseln, mit herzloser Offenheit Freundschaften zerstören. Wir demolierten unser Sozialgefüge und schädigten unser Image. Und obwohl das jeder weiß und sich entsprechend geschickt oder auch weniger geschickt durchs Leben schummelt, würde niemand dieses unaufrichtige Verhalten als »Lügen« bezeichnen. Denn dem Lügner haftet das Etikett des Aussätzigen an. Der Lügner wird verachtet, geächtet, und oft scheint die Lüge schlimmer als die Tat, die vertuscht werden sollte. »Was du getan hast, hätte ich verzeihen können, aber niemals, dass du mich angelogen hast.«

Lügen hinnehmen
Wir fürchten, Lügen zerstörten Vertrauen. Gelegentlich kann das stimmen. Aber genau genommen ist das selten der

Fall. Denn Vertrauen kann ja nur dann zerstört werden, wenn der Lügner ertappt wird.

Selbst eine erkannte Lüge muss nicht einen generellen Vertrauensverlust nach sich ziehen, wie folgende Geschichte zeigt: Unsere Werkstatt informierte uns, wir hätten einen Marderschaden. Wir ließen uns das angeblich zerbissene Kabel zeigen. An diesem Kabel waren aber keinerlei Bissspuren zu erkennen. »Das kann ja wohl kein Marderschaden sein«, erhoben wir dann auch Einspruch. Daraufhin bekannte der Meister kleinlaut, sein Monteur hätte bei der vorhergehenden Reparatur unseres Wagens, die nicht lange zurücklag, genau dieses Kabel abgerissen, weil er unachtsam gearbeitet hätte. Zur Entschuldigung hatte der Werkstattbesitzer nur mit den Schultern gezuckt und halb scherzhaft hinzugefügt: »Man kann's ja mal versuchen.« Wir schätzen den Handwerker immer noch, bleiben aber deutlich wachsam, denn uns ist klar: Auch ertappte Lügner werden weiter lügen. Wer Kontrolle für besser als Vertrauen hält, hat gute Chancen, den lockeren Umgang mit der Wahrheit zu entdecken.

Wer beim Lügen erwischt wird, bittet um Verzeihung und gelobt Besserung. Im Stillen verfolgt er andere Ziele: Er wird sich vornehmen, geschickter zu lügen. Sicher nicht weniger!

»Eine Lüge, mit der man niemandem wirklich schadet, ist keine echte Lüge.« Durch ein Missgeschick hatte Marina bei Freunden eine teure Vase zerbrochen und behauptet, der Hund sei dagegengestoßen. Sie dachte: »Ist ja schließlich egal, solange eine Versicherung dafür aufkommt.« Es wäre ihr peinlich gewesen, zugeben zu müssen, dass sie selbst so unachtsam war.

Heinrich hat sich Olafs Wagen geliehen. Er fährt ungeschickt an einem herausstehenden Mauerteil vorbei, die Karosserie hat einen markanten Kratzer abbekommen. Was tun? Heinrich entscheidet sich, den Schaden einem Unbekannten in die Schuhe zu schieben: Der Parkplatz war voll, und irgendjemand ist am Auto vorbeigeschrappt. Der Übeltäter war leider längst verschwunden, als Heinrich wieder zum Wagen kam. Das hätte jedem passieren können, auch dem Besitzer. Mit dieser Lüge versucht Heinrich, sich vor der Verantwortung zu drücken, und hofft, dass sein Freund keine Reparatur verlangt, schließlich war Heinrich ja nicht wirklich schuld. So soll der zu erwartende Ärger von ihm abgelenkt werden.

Viele halten dieses Manöver für legitim, wir schaden schließlich niemandem. So ein Kratzer ist ja nicht so schlimm – oder?

Wir sehen es etwas differenzierter: Heinrich hat gelogen. Olaf muss nicht auf diese Lüge eingehen oder darüber diskutieren. Er kann die Lüge gelassen hinnehmen und dennoch darauf bestehen, dass Heinrich die Verantwortung für den Schaden trägt. Er kann freundlich zugewandt bleiben und gelassen, aber entschieden die Kompensation für den Schaden einfordern. Olaf muss die Lüge nicht beweisen, um auf seinem Recht zu bestehen.

Heikel würde es, wenn Heinrich behauptete, die Schramme sei schon vorher da gewesen, aber Olaf sich sicher wäre, dass das nicht stimmt. Dann stünde die Beziehung vor einem ernsten Problem. Olaf müsste entscheiden, wie wichtig ihm der Kontakt und wie wichtig ihm eine Reparatur des Schadens wäre. Kein kleines Problem. Höchstwahrscheinlich würde die Freundschaft in Mitleidenschaft gezogen.

Vielleicht würden manche auch kein Fass aufmachen wollen und nähmen die Schramme hin, entschieden aber zugleich, dem Freund in Zukunft nichts mehr auszuleihen. Einen größeren Schaden zu akzeptieren, um einen Freund zu behalten, ist nicht jedermanns Sache. Es kann durchaus sinnvoll sein, auch mit einem Freund einen Konflikt durchzustehen.

Blickwinkel
Viele Menschen neigen dazu, sich lieber aus der Affäre zu ziehen, als Verantwortung zu übernehmen. Sich schuldig bekennen ist immer unangenehm.

Selbst die, die solches Verhalten weit von sich weisen, auch für sie ist vorherzusagen: Die eigenen Lügen verteidigt man, schließlich gibt es x gute Gründe. Aber wehe, man wird selbst belogen, dann sieht die Welt ganz anders aus.

Nicht jeder sucht nach dem Geschädigten, wenn er in einer Tiefgarage beim Ausparken die Seite eines anderen Wagens eingedrückt hat. Aber findet derjenige einige Tage später eine Macke am eigenen Auto, ist die Aufregung groß.

Auch in den folgenden Situationen schweigt fast jeder.

Stellen Sie sich vor: Sie hören zufällig zu, wie einem mit Computern offensichtlich wenig vertrauten Kunden die Unkompliziertheit einer Festplatteninstallation garantiert wird. Melden Sie sich zu Wort, wenn Sie aus eigener Erfahrung wissen, wie blauäugig diese Behauptung ist?

Rät eine gute Freundin in Ihrer Gegenwart einem flüchtigen Bekannten dazu, seine hochwertige Küchenmaschine bei der sehr teuren Firma eines Freundes reparieren zu lassen, mit dem Kommentar: »Der ist günstig!«, obwohl sie viel preiswertere Alternativen kennt – mischen Sie sich dann ein?

Der Zaun eines ungeliebten Nachbarn ist von Ihrem

Freund beim Zurücksetzen mit dem Auto beschädigt worden. Was antworten Sie auf die Frage, ob Sie wüssten, wer das gewesen sei?

In solchen Situationen werden wir zum Mitwisser oder Komplizen. Wir dulden die Schummelei und decken damit gewollt oder ungewollt den Lügner. Jemanden bloßzustellen, mit dem wir eine gute Beziehung haben, hätte häufig unangenehme Folgen. Mit der geduldeten Lüge haben wir die Freundschaft gefestigt. Loyalität hat im Zweifel einen höheren Stellenwert als Wahrheit.

Loyalität ist wichtiger als Ehrlichkeit.

Früh übt sich

Kinder lernen schnell die verzwickten Regeln doppelter Moral. Wenn wir mit den Kleinen Karten spielen oder »Mensch ärgere dich nicht«, dann lassen wir sie schon mal gewinnen, denn sie beherrschen die Strategie des Spiels noch nicht so richtig, oder ihre geringere Frustrationstoleranz lässt sie noch keine dauernden Niederlagen ertragen. In vielen spielerischen Lehrstunden durchschauen Kinder schnell unsere Intention. Sie lassen sich auf das »Spiel« ein, geben vor, nicht zu bemerken, dass wir sie gewinnen lassen. Gelegentlich steigern sie ihre eigenen Tricks ins Bodenlose. Klar. Wir haben sie noch nicht auf das wohldosierte Maß für Schwindeleien vorbereitet.

Sosehr Eltern wollen, dass die Kleinen ehrlich sind, missbilligt eine große Mehrheit dennoch Kinder, die petzen, andere anschwärzen oder verraten. Selbst unter Erwachsenen wollen wir die Wahrheit zwar wissen, aber wer sie preisgibt, der steht schnell im schlechten Licht. Der Dauer-Denunziant hat keine Freunde.

Jeder erinnert sich an Erlebnisse aus der Kindheit, die uns klarmachten: »Auch die Erwachsenen flunkern ganz gewaltig.« Klapperstorch, Weihnachtsmann oder Osterhase waren die früh enttarnten elterlichen Ammenmärchen. Aber auch das heimliche Rauchen der Mutter entlarvten die aufgeweckten Kleinen. Genauso wie sie die versteckten Videokassetten und die »gut verwahrte« Flasche Hochprozentigen aufstöberten.

So mancher schulische oder berufliche Abschluss der angeblich strebsamen Eltern entpuppte sich als schlechtes oder überhaupt nicht bestandenes Examen. Scharfsinnige Kinder oder Jugendliche decken vieles auf. Erwachsene haben Geheimnisse und schützen sie, »wenn es sein muss«, rigoros durch Lügen. Den Kindern wird suggeriert, dass dies, im Gegensatz zu ihren Lügen, in Ordnung sei und gute Gründe habe. Manche Lektion des Lebens lehrt schon die Kinder: Die Wahrheit wird umso stärker propagiert, je weniger sie geachtet wird.

Eine Dreijährige fragt deutlich hörbar, als ein Arbeitskollege des Vaters zum ersten Mal zu Besuch kommt: »Ist das der Blödmann?« Die Eltern hatten ihn tatsächlich im Ärger so bezeichnet. Nur: Von Höflichkeit wusste die Kleine natürlich noch nicht viel. Peinlich.

Tim erinnert sich an einen Englischlehrer, der in einer wichtigen Klassenarbeit einen Teil seiner Fehler, anstatt sie rot zu kennzeichnen, mit einem blauen Stift unauffällig korrigierte. Sein Vater hatte kurz zuvor mit dem Lehrer gesprochen und ein gutes Wort für ihn eingelegt. So wurde aus der zu erwartenden »Fünf« doch noch eine passable »Vier«, und die Versetzung war weniger gefährdet. Nicht jeder bekam solche Sonderbehandlung. In diesem Jahr blieben zwei andere Schüler wegen ihrer schlechten Englischnote sitzen.

Es war ein freudiger Schock zu erkennen, dass der Lehrer zu Tims Gunsten schummelte, doch er war so perplex, dass er es seinen Eltern zeigen musste. Die erkannten die Brisanz und warnten: »Kein Wort zu irgendjemandem!« Tim verstand sofort.

Von einem guten Kompliment
kann ich zwei Monate leben.
Mark Twain

Lügen tut Beziehungen gut

Auch in Freundschaften wird viel gelogen.

Es beginnt mit Angeben. Männer übertreiben vor Freunden die Geschwindigkeit, mit der sie mit dem Auto durch eine Kurve »gedriftet« sind, oder sie prahlen, wie schnell sie mit dem Fahrrad eine Tour von Hamburg nach Hannover geschafft haben. Sie flunkern bei ihrem Monatsverdienst und übertreiben schamlos die Zahl der Frauen, die sie angeblich geliebt haben.

Frauen lügen differenzierter: Je nach Situation haben die einen sehr viel Zeit im Fitnessstudio verbracht, um der Freundin zu imponieren, die anderen haben die gute Figur von Gottes Gnaden, auch wenn sie verbissen mit jedem Gramm Fett auf dem Laufband kämpfen und heimlich hungern.

Wie günstig ein Schnäppchen war, davon schwärmt jeder, auch wenn er/sie eine Stange Geld dafür bezahlen musste. Gelegentlich wird aber auch betont, wie sündhaft teuer »ein Hauch von Nichts« erstanden wurde.

Schon wenn wir kleine Geschichten aus unserem Leben erzählen, schneiden wir oft deutlich auf, in der Übertreibung liegen Spannung und Unterhaltungswert.

Auch Versprechungen sind oft spontane Sympathieerklärungen, aber keine verlässlichen Zusagen. Aus einem Impuls heraus bieten wir unsere Hilfe an. Später vergessen wir leicht, den Gefallen einzuhalten. Wir werden uns wortreich herauswinden. Auf keinen Fall werden wir eingestehen: »Ich hatte keine Lust«, oder: »Es war mir lästig.«

Wir werden widerständig, wenn wir zu oft um einen Gefallen gebeten werden. Ein Freund ist sehr schnell von jeder neuen CD begeistert, die er bei uns hört. Fast immer fragt er: »Kopierst du mir die? Sie gefällt mir richtig gut!« Wir antworten »Klar!«, setzen aber unausgesprochen ein »... wenn ich Zeit habe!« dazu. Eigentlich wissen wir schon, dass wir versuchen werden, uns vor dieser Manie, sich von allen Leuten CDs kopieren zu lassen, nicht einfangen lassen wollen. Gut möglich, dass wir innerlich noch etwas Moralisches zur ideologischen Unterstützung hinzufügen: »Er will immer alle CDs kopiert haben, wirklich interessiert ist er ja doch nicht. Ich warte ab, ob er mich noch mal daran erinnert.« So oder so bleibt es eine kleine alltägliche Lüge.

Welche Wahrheit zählt in Freundschaften?

Wie hoch ist der Mount Everest? Wie genau lässt sich die Zahl Pi bestimmen? Wann wurde Karl der Große geboren? Vielleicht lassen sich auf solche Fragen »wahre Antworten« finden, aber in unserem alltäglichen Leben stehen andere »Wahrheiten« im Vordergrund.

Uns interessiert: »Kann ich mich auf meinen Freund verlassen?« – »Mag er/sie mich wirklich?« – »Wie ehrlich ist der Autoverkäufer?« – »War die Party, die ich organisiert habe, tatsächlich ein Erfolg?« – »Wie ernst ist der böse Satz, im Streit ausgesprochen, gemeint gewesen?« – Ist die Aussage: »Wir müssen uns unbedingt treffen!«, ein aufrichtiger Wunsch?

Wahrheiten, die uns etwas bedeuten, liegen im Sozialen, im Zwischenmenschlichen. Wir wollen wissen, ob eine Zusage eingehalten wird, ob eine scherzhafte Bemerkung wirklich nur ein Scherz war. Wir wollen wissen, ob eine Kritik, die uns persönlich betrifft, ernst gemeint war oder nur einem momentanen Ärger entsprang. Wir wollen wissen, ob wir einem Kompliment glauben können oder ob es nur so dahingesagt war.

Viele Menschen würden für eine verlässliche Antwort auf die Frage, wie lange ein romantischer Liebesschwur Bestand hat, einen hohen materiellen Preis zahlen.

Man will wissen, ob man sich darauf verlassen kann, wenn ein Freund versprochen hat, den Virus auf dem Computer zu eliminieren oder ob er hundert und mehr Ausflüchte finden wird, um doch nicht zu kommen.

Das Leben wäre deutlich einfacher, wüsste man jedes Mal, ob das Gesagte nur Gerede ist oder ob wir uns auf eine Behauptung wirklich verlassen können.

Menschen wünschen sich sichere Vorhersagen und glaubwürdige Erklärungen. Trotzdem benutzen wir häufiger Ausreden, als uns bewusst ist. Wie kann man dennoch erwarten, andere würden darauf verzichten? Und eine weitere Komplikation steht dem Wunsch nach Wahrheit im Weg: Genau genommen möchte man nur angenehme Wahrheiten hören. Wenn Sie ganz ehrlich zu sich sind – was nicht ganz einfach ist, wie wir noch ausführlich zeigen werden –, also wenn Sie so ehrlich »wie es geht« zu sich selbst sind, werden Sie feststellen, dass Ihnen schöne Halbwahrheiten viel lieber sind als die unangenehmen, glasklaren ganzen Wahrheiten.

Das Versteckspiel beginnt schon mit der Wahl der Worte: Es kann keine »halbe Wahrheit« geben, es gibt sie nur ganz oder gar nicht, und dann sollte man sie ehrlicherweise Lüge nennen oder, wem das zu hart erscheint: kleine Lüge.

Wir lügen gern und wollen gern belogen werden.

Jeden Tag benutzen wir kleine oder größere Lügen. Man nennt sie nicht so, weil das Selbstbild kein Zerrbild werden soll. Fazit: Wir lügen gern und wollen gern belogen werden.

Falls sich Widerspruch in Ihnen regt, fragen Sie sich: »Wie sehr freue ich mich über ein schön verpacktes Kompliment?« – »Wie viel gelassener kann ich eine nett formulierte Kritik annehmen?« – »Wie viel entspannter fühle ich mich, wenn eine Missbilligung vor anderen zurückgehalten wurde?«
Wer nimmt nicht das Dankeschön für ein Geschenk, das er überreicht hat, gern entgegen? – Selbst wenn er ahnt, dass der Freund es später in der Abstellkammer verschwinden lässt.

Hilfreiche Lügen

Schon unsere prähistorischen Vorfahren haben große Tiere gejagt, denen sie kräftemäßig weit unterlegen waren. Sie hatten Erfolg, weil sie mutig, äußerst listig und mit perfekten Tarnungen operierten. Die menschliche Fähigkeit zu täuschen war wahrscheinlich ausschlaggebend für ihren Jagderfolg. Und niemand wird glauben, dass unsere Urahnen in einer Auseinandersetzung mit einem verfeindeten

Stamm anders vorgingen. Auch hier haben sie ihre Fähigkeit zu raffinierter Täuschung wirksam genutzt.

Wenn in Amerika jemand überfallen wird, soll er »Feuer!« rufen statt »Hilfe!«, denn es ist viel wahrscheinlicher, dass die Menschen ihrer Sensationsgier folgen, als einem Opfer zu helfen. Der Ruf »Feuer!« wird zu einer äußerst hilfreichen Notlüge.

Viele Menschen leben für Symbole des Wohlstands: Sie verehren teure Automarken. Kleidungsstücke werden erst richtig begehrenswert, wenn sie das Logo eines edlen Designers tragen. Selbst für eine Sonnenbrille gibt mancher Kunde eine horrende Summe aus, wenn der Hersteller ein Luxus-Image hat.

Nicht immer können wir uns solche Extravaganzen leisten. Und so haben die für ihren Pragmatismus bekannten Amerikaner die Lösung für dieses Problem auf eine einfache Formel gebracht: **»Fake it till you make it.«** »Fake it till you make it.« Was frei interpretiert bedeutet: Trag die falsche Rolex, bis du dir eine echte leisten kannst! Oder: Tu so, als wärst du erfolgreich, bis du es bist.

Wir haben herzhaft gelacht, als eine Freundin uns erzählte, sie hätte sich das Logo einer Luxushosenmarke auf ihre alte Jeans appliziert, in der Absicht, ihren markenhörigen Freundinnen einen Streich zu spielen. Tatsächlich hat das gute Stück, allein durch das aufgenähte Markenzeichen, große Anerkennung gefunden. Niemand erkannte die Finte.

Reingelegte Manipulierer

Mancher Autoverkäufer animiert seine Kunden zu einem Probewochenende mit einem teuren Wagen, in der Hoffnung, das Fahrzeug auf diese Weise unwiderstehlich zu machen. Zumindest hofft der Verkäufer, die Kunden in moralischen Zugzwang setzen zu können: »Nun haben sie den Wagen schon so lange gehabt, jetzt können sie ihn doch nicht einfach zurückgeben.« Aber die Reaktionen der Kunden ändern sich. Die cleveren potentiellen Käufer nehmen die Offerte gern an und blenden die implizite Erwartung einfach aus oder ignorieren sie ganz offen. Sie benutzen das Probewochenende zu einer ausgedehnten Spritztour und denken nicht im Traum daran, den Wagen zu kaufen. Dem verärgerten Händler, dessen Wagen an einem Wochenende 1000 Kilometer älter geworden ist, bleibt nur die Rolle des missbrauchten Verführers. Der Fisch hat den Köder genossen, ohne am Haken hängen zu bleiben.

Auch die Loyalität eines modernen Managers hat enge Grenzen: Ein besonders dreister nutzte die Nachlässigkeit des erpresserischen Vorgesetzten und löschte heimlich einen Passus, der ihn ernstlich benachteiligt hätte, aus dem neu ausgehandelten Arbeitsvertrag. Welcher Chef liest die Endfassung eines solchen Vertrags, der viele Seiten umfasst und mehrfach korrigiert wurde, wirklich noch einmal vollständig durch?

Wunderbare Lügen

Wir glauben gern an Wunder oder Übernatürliches, besonders dann, wenn sie in fernen Ländern geschehen.

Die Gutgläubigkeit oder der Wunsch, ver- oder bezaubert zu werden, endet keinesfalls in unseren westlichen Kulturen. Kluge und gebildete Menschen fahren zu einem indischen Yogi und fallen allen Ernstes auf die simpelsten Zaubertricks herein. Sie schwärmen von materialisiertem Sternenstaub, den ihr Guru »aus dem Kosmos auf die Erde holt«, und wenn es ganz dick kommt, halten sie es allen Ernstes für möglich, dass ihr Yogi einen kleinen Goldbarren materialisieren kann, samt notwendiger Quittung für die Ausfuhr und die Steuer.

Eine ernsthafte, rationale Ärztin begann, Fälle mit unsicherer schulmedizinischer Diagnose durch Pendeln »abzusichern«. Der Auslöser dafür, Heilmethoden anzuwenden, die weit außerhalb der Schulmedizin liegen, war der Besuch bei einem indonesischen Wunderheiler. Sie war davon überzeugt, dass seine »Operationen ohne Skalpell« (allein mit den Händen) real seien. Es irritierte sie nicht, dass er schon mehrfach als Scharlatan enttarnt wurde: »Ich habe doch alles mit eigenen Augen gesehen!« Dass dies auch für jeden Zaubertrick gilt, wollte sie partout nicht wahrhaben. Die Liste der Rattenfänger und ihrer Opfer ist lang: Fernheiler, Wahrsager, Karten- und Kaffeesatzleser oder neu auf dem Markt: Aura-Chirurgen. Wunder werden uns immer wieder angeboten, und wir bezahlen gern dafür.

Auf wessen Rat hören wir?
Würden Sie einem Buchmacher beim Pferderennen glauben, wenn er Ihnen verspricht, aufgrund seiner Tipps würden Sie reich werden? – »Niemals!«

Aber warum glauben wir einem Bankangestellten, wenn er uns eine Anlageempfehlung gibt, die hoch riskant ist? Weil er in einem schönen Gebäude, in einem noblen Büro, hinter einem beeindruckenden Schreibtisch sitzt? Oder weil uns unser mangelndes Wissen nicht bewusst ist oder wir es uns nicht eingestehen wollen?

Warum bestellen Tausende von Fernsehzuschauern bei Shoppingkanälen Dinge, die sie in einem normalen Geschäft weder anschauen noch als nützlich einschätzen würden?

Weil sie an die Stimme, den überzeugenden Gesichtsausdruck, die raffinierte Präsentation glauben? Oder einfach deshalb, weil es im Fernsehen gezeigt wird und wir diesem Medium vertrauen und fälschlicherweise keinen Unterschied machen zwischen den Informationen, die wir in einer Nachrichtensendung erhalten, und solchen in einem Werbekanal?

Unsere Tochter fragte uns, als sie sechs Jahre alt war, nach einem Einkaufsbummel: »Wie hat die Verkäuferin das gemacht, dass ich diese Hose beinahe gekauft hätte, obwohl sie mir nicht richtig gefallen hat?«

Wir können uns kaum davor schützen, jemanden, der uns anlächelt, für unseren Freund zu halten. Das ist in unserer Psyche so verankert. Unser Gesicht will unwillkürlich zurücklächeln. In einem Geschäft lächelt uns ein Verkäufer an, wir haben keine negative Erfahrung mit ihm gemacht, also glaubt die Seele, einen uns persönlich freundlich gesinnten Menschen vor sich zu haben, obwohl diese Einschätzung in der Regel unzutreffend ist. Ein Verkäufer will verkaufen; den Kunden zu mögen ist nicht seine Aufgabe. Verkäufer handeln im Auftrag, sie tun »nur« ihren Job und entwickeln somit auch keine Schuldgefühle, dadurch erscheinen sie »ehrlicher«, als sie es sind.

Wie viel Wahrheit wollen wir?

»Die Wahrheit ist ein selten Kraut, noch seltener wer's gut verdaut.« Sagt das Sprichwort.

Nicole sitzt in einem kleinen Vorstadt-Café in einer Straße, die sie gewöhnlich nicht aufsucht. Unvermittelt erkennt sie den Mann einer Bekannten: Heftig turtelnd umarmt er eine ihr gänzlich Unbekannte und verschwindet danach mit ihr in einem Hoteleingang. Kann das etwas anderes sein als ein veritabler Seitensprung? Tage später fragt Nicole beiläufig eine gemeinsame Bekannte, ob bei der möglicherweise betrogenen Freundin alles in Ordnung sei. Es gäbe nichts Besonderes, erfährt sie. Nicole fühlt sich in einem Minenfeld: Soll sie der wahrscheinlich Hintergangenen einen Hinweis geben oder die Pferde lieber nicht scheu machen?

Nicole hielt es in diesem Fall für die beste Lösung, den Mann nur unter vier Augen und indirekt auf diese Szene anzusprechen: »Kann es sein, dass ich dich neulich vor dem Hotel XY gesehen habe? Du hast mich anscheinend nicht gesehen, du warst zu beschäftigt.« Sie lässt offen, ob er es wirklich war. Nicole versucht, besonnen zu handeln. Sie will sich erst einmal ein Bild von der Situation machen und ist sich nicht sicher, ob sie sich einmischen wird.

Andere Menschen reagieren äußerst spontan, wenn sie in ähnliche Konflikte geraten. Sie nehmen den Kampf gegen die Windmühlen sofort auf. Sie attackieren die »Bösen«, und sie beschützen die »Guten«. Was bewirken sie? In der Regel lösen sie eine spannungsvolle Inquisition oder detektivischen Eifer aus. Irritationen und Misstrauen wachsen. Solche Enthüllungen treten Lawinen los. Wir erschaudern vor der Zerstörung und dem Leid, das die gutgemeinte Offenbarung bewirkt. Später keimen erhebliche Zweifel, ob die Einmischung die richtige Strategie war. Hat es geholfen, Schicksal zu spielen? Zurückdrehen lässt sich die Entwicklung nicht, selbst wenn alle Beteiligten es sich noch so sehr wünschten.

Was würden Sie tun? Gehören Sie zu den Kämpfern gegen das Unrecht in der Welt? Würden Sie einen Drang spüren, den Betrogenen beizustehen?

Bei Edas 20. Abitur-Jahrgangs-Treffen erfährt sie, dass ihr Mann vor 15 Jahren (sie waren da schon verheiratet) möglicherweise einmal etwas mit einer anderen gehabt haben könnte. Eda beschließt, trotz leichter Spannung »so alten Kram« zu ignorieren, nicht ohne Grummeln im Bauch. Sie »mussten« damals heiraten, Eda war schwanger, die Beziehung war nicht so stabil und vertrauensvoll wie heute.

Nicht jeder hat die Kraft, so zu entscheiden. Kann eine so alte Geschichte zum Problem werden? Unsere Seele kann die zeitliche Dimension eines Betrugs, der uns persönlich betrifft, nicht wirklich erfassen. Manche Menschen fühlen sich auch bei einem lange zurückliegenden Fehltritt in dem Moment, in dem sie davon erfahren, so verletzt, als wäre er gerade erst geschehen. Wenn wir intensive Gefühle erleben, sind sie immer akut und fordernd. Sie wühlen auf, nötigen zur Reaktion, wollen verkraftet, manchmal auch verdrängt werden oder verlangen nach Taten.

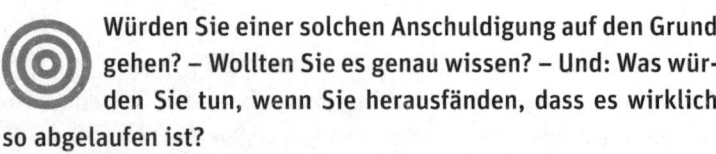 **Würden Sie einer solchen Anschuldigung auf den Grund gehen? – Wollten Sie es genau wissen? – Und: Was würden Sie tun, wenn Sie herausfänden, dass es wirklich so abgelaufen ist?**

Viele Menschen haben nicht die Stärke, einen »verjährten« Betrug ruhen zu lassen. Unter Umständen zerstört eine Offenbarung die Beziehungsbasis zweier Menschen, obwohl die Auswirkung der vergangenen Affäre in der Gegenwart ohne die geringste Bedeutung ist.

Können die Antworten auf diese Fragen heute überhaupt noch eine Bedeutung haben? Warum etwas hochkochen, was keinen Bezug zur Gegenwart mehr hat? Würde es an der heutigen Beziehung etwas ändern?

Nicht der vergangene Vorfall, sondern die heute gekränkte Eitelkeit würde jede Reaktion bestimmen. Auch sehr Selbstbewusste spielen mit dem Gedanken nach Rache und verkennen, dass der Konflikt erst damit in die Gegenwart getragen würde. Verjährt ist verjährt, aber unsere kleine Seele tut sich sehr schwer, dies anzuerkennen.

Lügen im grünen Bereich

Astrids Freundin schwärmt am Telefon in höchsten Tönen vom neu erstandenen Kleid. Als Astrid »den Traum« endlich zu Gesicht bekommt, ist sie geschockt. In ihren Augen ist das Kleid ein Alptraum. Einfach hässlich. Astrid lässt sich den Schock nicht anmerken, sie bringt es nicht übers Herz, der Freundin ihre ehrliche Einschätzung zu offenbaren, und drückt ihre Überraschung aus, indem sie eingesteht: »So habe ich es mir nicht vorgestellt! Ich hätte, glaube ich, nicht den Mut, es anzuziehen!«

Natürlich gibt es Freundschaften, in denen auch in einer solchen Situation ein herzhaftes »Das Kleid sieht fürchterlich aus!« herausplatzt. Nach einigem Hin und Her entscheiden die Freundinnen gemeinsam, ob das gute Stück bei einer bestimmten Gelegenheit vielleicht doch tragbar ist, ob es tatsächlich höchstens für einen Faschingsball taugt oder zurückgebracht wird.

Wie offen Menschen miteinander umgehen, ist nicht immer eine Frage der Qualität einer Beziehung, sondern entscheidet sich in der aktuellen Situation, je nach Tagesform aller Beteiligten. Die seelische Verfassung der Fragenden legt fest, ob eine vorsichtige oder eine deutliche Antwort angemessen ist. Erscheint die Fragende labil, ist ihr Selbstwertgefühl angeschlagen oder die Stimmung deutlich im verletzlichen Bereich, dann verbietet sich selbst in einer extrem offenen Beziehung die deutliche Kritik am guten Stück.

Wenn jedoch die Gefahr besteht, dass die Freundin sich lächerlich macht, dann bleibt uns nichts anderes übrig, als sie vorsichtig auf eine andere Schiene zu setzen. Will man ihre Wahl nicht kritisieren, kann man immer noch den konservativen Geschmack der Gesellschaft betonen, für die das tolle Teil gedacht war.

Oder: Ein Freund gesteht Ihnen, er habe ein Verhältnis mit einer verheirateten Frau, die Sie sehr gut kennen. Er will Ihnen aber nur unter dem Siegel absoluter Verschwiegenheit mitteilen, wer sie ist. Sie wissen genau, dass Sie diese Information nicht für sich behalten können. Verzichten Sie auf die Enthüllung? Oder schwören Sie, dass Sie schweigen wie ein Grab, und vergessen hinzuzufügen: »ein offenes«.

Oder: Eine Party verläuft schleppend. Sie haben keine Lust, den langweiligen Abend noch länger zu ertragen, lieber gehen Sie noch in Ihre Stammkneipe. Mit welchem Argument verabschieden Sie sich vorzeitig?

Oder: Sie laden Freunde ein, die noch einen Bekannten mitbringen wollen. Sie können die Person aber partout nicht leiden. Wie deutlich werden Sie in Ihrer Reaktion?

Dem Ehrlichen kann Schlimmes drohen

Wir alle haben Angst, belogen zu werden, wir setzen eine Lüge mit einem Betrug gleich und sehen sie als Herabwürdigung unserer Person. In der überwiegenden Zahl der Fälle fürchten wir die Lüge besonders, weil wir ahnen, dass wir uns auf unser Urteilsvermögen nicht verlassen können. Auch der Lügner fühlt sich selten wohl in seiner Haut, wenn er zu einer handfesten Lüge Zuflucht genommen hat – selbst wenn er weiß, dass er ernstlichen Schaden verhindert.

Aber dem Ehrlichen kann Schlimmeres drohen: Ein Mann, Vater zweier kleiner Kinder, liebt seine Frau. Auf einem Betriebsausflug wird viel getrunken, und man übernachtet in einem Hotel. Im Rausch des Feierns kommt es zu einem Seitensprung mit einer Kollegin, den beide eher dem Alkohol als irgendeiner Gefühlswallung zuschreiben. Das schlechte Gewissen setzt sofort danach ein und lässt ihn überhastet aus dem Bett fliehen. Am nächsten Tag, wieder zu Hause, treibt es den Gestolperten, der Ehefrau alles zu gestehen. Er hatte nicht die Stärke, mit seinen Schuldgefühlen alleine fertig zu werden.

Die Ehefrau verzweifelt. Sie kann diesen »Vertrauensbruch«, das »Hintergehen« nicht verwinden. Sie verlässt ihren Mann und nimmt die Kinder mit. »Die Familie ist explodiert«, wie sie es später einmal ausgedrückt hat. Keiner konnte das Rad zurückdrehen. Das Paar fand nicht mehr zusammen. Hier hat die Wahrheit vier Menschen nachhaltig geschadet.

Die beiden hatten sich gut verstanden, es gab keinerlei Hinweise auf ernste Spannungen. Aber das Gefühl, hintergangen worden zu sein, war für die Ehefrau übermächtig. Das ist eindeutig tragisch: Ein voreiliges Geständnis bringt Kinder um die Sicherheit einer wohlgefügten Familie und das Paar um seine gute Partnerschaft. Alle haben durch das Geständnis und die Reaktion darauf verloren.

War die Wahrheit so viel Leid wert?

Wann wollen wir belogen werden?

Bei vielen gravierenden Konflikten fällt es schwer zu entscheiden, ob wir die Fakten wirklich wissen wollen.

 Wir möchten Sie bitten, sich die folgenden Szenen plastisch vorzustellen. Lassen Sie etwas Zeit verstreichen, bis Sie sich festlegen, wie Sie heute entscheiden würden:

Entweder: »Das will ich wissen!«

Oder: »Das will ich *nicht* wirklich wissen!«

Wollen Sie es wissen,

* wenn Sie von einem sehr guten Freund über den Tisch gezogen wurden?
* wenn Sie nur noch x Tage zu leben haben?
* wenn Ihr Mann / Ihre Frau nur noch aus Mitleid mit Ihnen zusammen ist?
* wenn Sie nicht der Vater Ihrer (halbwüchsigen) Kinder sind, die Sie lieben?
* wenn Sie nicht das leibliche Kind Ihrer Eltern sind?

Und es wird wirklich kompliziert, denn oft gibt es einen deutlichen Unterschied in der Reaktion, je nachdem, ob man solche Fragen rein theoretisch betrachtet oder ob man befürchtet, sie könnten eine persönliche Relevanz haben.

Unsere Psyche reagiert differenziert auf seelische Anspannung. Wird der psychische Druck zu groß, will die Psyche den Schmerz verhindern. Viele wenden sich ab, wenn sie einen Schwerverletzten sehen oder einen Toten. Selbst wenn von Grausamkeiten nur mittelbar berichtet wird, wollen wir die Details ausblenden. Schon die Vorstellung empfinden wir als unerträglich. Die Realität ist nicht immer zu verdauen. Wir wollen sie nicht in aller Konsequenz wahrnehmen.

Unsere Psyche weiß um unsere Empfindlichkeit und versucht, uns Belastungen zu ersparen: Manche können kein Blut sehen oder wollen nicht zuschauen, wenn ein anderer eine Spritze bekommt. Und es gibt Untersuchungen, die belegen, dass wir eine Injektion schmerzärmer wahrnehmen, wenn wir nicht hinsehen. Aber wir sehen auch dort nicht so genau hin, wo weder Schmerz noch Schrecken droht: Wir wollen nicht so genau wissen, wie schlecht es Menschen geht, die in der Dritten Welt leben, oder wie hart das Leben für manchen Asylanten ist.

Dieser Mechanismus gilt auch für die gerade gestellte Frage: »Wollen Sie es wissen, wenn …?« Unsere Psyche will uns Verletzungen aus solchen Informationen ersparen. Wir blenden diese Themen aus, und manchmal wird mit großer Energie verhindert, dass diese Art Fragen überhaupt gestellt oder beantwortet werden.

Keiner darf für sich den Besitz der Wahrheit beanspruchen,
sonst wäre er unfähig zum Kompromiss
und überhaupt zum Zusammenleben.

Richard von Weizsäcker

Die kurze Halbwertszeit der Wahrheit

»Wahrheit ist das, was uns am meisten von den Tieren unterscheidet« lautet ein Sprichwort. Manche beschwören »Wahrheit« als den Inbegriff unserer Kultur, unserer Zivilisation. Muss man dieser Beschwörung folgen?

Natürlich lügen wir nicht ständig. Vieles, was wir von einem Freund oder Partner vermittelt bekommen, halten wir mit Recht für wahr.

Die Frage bleibt: Wie beständig sind Wahrheiten im Zwischenmenschlichen? Wie lange bleiben sie gültig? Geht man dieser Frage nach, stellt man bald irritiert fest: Wahrheiten haben eine kurze Halbwertszeit. Sie sind flüchtig und kurzlebig.

Viele Beschwörungen sozialer Verlässlichkeit leben für den Augenblick: Man fühlt sich mit jemandem verbunden, ist sich einig und freut sich darüber. – Wir laufen einem alten Freund zufällig in die Arme. Man freut sich, den anderen wiederzusehen, tauscht Neuigkeiten aus und geht in der festen Überzeugung auseinander: »Wir müssen uns unbedingt mal treffen.« – Wie oft kommt danach ein Treffen wirklich zustande?

Hera und Gabi, beide Singles, beschwören ihre Verbundenheit: »Wir werden immer füreinander da sein, auch wenn wir wieder einen Freund haben!« Doch einen Monat später ist Hera neu liiert, und Gabi braucht dringend eine Schulter zum Ausweinen, ein Date ist völlig schiefgelaufen. Die frisch Verliebte allerdings hat nur zwei Minuten am Telefon für ihre heulende Busenfreundin: »Ich treffe mich in zehn Minuten mit meinem neuen Freund. Es tut mir so leid, du kommst bestimmt schon bald darüber hinweg.«

Selbst eine Meinung kann sich in kurzer Zeit ändern. Ein harmloses Beispiel ist der Film, den wir irritierend oder langweilig fanden, aber nach einem Gespräch mit begeisterten Freunden völlig anders beurteilen. Mit einem Mal hat der Film auch für uns eine Botschaft, und wir ändern unser Urteil.

Menschen können sich im Laufe der Zeit ganz gewaltig wandeln. Auch wenn sie diesen Wandel gern herunterspielen. Da ist Pit. Heute darf man ihn nur noch Peter nennen, wir kennen ihn aus Studentenzeiten. Damals vertrat er ziemlich radikale Ansichten und sympathisierte mit extremistischen Zeitgenossen. Heute, 30 Jahre später, ist aus dem linken Paulus ein sehr konservativer Saulus geworden. Wie hundertprozentig er damals überzeugt war, will er heute partout nicht mehr wahrhaben.

Nach bestem Wissen und Gewissen?

Unsere Einschätzungen und unsere Vorlieben ändern sich. Was uns heute als erstrebenswert gilt, kann uns morgen alt und muffig erscheinen. Doch nach sozialer Sicherheit suchen wir immer. Dabei geht es aber selten um Wahrheit, wichtiger ist uns das Gefühl: Der andere will uns nicht schaden.

Gemeinsam wollen wir an Vertrauen glauben können. Auch wenn wir genau wissen: Weder unsere Zuneigung noch unsere Verlässlichkeit werden bedingungslos vergeben oder haben zwangsläufig dauerhaft Bestand. Alles hat Grenzen. Auch wenn es verwirrend ist und schmerzlich, wissen wir doch, dass die Liebe, die Hingabe, die Exklusivität, die uns für die Ewigkeit versichert wurden, letztlich eine kurze Verfallszeit haben.

Wir ahnen, wie instabil viele unserer Behauptungen sind. Wir wissen wenig über uns selbst, über unsere Motive, über die Veränderungen, die uns bevorstehen, über unseren eigenen inneren Schweinehund. Eigentlich müssten wir jeden Satz, den wir für »wahr« erklären, mit der Formel einleiten: »Nach meinem heutigen besten Wissen und Gewissen.« Aber wer würde noch einen Pfifferling für das geben, was wir unter solchen Vorgaben behaupten? Es bleibt uns also keine Wahl: Wir geben vor, uns unserer Sache sicher zu sein, und halten alle Zweifel und Einschränkungen zurück.

Wir lügen jeden Tag

Wenn wir lügen, verfälschen wir bewusst die Wahrheit. Mehr oder weniger betrügen wir mit jeder Lüge. Dennoch wollen wir dem anderen meist keinen ernstlichen Schaden zufügen. Wir lügen oft spontan und unbedacht, aber gelegentlich auch geplant und absichtlich.

Lügen begegnen uns tagtäglich: in der Politik, in der Werbung, im Berufsleben und natürlich im Privaten, dennoch ist die Lüge ein Tabu. Soziologen und Psychologen haben nachgewiesen, dass wir an einem einzigen Tag zwischen fünf- und zweihundertmal »eine kleine Ausrede« benutzen.[3] Wir sagen nur die halbe Wahrheit oder lassen etwas aus, das für unseren Gesprächspartner wahrscheinlich von Bedeutung gewesen wäre. Aber auf die Frage, ob wir ab und an lügen, ist die gängige Antwort eine weitere Lüge. Keiner würde uns mehr trauen, wenn wir an dieser Stelle ehrlich wären.

Die meisten spüren den Nutzen der Lüge spätestens, wenn sie dazu greifen. Aber ein Zwiespalt bleibt: Karin wollte nicht, dass ihr Freund zuhört, wenn sie dem Vermieter erzählt, dass sie schon drei Jahre verheiratet sind. Sie kannten sich in Wirklichkeit erst vier Monate und dachten nicht einmal ans Heiraten. »Wenn du zuhörst, kann ich nicht richtig lügen und schäme mich.« Obwohl ein anderer bereit ist, die Lüge mitzutragen, ist es dennoch peinlich, bei der »Tat« beobachtet zu werden.

Für Kulturwissenschaftler ist diese Schamhaftigkeit allerdings längst vom Tisch, denn für sie ist klar: Die Lüge stiftet Frieden.

Alltagsmärchen

Wir lügen immer dann, wenn wir etwas sagen, das wider unser besseres Wissen ist oder wenn wir unsere Innenwelt anders beschreiben, als wir sie empfinden. Eine Ausnahme gibt es: wenn der Angesprochene sofort erkennen kann, dass wir ironisch sind oder offensichtlich etwas Unwahres von uns geben. Wir lügen auch dann, wenn wir einem Gesprächspartner eine Information vorenthalten, von der wir wissen, dass sie für ihn hilfreich wäre.

Wir nennen unsere kleinen Manipulationen ungern Lügen. Jede Art von Beschreibung ist uns lieber als das böse Wort Lüge. Lieber reden wir von schummeln, verwirren oder besonders bildlich davon, jemandem Märchen zu erzählen, und vergessen dabei: Auch Märchen sind Lügen.

Wir erzählen sie Kindern in der Hoffnung, sie zum Guten zu beeinflussen. Kinder können Märchen und Realität schlecht voneinander unterscheiden, deshalb funktioniert die Manipulation. Wir glauben oder reden uns ein, Kinder könnten das Symbolische oder die Übertreibungen in einem Märchen verstehen, das ist aber fast nie der Fall. Kinder nehmen Märchen sehr lange für bare Münze. Selbst größere Kinder und Jugendliche tun sich viel schwerer, als wir glauben, zwischen Vorgetäuschtem und der Realität zu unterscheiden. Es fehlt ihnen an Erfahrung, einen Bluff zu durchschauen. Viele Kinder halten Wrestling-Veranstaltungen, die sie im Fernsehen erleben, noch mit elf Jahren für real. Selbst mancher Erwachsene kann nicht abschätzen, dass ein Großteil der Schläge und Tritte fatale Folgen hätte, würden nicht alle Beteiligten erhebliche Vorsicht walten lassen, um sich gegenseitig eben nicht ernstlich zu verletzen, trotz aller zur Schau gestellten, scheinbaren Gewalttätigkeit. Wie fatal so etwas sein kann, lässt sich ahnen, wenn man bedenkt, wie gern Kinder Dinge nachspielen oder miteinander raufen.

Natürlich wird auf der Bühne oder im Film »nur gespielt«. Aber wir ignorieren dieses Wissen, und das Geschehen zieht uns in seinen Bann: Wir weinen, wir erschrecken, wir fürchten uns – selbst Zeichentrickfilme lösen Emotionen bei uns aus, wir können uns dieser Scheinwelt nicht entziehen. Unsere Psyche trennt nicht wirksam zwischen Realität und Spiel. So leicht sind wir zu täuschen, und in diesem Fall genießen wir es sogar. Wer würde noch ins Kino gehen, wenn er nicht gefangen wäre vom Geschehen auf der Leinwand? Wir wollen mitkämpfen, mitleiden, mitfiebern.

Nach einem guten Roman müssen wir uns wieder neu orientieren, um aus der Geschichte in die Wirklichkeit zurückzufinden, ähnlich wie nach einem intensiven Traum. Unsere

Psyche ist entwicklungsgeschichtlich eine sehr alte »Erfindung« der Natur. Gefühle dienen einer komplexen, sehr schnell abrufbaren Orientierung. Sie sind die Summe aller Erfahrung, die sich auf eine Situation beziehen, sie manifestieren sich oft in einer Stimmung oder einer Bewertung. Die Psyche ist beharrlich. Eine emotionale Haltung ist meist recht stabil. Denken Sie nur an Essgewohnheiten oder die Ablehnung gegen bestimmte Menschen oder die Vorliebe für bestimmte Farben und Gerüche.

Süße Versprechungen
Erwarten wir ernsthaft ausgewogene Informationen von einer Werbung? Kaum! Sie verspricht mit ihren Produkten Jugend, Schönheit, Lifestyle, Fitness, Gesundheit, Lebensstimmung, Sicherheit. Wir möchten zu gerne daran glauben. Aber es wäre naiv.

Widersinnig wird Werbung, wenn eine Dreijährige bei Gewitter in das »sichere« Auto anstatt in das Bett der Eltern flüchtet.

Faltencremes, Abnehmpülverchen, Verjüngungsvitamine. Obwohl keiner glaubt, dass wir Alterung wirklich aufhalten könnten, werden dennoch Hunderte verschiedener Anti-Aging-Produkte verkauft.

Ironisch überspitzt führt uns der Kabarettist Heiner Knallinger die »Lüge« in der Werbung vor. In einem fingierten Anruf im Sekretariat der Firma Ferrero, die das Produkt »Mon Chérie« vertreibt, bittet er, mit »Frau Bertani« verbunden zu werden. Sie ist in der Werbung die Expertin. Sie sucht die »berühmten Piemont-Kirschen« für »Mon Chérie« aus. Er will ihr Kirschen aus seinem Garten für »Mon Chérie« andienen. Die angesprochene Sekretärin hat ihre liebe Not, dem scheinbar naiven Kunden zu erklären: »Frau Bertani gibt es gar nicht, … sie ist eine Erfindung der Werbeabteilung … ich kann Sie wirklich nicht zu ihr durchstellen, … es ist unmöglich, weil es sie nicht gibt.« Wir schmunzeln. Und der clevere Kabarettist treibt die irritierte Sekretärin zur Verzweiflung, bis sie zum Schluss das Gespräch verärgert abbricht, weil der Anrufer einfach nicht glauben will, dass es diese Frau nur als Werbefigur gibt. Die Posse erreicht ihren Höhepunkt, als Heiner Knallinger sich in einem weiteren Anruf bei dieser Sekretärin mit dem Satz einführt: »Hier ist Heiner Bertani, bitte verbinden Sie mich mal flink mit meiner Frau!« Wütend knallt sie den Hörer auf.[4]

Gelogene Wahrheit

Selbst wenn etwas wahr ist, ich es aber als Lüge einsetze, bleibt es eine Lüge. Sohnemann hat eine Flasche Korn im Supermarkt mitgehen lassen: »Hast du die Flasche gestohlen?« Er antwortet gekränkt: »Klar habe ich die Flasche gestohlen!« Er will zwar, dass wir das Gegenteil glauben, aber er sagt die Wahrheit. Er benutzt die Wahrheit, um uns zu belügen und in die Irre zu führen. Der unausgesprochene Vorwurf, ihm zu misstrauen, blockt, so hofft er, weitere Recherche ab. Als Lügenstrategie nicht schlecht.

Auch der Vorwurf, eine Geliebte zu haben, wird oft so gekontert: »Sicher habe ich eine Geliebte!« Der unausgesprochene Satz: »Dein Misstrauen kränkt mich. Du bist hysterisch«, schiebt der Misstrauischen den Schwarzen Peter zu.

Und wie ist es, wenn ich sehr aufgeregt bin oder sehr wütend? Wie ernst ist es gemeint, wenn ich ärgerlich jemandem die Pest an den Hals wünsche? Wünsche ich ihm wirklich den Tod? Was bedeutet es, wenn ich zornig androhe auszuziehen? Werde/will ich dann wirklich meine Koffer packen?

Heute richtig, morgen falsch

Noch zweifelhafter wird es, wenn man die Frage: Was ist wahr oder falsch, gut oder schlecht? über größere Zeiträume betrachtet.

Eine Geschichte aus China verdeutlicht das Dilemma: Einem Bauer entläuft sein einziges Pferd. Die Nachbarn kommen und bedauern ihn, aber er sagt:»Ob es gut oder schlecht ist, wer weiß es schon?« Im nächsten Frühjahr kommt das Pferd zurück und bringt eine ganze Pferdeherde mit. Jetzt beglückwünschen ihn die Nachbarn. Aber er antwortet ihnen nur:»Ob es gut oder schlecht ist, wer weiß das schon?« Im Jahr darauf stürzt der Sohn des Bauern vom Pferd und verletzt sich schwer am Bein. Und wieder kommen die Nachbarn und klagen. Doch wieder weist der Bauer ihre Klagen zurück. Wenige Wochen später kommen die Rekrutierer des Kaisers und nehmen alle gesunden jungen Männer des Dorfes mit, nur den Sohn des Bauern nicht, denn der kann wegen seiner Verletzung nicht richtig laufen.

> **Eine Wahrheit ist so lange gültig, bis sich die Sachlage oder der Blickwinkel verändert.**

Sicher ist diese Geschichte ein Appell, das Schicksal nicht zu beklagen. Aber sie ist auch ein deutlicher Verweis darauf, dass keine Wahrheit zwangsläufig Bestand hat. Die Sicht der Dinge kann sich von einem Augenblick auf den nächsten vollkommen verändern. Man hadert mit dem Schicksal (der Sohn wurde verletzt), und im nächsten Augenblick rettet genau dieses beklagenswerte Geschehen den Sohn vor den viel größeren Gefahren des Soldatenlebens. Eine Wahrheit ist so lange gültig, bis sich die Sachlage oder der Blickwinkel verändert.

Was heute wahr ist, kann sich morgen als falsch erweisen. Ob wir etwas, das wir heute für wahr und richtig halten, auch langfristig so beurteilen, wer weiß das schon: Eric wechselt voller Überzeugung in einen neuen Job. Die Arbeit gefällt ihm, das Betriebsklima, die Kollegen, das Gehalt – alles bestens. Nach vier Jahren wird die Firma aufgekauft und seine Stelle wegrationalisiert. Zurückzugehen in die alte Firma ist unmöglich, seine Stelle ist längst neu besetzt. Der zu Beginn richtige Wechsel erweist sich langfristig als falsch.

Als junger Mensch war Eberhard überzeugt, dass die Sicherheit einer Anstellung in einer großen Firma das Wichtigste bei der Berufswahl sei. Er wurde Manager in einer namhaften Firma im Süden. Im Laufe der Jahre wird er immer unzufriedener, schließlich depressiv. Er sieht keinen Ausweg. Spielt sogar mit Suizidgedanken. Er spürt, dass er sein Leben völlig umkrempeln muss. Er beschließt, seine falsche Lebensentscheidung zu korrigieren. Nicht Sicherheit, sondern Lebensqualität wird sein Ziel. Sein Faible für Trachten und Schuhplattlermusik verbindet er mit seiner Leidenschaft fürs Zitherspielen. In einer Mischung aus Mut und Verzweiflung gründet er eine kleine Kapelle. Er nutzt seine Marketingerfahrung, um Wirte und Veranstalter gezielt auf sich aufmerksam zu machen. Sein gutes Englisch erleichtert es ihm, sogar Engagements außerhalb Deutschlands zu akquirieren. Heute ist er überzeugt: Sicherheit ist nicht das A und O. Freude an der Arbeit ist mindestens ebenso wichtig.

Im Beruf sind wir daran gewöhnt, Veränderungen zu bewerten. Im Privaten denken wir weniger gern in Kategorien von Erfolg oder Misserfolg, aber wir fragen uns auch dort: War es gut, die neue Freundschaft auf Kosten der alten zu intensivieren? War es richtig, die kriselnde Beziehung zu beenden? War es den Stress wert, einem Freund die Wahrheit so krass gesagt zu haben? Wir prüfen im Nachhinein, ob eine frühere Vermutung noch immer zutrifft. Und oft stellen wir enttäuscht fest: Was wir für wahr und richtig gehalten haben, hat sich als unwahr und falsch erwiesen.

Und genauso oft müssen wir erkennen, dass wir mit der Einschätzung über einen anderen danebenlagen: Der scheinbar unfreundliche Kollege erwies sich als äußerst hilfsbereit, als wir bei einer sehr umfänglichen Aufgabe in der Klemme saßen. Ein stets freundlich lächelnder Nachbar zeigte sich als eine menschliche Niete, als die minderjährigen Kinder seiner Bekannten für eine Nacht betreut werden mussten. Der Freund, der stark und stabil erschien, war weich und weinerlich, als es darauf ankam, Standfestigkeit zu zeigen.

Wer lebt, lügt

Was geschieht, wenn wir Lügen bei uns und bei anderen für möglich halten?

Wenn Sie Ihre Bereitschaft zu lügen bejahen, ändert sich auch die Fähigkeit, Lügen anderer wahrzunehmen. Wenn Sie Ihre eigenen Lügen zumindest ahnen, entwickeln Sie einen Riecher für die Lügen in Ihrem Umfeld. Sie erkennen viel eher den leicht veränderten Gesichtsausdruck oder den veränderten Tonfall, der Lügen oft begleitet. Sie »wittern« eine Schummelei, weil Sie viel klarer auf die Ungereimtheiten und Ausschmückungen eingestimmt sind, die Lügen häufig kennzeichnen.

Die eigene Tendenz zu lügen ist etwas, das eher verdrängt wird. Doch die Lüge eines anderen wird nur dann empathisch nachvollziehbar, wenn man den Kitzel und die leichte Erregung und vielleicht sogar das Machtgefühl bei eigenen Lügen empfunden hat. Sie sehen tiefer in Menschen hinein, filtern Stimmungen genauer. Ihre Psyche darf endlich auch Lügensignale erkennen, genauso wie sie Trauer, Glück oder Spannung erfasst. Denn das trifft für alle Gefühle zu: Man kann sie letztendlich nur dann wirklich nachempfinden, wenn man Ähnliches von sich selbst kennt.

Wenn wir in der Lage sind, ohne größeres Schuldgefühl bewusst zu lügen, wird wahrscheinlich noch eine andere Ebene deutlicher. Die meisten Menschen können sehr schlecht spontan nur zum Spaß lügen. Versuchen Sie es einmal: Wahrscheinlich müssen Sie lachen, Sie klingen unglaubwürdig, und jeder erkennt sofort, dass Sie schummeln. Wie kommt das? Wir können oft nur dann überzeugend lügen, wenn unser Image auf dem Spiel steht. Wir wollen, dass ein bestimmtes Bild von uns, das wir mühsam aufgebaut haben, Bestand behält. Wir wägen ab, welches Risiko in einer Lüge steckt und wie groß der Imageschaden sein könnte, käme die Wahrheit ans Licht.

Die Psyche greift zur Lüge, wenn wir einen Vorteil erlangen oder einen Nachteil abwenden können.

Wahrheit hat, psychologisch gesehen, letztlich einen »ökonomischen« Wert: Solange wir nur Wahres aussprechen, erübrigen sich die vielfältigen und oft komplexen Kontrollen über Lügeninhalte. Es bleibt uns erspart, uns genau erinnern zu müssen, welche Lüge wir schon aufgetischt haben. Wir müssen nicht im Auge behalten, wo Entdeckung droht. Und unseren Gesichtsausdruck brauchen wir auch nicht zu kontrollieren. Solange wir bei der Wahrheit bleiben, kann uns höchstens unser Gedächtnis einen Streich spielen.

Unsere Psyche greift normalerweise nur dann zur Lüge, wenn wir dadurch einen Vorteil erlangen wollen bzw. einen Nachteil abwenden können.

Wenn alles sitzen bliebe,
Was wir in Hass und Liebe
So voneinander schwatzen;
Wenn Lügen Haare wären,
Wir wären rauh wie Bären
Und hätten keine Glatzen.
Wilhelm Busch

Kann denn Lüge Liebe sein?

Verliebt zu sein zählt sicher zu den schönsten Gefühlen. Auf Wolken schwebend erleben wir uns selbst wie in einem Rausch, unsere Gedanken kreisen um ein einziges Thema: den Geliebten. Sehnsüchte bestimmen die Zeit ohne den anderen, Hochgefühle die Stunden, in denen man zusammen ist.

Balzlügen nannte eine lebenserfahrene Frau das, was uns an der Liebe vielleicht den größten Spaß macht. Wer will in diesem Sinnestaumel schon genau wissen, welche hormonellen und sonstigen Prozesse in uns ablaufen? Wir sollen die schönste Zeit unseres Lebens genießen, zumindest so lange, bis das, was die Natur am meisten fördert – die Reproduktion –, stattgefunden hat. Und Mutter Natur will, dass diese hochfliegenden Räusche uns wichtig und einzigartig erscheinen. Wir sollen den öderen Alltag danach, die belastende Suche nach einem gemeinsamen Nenner für alle Belange des Lebens, klaglos auf uns nehmen. Einmal, weil wir uns so wahnsinnig verliebt fühlten, und zum anderen, weil wir unser Brutpflegeprogramm erfolgreich abschließen sollen.

Eine ziemlich unromantische Verquickung.

Leider wird der Prozess, der uns aufeinander fliegen lässt, durch die Naturwissenschaften zunehmend entzaubert. Wir wissen heute, wie unsere Nase uns zum genetisch passenden Partner führt. Wir wissen, dass Frauen an ihren fruchtbaren Tagen einen ganz anderen Männertyp bevorzugen als in der übrigen Zeit, und wir wissen, dass »sich verlieben« durch Umstände, die völlig unabhängig vom möglichen Partner sind, stark beeinflusst wird.[1] Wir wissen, dass uns jemand attraktiv erscheint, weil er Muster anspricht, auf die wir geprägt wurden.

Auch wenn es uns weniger gefällt, nahezu jeder verknüpft das gute Aussehen eines Menschen mit vielerlei Tugenden. Wir halten die Gutaussehenden für interessanter, selbstsicherer, gefühlvoller, und wir schätzen sie als erfolgreicher ein.[2] Dass wir in Schönheit etwas hineinlesen, was dort nicht zwangsläufig vorhanden ist, mag verständlich sein, denn Schönheit stimmt uns freundlich, und wir bringen den Schönen Wohlwollen entgegen.

Das tun wir sogar dann, wenn wir lediglich *glauben*, dass am Telefon ein(e) attraktive(r) Gesprächspartner(in) mit uns spricht: Männer, denen man erklärte, sie würden mit einer attraktiven Frau telefonieren, erwarteten zusätzlich, mit einer humorvollen, ausgeglichenen und geselligen Frau zu sprechen, ohne einen echten Anhaltspunkt für ihre Vermutung zu haben. Entsprechend verliefen die Telefonate. Bei den vermeintlich attraktiven Gesprächspartnerinnen machten Männer mehr Witze und lenkten das Gespräch auf fröhlichere Themen. Damit stellten sie sich ihrerseits als attraktive Menschen dar. Aber, und das ist wirklich verblüffend, die weiblichen Gesprächspartner verhielten sich entsprechend der männlichen Erwartung – sie waren ihrerseits fröhlicher oder ernster, je nachdem, welche vorgebliche Beschreibung die männlichen Anrufer bekommen hatten.[3]

Beide Gruppen, Anrufer wie Angerufene, haben sich gemäß der Erwartung des Anrufers dargestellt. Die Fehlinformation, nicht die reale Stimme, ließ die Männer flirten und die Frauen mitspielen. Ist »mitspielen« schon verstellen?

Vielleicht ist es gar nicht so wichtig, genau zu wissen, warum wir uns verlieben. Vielleicht käme am Schluss, auch wenn wir alles wüssten, doch die gleiche Entscheidung für einen Partner zustande.

Aber möglicherweise käme es auch ganz anders.

Sie erinnern sich an die Geschichte des eingestandenen Fehltritts, der die harmonische Familie zerbrechen ließ. Wir behaupten: Menschen sind nicht wirklich in der Lage, mit einer glasklaren Wahrheit umzugehen, und in Liebesdingen schon gar nicht.

Wir brauchen die Lüge, um Beziehungen längerfristig als glücklich zu erleben.

Fast keine Beziehung hätte Bestand, wenn wir auch die verborgenen gravierenden Beweggründe, die uns aneinander binden oder voneinander abstoßen, erkennen könnten, oder um die Vielzahl der Sehnsüchte wüssten, die sich auf andere richten. Wenn jeder Mann eingestehen müsste, wie sehr ihn andere Frauen gedanklich beschäftigen, wenn jede Frau ihren oder auch jeder Mann seinen Versorgungsgedanken offen ansprechen würde, wenn jeder verletzende Impuls, der sich ärgerlich gegen einen Partner richtet, aber zurückgehalten wird, erkennbar wäre – nichts hätte Bestand. Wir brauchen die Lüge oder den Schleier des Nicht-alles-so-genau-wissen-Wollens, um Beziehungen längerfristig als glücklich zu erleben.

Macht Glück Liebe?

Zuerst die gute Nachricht: Menschen in festen Bindungen leben länger (das gilt für Frauen nur bedingt), leiden weniger unter Depressionen und sind insgesamt glücklicher. Und nun das große Fragezeichen: Es ist überhaupt nicht sicher, was hier eigentlich was auslöst, denn alles, was Forscher heute wissen, ist: Diejenigen, die sowieso schon glücklich sind, heiraten bzw. treten in lange Partnerschaften ein – nicht umgekehrt. Also: Wir sind zuerst glücklich, und dann finden wir den Partner fürs Leben oder vielleicht sogar deshalb. Wir sind bereits glücklich, bevor wir jemanden kennenlernen.

Wenn man die Jahrbücher amerikanischer Colleges betrachtet, sind sie gespickt mit Porträtfotos lächelnder Studenten. Was das mit Glücklichsein oder Liebe zu tun hat? Sehr viel.

Verengen sich beim Lächeln leicht die Augen, weil sich die Muskeln um das Auge herum zusammenziehen, dann sehen wir ein echtes Lächeln, Wissenschaftler nennen es »Duchenne-Lächeln«. Im Gegensatz zum Lächeln mit wenig Augenbeteiligung, bei dem fast nur die Mundwinkel nach oben gezogen werden, was Forscher leicht ironisch »Pan-Am-Lächeln« nennen, weil es das Lächeln ist, das Stewardessen zeigen. Es ist ein Lächeln ohne wirkliche emotionale Beteiligung.

Forscher werteten die vielen lächelnden Gesichter der Porträts der Abschlussklassen in den Jahrgangsbüchern aus. Sie teilten sie ein in »echte Lächler« und in »Pan-Am-Lächler«. Danach untersuchten sie, was aus den wirklich Fröhlichen geworden war. Unglaublicherweise zeigte sich, dass in dieser Gruppe deutlich mehr Verheiratete waren, dass ihre Ehen länger hielten und sie sich selbst als glücklicher beschrieben.[4]

Und eine weitere Untersuchung lässt aufhorchen: Verheiratete, die sich nach einigen Jahren trennen, sind schon zum Zeitpunkt der Heirat weniger glücklich als diejenigen, die verheiratet bleiben.[5]

Liebe ökonomisch sehen

Liebe lässt sich aber auch aus einem ökonomischen Blickwinkel betrachten. Modelle von »Marktwert« oder »Kosten und Nutzen« lassen sich auf Beziehungen zwischen Partnern übertragen sowie wissenschaftlich erklären und untersuchen.

Für Männer und Frauen ergeben sich durch eine Beziehung »Kosten« und »Nutzen«. Kosten sind zum Beispiel der Verzicht auf Freiheiten. Nutzen bringt zum Beispiel der »einfachere« Zugang zu Sex, emotionale Sicherheit, Vertrautheit.

Wenn für eine Liebesbeziehung eine Gewinn- und Verlustrechnung aufgestellt werden soll, sind wir irritiert. Niemand schreibt eine Liste der Vor- und Nachteile, wenn er eine Freundschaft/Partnerschaft eingeht oder aufrechterhält.

Aber unterschwellig errechnet unsere Psyche eine Quersumme. Auf der einen Seite steht der »Gewinn«, den sie aus der Beziehung zieht, und auf der anderen Seite die »Kosten«, das, was sie dafür investiert oder aufgibt. Keiner hält eine Beziehung aufrecht, bei der er nur draufzahlt – auch wenn diese Kalkulation unbewusst bleibt.

Übermütige könnten jetzt beginnen, mögliche Partner in Ranglisten zu packen und ernsthaft Kosten und Preise zu kalkulieren: Männer könnten auf die Idee kommen: »Die Schönste ist Alena, für sie verzichtete ich gern auf die Besuche in der Table Dance Bar.« – »Am meisten Sexappeal hat Britta, für sie würde ich hart arbeiten, um ihr etwas bieten zu können.« Oder für die weiblichen Rechenkünstler: »Den besten Körperbau hat Chris, für ihn könnte ich das Streunen einstellen.« – »Das meiste Geld verdient Dirk, er wäre es wert, einen Orgasmus vorzutäuschen.« – »Die beste Partie ist Georg, für ihn gäbe ich die Freundinnen auf, die ihm nicht passen.«

Wer mit solchen Ideen bewusst Beziehungen kalkuliert, zerstört wahrscheinlich seine Fähigkeit zu lieben, denn eine neue attraktive Bekanntschaft bringt die Liste ins Wanken, und irgendwann zählt nur noch die Frage, wie man zum Nächstbesseren wechseln kann.

Spannend ist dennoch, dass solche Abwägungen Beziehungen unbewusst festigen. Die Beziehungskosten und der Beziehungsnutzen werden gegeneinander gerechnet, und intuitiv spürt man, ob sich eine Beziehung lohnt.

Stabilisiert werden Beziehungen aber auch durch »Nöte«, die man vermeiden will. Zum Beispiel: »Trennungskosten« wie Trennungsschmerz, Angst vor dem Alleinsein, Unsicherheit bei einer neuen Partnersuche, mögliche Isolation, Verlust von Freunden etc.

Eine Bilanz dieser Faktoren entscheidet letztlich über den Fortbestand einer Beziehung. Wobei den Forschern, die sich mit diesen so materialistischen Bedingungen von Beziehung beschäftigen, klar ist, dass solches Abwägen zwar in uns stattfindet, aber dennoch größtenteils unbewusst bleiben muss. Der Mensch könnte eine so glasklare Analyse der Bedingungen seiner Liebe, seiner Gefühle von Geborgenheit oder seiner Treue nicht ertragen. Der Wirtschaftswissenschaftler Dr. Bruno Frey, der solche Zusammenhänge erforscht, stellt lakonisch fest: »Die moderne Ökonomie berücksichtigt dabei, dass eine instrumentale Ausrechnung von Nutzen und Kosten die Liebe zerstört.«[6]

Wie sehr wir uns, auch in Beziehungen, nach ökonomischen Regeln verhalten, zeigt ein Experiment, das viel Ähnlichkeit mit einem Partyspiel hat: Einer Anzahl von mindestens 15 Personen, ungefähr gleich viele Männer wie Frauen, klebt man Zahlen, beginnend mit 1 und dann ansteigend, auf den Rücken und erklärt, die Zahl drücke den »Marktwert« (die Summe aller positiven und negativen Eigenschaften des Einzelnen) aus. Die Zahl auf dem eigenen Rücken kennt man nicht. Dann bittet man die Teilnehmer, sich einen Partner zu suchen. Was geschieht, ist dabei stets ähnlich. Die hohen Zahlen bekommen eine Menge »Angebote« und die niedrigen Zahlen entsprechend weniger. Zum Schluss haben sich fast immer Paare »gefunden«, die einen recht ähnlichen Wert auf dem Rücken kleben haben.[7] Das Experiment zeigt unsere prinzipielle Verhaltensweise: Wir können unseren Marktwert aus den sozialen Reaktionen und Angeboten erschließen, und wir wählen danach aus. Die Aufgabe war *nicht*, einen *wertadäquaten Partner* zu suchen, sie lautete lediglich, *einen Partner* zu finden.

Was ist ein »Marktwert« in der Realität?

Der Feststellung des Marktwerts liegt ein beständig ablaufender Prozess zugrunde, mit dem wir individuell »ermitteln«, welche Bedeutung ein bestimmter anderer Mensch für uns hat und welche Wertschätzung wir für *uns* aus den Reaktionen der anderen erschließen. Diese Bewertung wird von vielen Faktoren beeinflusst, aber auf dem Beziehungsmarkt legen Frauen ganz besonders großen Wert auf den sozioökonomischen Status, die Intelligenz, die Bindungsbereitschaft, das Aussehen und die Kommunikationsbereitschaft von Männern. Umgekehrt richten Männer ihr Augenmerk allerdings meist nur auf einen Punkt: das Aussehen. Fragt man jüngere Männer nach den »wichtigen Eigenschaften« einer potentiellen Partnerin, sind ihre Erwartungen ziemlich einseitig: »attraktiv«, »hübsch«, »aufregend«, »gute Figur« etc.[8]

Dass Männer dennoch ihre Partnerin auch nach komplexeren Bedingungen wählen, werden die nächsten Seiten zeigen. Natürlich zählen weitere Kriterien, wenn es darum geht, mit wem wir tatsächlich eine längerfristige Beziehung eingehen, wobei die Ähnlichkeit der Lebensanschauungen eine besondere Bedeutung hat.[9] Die Vorauswahl, wenn man es so nennen will, läuft aber recht schlicht ab. Und aus naheliegenden Gründen heiraten Menschen zu 90 Prozent Partner, die in einem Umkreis von 30 Kilometern zur eigenen Wohngegend leben.

Vorlieben

Genauso wenig, wie wir eine anspruchsvolle Yogaposition einnehmen können, wenn wir nicht intensiv geübt haben, genauso wenig können wir soziale Fertigkeiten erfolgreich einsetzen, wenn wir sie nicht schon vielfach praktiziert haben. Ohne Training gibt es keine Fertigkeit. Das gilt für Lieben und Streiten oder für das Freundlichsein. Aber genauso für die Fertigkeit, Lösungen zu finden oder zu lügen. Vieles, was wir nicht früh erwerben, bleibt uns später als selbstverständliche Fähigkeit für immer verschlossen. »Was Hänschen nicht lernt ...«

Wer nicht mit spätestens zehn oder zwölf Jahren Schwimmen gelernt hat, wird niemals eine fröhliche Wasserratte werden, die auch das Tauchen genießen kann – so die Theorie.

Sicher ist, wer nicht mit 20 eine Fremdsprache akzentfrei beherrscht, wird dies auch in den nächsten 60 Jahren nicht mehr erreichen. Wer sich bis zu seinem 18. Lebensjahr kein Wortgefecht geliefert hat, bei dem die Fetzen flogen, der wird sich danach kaum jemals sicher fühlen, wenn es um spannungsvolle, spitzfindige verbale Auseinandersetzung geht.

Vieles wird bis zur Pubertät weitgehend festgelegt. Wir entwickeln Vorlieben für einen bestimmten Männer- oder Frauentyp, was nicht unbedingt etwas mit Aussehen zu tun haben muss, aber kann.

Diese Prägungen gehen ziemlich weit.

Alte Liebe rostet nicht
Für viele ist die erste Liebe sehr formend, sie bleiben ein Leben lang auf ähnliche Menschen fixiert oder versuchen sogar, auf diese alte Beziehung zurückzugreifen, wenn eine Krise ihr Liebesleben schüttelt oder wenn sie verlassen worden sind und die Suche nach einem neuen Partner ansteht.

Manchmal enthalten die Geschichten eine Menge Ironie: Da trifft ein gereifter Manager in seinen frühen Vierzigern seine Jugendliebe und ist berauscht von der Idee, nur mit ihr könne er glücklich werden. Er verlässt seine Frau und zieht zu seiner »alten« Liebe. Was er nicht ahnte: Seine Frau traf ihrerseits einen Geliebten, den sie schon aus einer Zeit weit vor ihrer Ehe kannte. Keiner von beiden konnte die Prägung aufheben, die sich in den ersten Erfahrungen niedergeschlagen hatte. Alte Liebe rostet nicht.

Liebe macht nicht blind.
Der Liebende sieht nur weit mehr, als da ist.

Oliver Hassencamp

Keine Liebe ohne Lüge

In der Liebe gilt es noch deutlicher als in allen anderen Bereichen: Es gibt lässliche Sünden und Todsünden.

Eine harmlose Sünde: Petra trifft zufällig eine Freundin in der Stadt und erklärt ihr erleichtert, wie sie diesen Zufall nutzen wird: »Jetzt kann ich meinem Mann sagen, dass ich mit dir Kaffee trinken war, anstatt eingestehen zu müssen, dass ich wieder auf Shopping-Tour gewesen bin.« Sicher eine leicht zu verzeihende Lüge.

Eher konfliktträchtig sind die Ausreden: weshalb wir zum Theater oder zu einer Verabredung zu spät kommen, warum die Kinder an der Schule 20 Minuten warten mussten oder wieso das Abendbrot nicht fertig ist. Aber eine Krise lösen sie selten aus.

Erlaubt, zumindest toleriert, sind die vielen kleinen »Erklärungen«, wo und wann man zu Mittag gegessen hat, wie teuer ein Kleid oder ein Anzug war, ob wir zehn oder zwanzig Zigaretten über den Tag verteilt geraucht haben, ob es zwei oder drei Schnäpse waren, die wir schnell gekippt haben. Das zweite neu erstandene Sommerkleid hängen wir einfach in den Schrank, und in ein oder zwei Wochen können wir leicht erklären: »Das habe ich doch schon ganz lange.« Wenn allerdings das Kleid vom Liebhaber gekauft wurde, dann verwandelt sich die lässliche Lüge doch in ein Spiel mit dem Feuer.

Oft fragt man sich, warum Menschen auch bei sehr geringen Anlässen das »Schummeln« als Ausweg wählen. Aber eigentlich liegt es auf der Hand: Es gibt genug Reibereien, denen wir nicht entkommen können, warum also die Menge des Zündstoffs erhöhen?

Man wollte sich – am Anfang der Beziehung, vor vielen Jahren – alles genau erzählen. Man berichtete sich gegenseitig voll Hingabe von eigenen Fehlern, Sehnsüchten, Unzulänglichkeiten. Damals glaubte man noch, dass die Liebe immer alles verzeiht und großzügig oder gar lächelnd mit kleinen Fehlern verfährt. Inzwischen hat uns das Leben gelehrt, manche Marotte wird toleriert, aber vieles erfährt harsche und in unseren Augen deutlich überzogene Kritik.

Ausreden, Verschweigen, Manipulieren sind in unseren Alltag eingezogen. Männer kratzen sich verlegen die Nase, aber leugnen, die zugesagte Reparatur der Küchenmaschine aus reiner Faulheit vor sich herzuschieben, oder sie schauen attraktiven Frauen nur wie zufällig hinterher. Hochzeitstage werden regelmäßig vergessen, gemeinsam fest verabredete Fastentage einfach ignoriert. Blumen sind schon lange kein Signal mehr für: »Ich hab an dich gedacht«, sondern kleine verdeckte Entschuldigungen, Zeichen eines schlechten Gewissens – oder eine Freude, die man sich eher selbst macht. Die Damenwelt halbiert den Preis eines sündhaft teuren Mantels und lädt den attraktiven Nachbarn, den der Hausherr affektiert findet, doch zur Fete ein.

Problempartner

Nicht jede Charaktereigenschaft eines Partners ist wirklich ein Glück für die Beziehung, aber viele entwickeln großes Talent darin, sich die schwierigen Charakterzüge der besseren Hälfte zurechtzubiegen. So nehmen manche Frauen die Hartnäckigkeit und Sturheit ihres Mannes als gutes Omen: »Ich respektiere ihn wegen seiner festen Überzeugungen, das hilft mir, Vertrauen in unsere Beziehung zu setzen.«[10]

Die Frau eines sehr eifersüchtigen Ehemannes sieht in dieser eher lästigen Eigenschaft einen Pluspunkt: »Ich erkenne daran, wie wichtig ich für ihn bin.«

In vielen Fällen schaffen Menschen es, eine bedenkliche Eigenschaft dennoch in etwas für sie persönlich Nützliches zu verwandeln. Diese kleinen Selbstbetrügereien lassen die Schwächen eines Partners in einem ganz anderen Licht erscheinen. Mögen wir persönlich auch der Meinung sein, dass dies Verzerrungen von Wahrnehmung sind, so helfen sie dennoch, sich in einer Partnerschaft wohl zu fühlen. Man kommt mit einem problematischen Aspekt besser zurecht, weil man ihn einfach umdeutet. Wir alle tun dies jeden Tag, manchmal zum Guten, manchmal zum Schlechten. An einem Tag wollen wir einen Konflikt entschärfen, an einem anderen Tag setzen wir alles daran, ihn hochkochen zu lassen. Letztlich bestimmt unser Ziel unsere Sichtweise.

Lüg mich an

Bei Tieren halten wir Täuschung zum eigenen Nutzen für legitim, aber für das menschliche Zusammenleben wird die Lüge von vielen abgelehnt, obwohl sie offensichtlich Beziehungen stabilisieren oder Leid fernhalten kann.

Viele Ehen scheitern, weil einer der Partner beim Seitensprung erwischt wurde. Ohne die unerwartete Entdeckung wäre alles geblieben, wie es war. Geständnisse über ein sexuelles Abenteuer können noch nach Jahren eine Beziehung scheitern lassen. Warum? Manche sehen einen Ausrutscher als Beweis, dass die Liebe stets vorgespielt war, und können von dieser Sichtweise nicht mehr abrücken. Das lässt den Seitensprung zum Verrat an der Beziehung werden.

Bleibt eine solche Lüge hingegen unentdeckt, fließt das Leben weiter, »als ob nichts geschehen wäre«.

Sicher sind diese Verletzungen unseres Vertrauens oder unseres Egos ein Grund, kategorisch zu fordern: »Keine Lügen!« Wir wollen uns schützen. Vorbeugend drohen wir Sanktionen für den Fall eines Fehltritts an.

Doch es gibt auch Ausnahmen: »Ich hätte jede Lüge akzeptiert«, presste die betrogene Ehefrau heraus, als sie beschrieb, mit welchen Gefühlen sie ein fremdes Frauenhaar in ihrem Ehebett gefunden hat. Aber der Ehemann gestand. Ihr wäre es lieber gewesen, belogen zu werden, als aus der Wahrheit Konsequenzen ziehen und den Ungetreuen jetzt verlassen zu müssen. Es klingt auf den ersten Blick nicht nachvollziehbar, aber es folgt einer klaren Regel. Das Muster heißt: »Ich muss gehen, wenn er den Fehltritt zugibt!« – »Ich kann bleiben, wenn er mich belügt!« Sie will, dass er lügt, damit sie so tun kann, als würde sie ihm glauben … Welche Verwirrung. Letztlich aber einigermaßen logisch: Mit einer Lüge hätte der Ehemann signalisiert, dass es ihm auf eine Art leidtut. Es hätte gezeigt, dass er mit seiner Frau noch eine Ehe führen will. Über einen Fehltritt lügen ist oft so, als wolle man ihn ungeschehen machen.

Ob die betrogene Ehefrau aus Scham, aus Angst oder fal-

> **Über einen Fehltritt lügen ist so, als wolle man ihn ungeschehen machen.**

schem Stolz zu diesem Selbstbetrug greifen wollte, wissen wir nicht, ebenso wenig wissen wir, ob sie diese Toleranz wirklich durchgehalten hätte?

Exklusivität

Viele Menschen würden es als eine (kulturelle) Zwangsläufigkeit bezeichnen: »Wenn ich betrogen werde, kann ich dies nur mit dem Beenden der Beziehung beantworten.« Dieses Muster ist so fest verankert, dass es für viele kaum eine Alternative gibt: Die »Exklusivität« einer Beziehung wird durch die »Exklusivität« der Sexualität bewiesen, das Besondere einer Beziehung wäre verloren, wenn ein Partner fremdgegangen ist.

Es gibt Paare, die ihre Exklusivität anders definieren: »Sex mit anderen ist normal und in Ordnung, aber wenn sich mein Freund in eine andere verlieben würde, wäre alles zu Ende.« Für dieses Paar besteht die Exklusivität in der Vorstellung: »Ich will für den anderen etwas Besonderes, etwas Einzigartiges sein. Solange ich dieses Gefühl habe, ist es okay.«

Es scheint, dass die Forderung, treu zu sein, stärker von Männern an Frauen gestellt wird als umgekehrt. Jedenfalls sind es eher Männer, die auf ein Fremdgehen der Partnerin die Trennung folgen lassen.

Dass viele Menschen behaupten: »Ein Seitensprung wäre das Ende der Beziehung«, ist kein Beweis, dass sie im Fall der Fälle diese Drohung wahrmachen. Wir kennen Fälle, in denen es trotz Fremdgehen nicht zu einer Trennung kam, denn in erster Linie will diese Drohung erreichen, dass es erst gar nicht so weit kommt. Sicher zieht ein Betrug in einer Beziehung die schlimmsten Kräche nach sich, aber lautes Lamentieren oder tagelange Funkstille sagen noch keine Trennung vorher.

Beziehungen haben zwei Ebenen: eine faktische – das, was passiert – und eine verbale – das, was angedroht wird. Jeder kennt Paare, bei denen einer oder beide seit Jahren drohen, den anderen zu verlassen. Es lässt sich vorhersagen: Wer streitet, trennt sich nicht.

Wenn am Ende einer Kette endloser Streitigkeiten doch die Trennung steht, dann hat mit ziemlicher Sicherheit zuvor eine Eskalation stattgefunden: Die Streitereien wurden heftiger, unversöhnlicher, die Sprache herabwürdigend, um schließlich in einer Explosion zu enden.

Auch langes unversöhnliches Schweigen kann sich zu einer Trennung »steigern«.

In Streitereien ist »Wahrheit« oft ohne Bedeutung. Der eine will, dass der andere seinen Fehler einsieht, und der andere will dies um jeden Preis vermeiden. Nicht, was geschieht, ist wichtig, sondern, was gesagt wird. »Wenn er nicht klar seinen Fehler zugibt, kann ich ihm nicht verzeihen.« Nur ein Eingeständnis gibt dem Klagenden die Sicherheit, wirklich recht gehabt zu haben, lässt zu Recht Sühne fordern und macht Verzeihen möglich.

Unser ganzes Rechtssystem verfährt nach einem ähnlichen Muster. Wir wollen, dass ein Missetäter seine Taten zugibt. Reine Indizienurteile behalten einen schalen Geschmack, denn eine gewisse Unsicherheit bleibt. In jedem Fall aber ist der angeblich von Jesuiten gelehrte Grundsatz »Hast du Schuld, leugne!« eine erfolgversprechende Verteidigungsstrategie. Natürlich auch beim Vorwurf, gelogen zu haben.

Vorauseilende Rechtfertigungen schaden. Das Sprichwort sagt: »Wer sich entschuldigt, eh' man klagt, der gibt sich selbst als Täter an.« Eine findige Ausrede im Nachhinein hingegen kann einiges wieder ausgleichen. Selbst wenn die Schuld eindeutig bewiesen ist, lässt sie sich noch durch eine geschickte Erklärung mindern.

Kurzlebige Innigkeit

Viele Menschen erleben gelegentlich Augenblicke inniger Vertrautheit. Sie sind sich sicher, dass sie alles, was ihnen an Gedanken oder Impulsen in den Sinn kommt, dem anderen gegenüber auch aussprechen können. Sie fühlen sich miteinander verschmolzen, spüren tiefes Verständnis und Glück.

In solchen Momenten sind wir uns bewusst, dass wir etwas Außergewöhnliches erleben, ein unvergleichliches, faszinierendes Empfinden von Nähe und Austausch. Das geschieht in intensiven Liebesbeziehungen. Aber auch in Freundschaften und unter besonderen Umständen sogar zwischen Fremden, wenn es ihnen gelingt, sich gegenseitig zu öffnen und ohne Rückhalt Empfindungen und Gedanken auszutauschen.

Diese Dichte hat keinen Bestand. Ein Satz bleibt ungesagt, ein Gefühl uneingestanden, ein Impuls wird zurückgehalten – wir ahnen oder wissen, dieser Augenblick ist vorüber. Wir wenden uns kurz von unserem Vertrauten ab. Neue Gedanken, neue Eindrücke ziehen unsere Aufmerksamkeit auf sich, schwächen unsere Verbindung. Das Wunderbare, Einzigartige, das wirkliche Glück der Nähe ist vorbei.

Genauso flüchtig wie diese Vertrautheit ist Wahrheit zwischen zwei Menschen. Nur in seltenen Momenten kommen wir uns in einem Dialog so nah, sind so vertraut, so offen und zeigen so bereitwillig unser Inneres, dass wir wirklich fühlen: Jetzt gibt es nichts Verschwiegenes, kein Wort wird abgewogen, kein Verhehlen oder Verstellen.

In Experimenten haben Psychologen in einem völlig abgedunkelten Raum Menschen zusammengebracht und ihnen absolute Anonymität zugesichert. Keiner würde die Identität des anderen je erfahren. In dieser künstlichen Welt war es auf einmal für fast alle Teilnehmer leicht, ihr Inneres hervorzuholen und sich darüber auszutauschen. Fast alle Versuchspersonen, die in diese Situation gebracht wurden, zeigten nach wenigen Minuten große Offenheit. Sie waren bereit, über Intimstes zu sprechen. Es verwundert, dass große Aufrichtigkeit unter diesen Bedingungen und mit Fremden möglich ist.

Spontan und uneingeschränkt zeigen wir tiefe Offenheit in absoluter Anonymität, mit unbekannten Menschen, denen wir nie mehr begegnen werden.

Wir wollen bei den Menschen, die wir kennen und mit denen wir zusammenleben, nur einen Ausschnitt unseres Ichs zeigen – wenn Sie so wollen: die Schokoladenseite. Und wir hüten uns, allzu viel über die eigenen Schattenseiten, die echten Nöte und Konflikte preiszugeben, obwohl die meisten Menschen offensichtlich ein großes Bedürfnis haben, sich auszusprechen, wie die Experimente zeigen.

Das Internet zeigt einen ähnlichen Effekt, denn hier finden sich Menschen leichter und zielgerichteter zusammen als irgendwo sonst. Die Fans spezieller Comics, die Enthusiasten für bestimmte Musikrichtungen, die Sammler alter Handschriften und viele andere finden hier in ungekannter Zahl Gleichgesinnte. Leider auch diejenigen, die sich mit ihren Wünschen und Phantasien sehr weit von einer akzeptierten gesellschaftlichen Norm entfernt haben. Das ist die diabolische Seite des Netzes. Sie aber wird es nicht dominieren, weil schlussendlich immer mehr »ganz durchschnittliche« Menschen für ihre »ganz normalen« Interessen die Möglichkeiten des Internets nutzen werden.

Heute finden viele sogar einen Lebenspartner über das Internet. In wenigen Jahren werden es noch deutlich mehr sein. Trotz aller Aufschneiderei, die sicher auch stattfindet, und angebrachter Zweifel, die man Internetkontakten gegenüber haben kann, gewinnen die meisten Dialoge nach wenigen »Treffen« eine Tiefe und Offenheit, die den oben angesprochenen Experimenten ähnlich sind. Das ist verständlich, denn die Anonymität ist hier genauso gegeben. Die phantasievollen Codenamen, die Surfer benutzen, spiegeln deutlich, dass man bei einem Chat einen Rückzug ohne seelische Kosten antreten können möchte.

Gefühle sind flüchtig
Als Psychologe hat man im therapeutischen Setting die Chance, zwischen zwei Menschen eine solche umfassende Brücke aufzubauen, wie wir sie auf den Seiten zuvor beschrieben haben. Partner können dann ohne jeden Vorbehalt austauschen, was sie bewegt. Sie sind ganz konzentriert auf den anderen und können unmittelbar mitteilen, was sie empfinden. Sie ahnen, dass Wahrhaftigkeit nur so möglich ist. Alles ist unmittelbar, alles Fühlen und alles Reden bezieht sich genau auf diese Situation.

Versucht man diese Dichte auch nur Augenblicke später zu beschreiben, dann spürt man sofort die Distanz zwischen der unmittelbaren Echtheit dieses Moments und allem anderen, was man verzögert, also indirekt, darüber vermitteln kann. Das direkte Empfinden ist Sekunden später unwiederbringlich verloren. Es kann weder in seiner Tiefe noch in seiner Intensität wiederbelebt werden. Die Unmittelbarkeit fehlt zwangsläufig bei jeder Schilderung. Wir können das, was wir erlebt haben, nur verzerrt und reduziert wiedergeben. Was lässt uns glauben, mit der Wahrheit oder der Realität verhielte es sich anders?

Wir müssen unsere emotionale Welt täglich neu erfinden,

weil wir gravierende gefühlsmäßige Details einfach nicht mehr zurückholen können. Wir sind gezwungen, uns eine sprachliche Repräsentanz zu schaffen, denn nur mit Worten lässt sich ein Teil des Empfundenen konservieren. So haben wir eine Chance, uns wenigstens an diese Worte zu erinnern. Gefühle sind flüchtig, auf keinen Fall exakt reproduzierbar. Niemand kann behaupten, er könne einen Moment höchsten Glücks auch nur angenähert so schildern, wie er es empfunden hat, selbst Minuten danach nicht.

Nichts kann uns die Stimmung eines grandiosen Sonnenuntergangs oder einer fesselnden Begegnung zurückholen. Was eine gesungene Melodie in einer einzigartigen Situation mit einem geliebten Menschen in uns ausgelöst hat, ist in seiner Dichte einzigartig.

Bilder können viele Erinnerungen anklingen lassen und kleinere »Portionen« unserer Gefühle reaktivieren. Auch Gerüche können eingeschränkt eine Emotion zurückbringen, Musik hat die größte Chance, unsere Gefühle wiederzubeleben. Hören wir eine Melodie, geschieht es, dass ein Teil der Emotionen, die mit ihr verbunden war, wieder wachgerufen wird.

Verlogenes Gedächtnis

Bis jetzt haben wir erklärt, wie gering unsere Chance ist, ein Erlebnis mit seiner Stimmung in die Erinnerung zurückzuholen, selbst wenn wir es ganz intensiv wollen.

Das meiste, das in unserem Leben geschieht, behalten wir nicht dauerhaft in der Erinnerung. 90 Prozent dessen, was wir erleben, fällt in die Kategorie »Nicht besonders wichtig – darf schnell vergessen werden«. Jedes Leben enthält

Routinen, viele Stunden werden mit wenig Spannendem zugebracht.

Dann gibt es Erlebnisse, die unangenehm waren, peinlich, verletzend oder beschämend. Wenn unsere Psyche gut funktioniert, wird sie uns davon bald eine etwas veränderte, meist geschönte Version bieten. Wir stehen in besserem Licht. Im Normalfall ahnen wir vielleicht kurz nach dem Ereignis noch, dass wir uns mit unserer geschönten Version selbst beschummeln wollen, aber dieses Wissen ist nach wenigen »Zurückholungen« vollkommen verschwunden. Jetzt ist unsere geschönte Fassung an die Stelle der realen getreten. Selbst wenn wir wollten, könnten wir nicht mehr »objektiv« über das Vergangene berichten.

Ein Beispiel: Wir fahren ziemlich knapp über eine rote Ampel. Kurz danach wissen wir noch, dass sie Rot zeigte. Aber weil die bessere Hälfte ziemlich gemeckert hat und sich bei allen Freunden beschwerte, wir wären über eine rote Ampel gefahren, mussten wir zur eigenen Rechtfertigung mehrmals erklären: »Ich habe kein Rot gesehen.« Zum Schluss glauben wir alles Mögliche, sogar an eine Fehlschaltung der Ampel, nur eins glauben wir nicht mehr – dass wir lügen.

Der fastende Ehemann am Kühlschrank wollte nichts essen, »nur sichergehen, dass noch Milch für die Kinder da ist«. Mancher, der seine Kreditkarte überzieht, wird treuherzig dem Partner erklären: »Ich dachte, wir hätten noch Geld auf dem Konto.« Der spät Heimkehrende wird eine, wenn auch noch so schlechte Ausrede auftischen und am nächsten Morgen fest daran glauben, dass es die Wahrheit ist.

Wissen wir genau, was uns glücklich macht?
Erinnerungen sind nicht so zuverlässig, wie man glaubt. Und sie verlieren mit der Zeit ihre emotionale Intensität.

Selbst lustvolle oder beglückende Erlebnisse verblassen deutlich.

Wissenschaftler wollten herausfinden, was uns konkret glücklich macht. Sie mussten aber feststellen, dass es darauf keine eindeutige Antwort gibt. Das, was uns ein Gefühl von Glück vermittelt, variiert enorm, je nachdem, unter welchen Bedingungen wir danach gefragt werden und welchen Abstand wir dazu haben. Glück wird damit auch eine Frage des Blickwinkels:

Wenn in einer Untersuchung eher generell gefragt wird: »Bitte schreiben Sie auf ein Blatt Papier, was Sie sehr glücklich macht!« oder: »Kreuzen Sie auf einer Skala von 1 bis 10 an, wie glücklich Sie bestimmte Situationen machen«, dann steht für Eltern »Spielen mit den Kindern« oder »Das Glück, Kinder zu haben« auf einer sehr hohen Position, oft an erster Stelle.

Glück ist auch eine Frage des Blickwinkels

Wenn die Forscher aber sehr zeitnah fragten, wie glücklich sich eine Versuchsperson mit dem fühlt, was sie gerade tut, dann änderte sich unsere Wertung darüber, was glücklich macht, gewaltig.

Lässt man über einen längeren Zeitraum (einige Tage) Versuchspersonen eine Art Wecker stets bei sich tragen und bittet sie, immer wenn das Gerät piepst, kurz zu notieren, was sie gerade tun und wie glücklich sie sich in diesem Moment fühlen, dann verändern sich die Wertungen deutlich. Wenn jetzt die Frage lautet: »Wie wohl fühlen Sie sich bei dem, was Sie gerade tun?«, dann erhält »Spielen mit den Kindern« einen sehr niedrigen Stellenwert und schneidet nur geringfügig besser ab als Hausarbeit. Sexualität hingegen bekommt den ersten Platz. Eine exklusive Spitzenbe-wertung, die sie in keiner anderen Befragungsmethode er-reicht.[11]

 **Können Sie für sich akzeptieren, dass auch Ihre sponta-nen Wertungen sich deutlich von längerfristigen Ein-schätzungen unterscheiden?**

Diskrepanzen zwischen aktuellen Stimmungen und länger-fristigen Überzeugungen werden uns selten bewusst. Unsere Psyche arbeitet als Gedächtnis-Hobel, modifiziert unsere Erinnerungen so lange, bis wir sie als aus einem Guss, einem Prinzip folgend, erleben. Wir glauben schlussendlich, es gebe nichts Schöneres, als mit der aufgehenden Sonne einen Berg zu besteigen, selbst wenn wir nur Stunden zuvor erlebt haben, wie sehr uns eine lustvolle sexuelle Begegnung be-rauscht hat. Wir sind psychisch nicht dafür ausgestattet, emotionale Wertungen, die wir zu verschiedenen Zeiten vorgenommen haben, miteinander vergleichen zu können. Viele solcher Widersprüche bestimmen uns. Allerdings neh-men wir sie nicht vollständig wahr. Es wäre ein Irrtum, »ge-glättete« Einschätzungen für bare Münze zu nehmen.

Verheimlichte Gefühle
Wir haben eine feste Partnerin, einen festen Partner, wir lie-ben sie/ihn, und wir wollen sie/ihn nicht verlieren. Trotz-dem können Lebensinteressen im Laufe der Zeit auseinan-derdriften. Berufliche oder persönliche Ziele verändern sich, vieles kann die Verbundenheit stören.

Auch die Gefühle füreinander sind nicht verlässlich stabil. Emotional können wir leicht in Versuchung geraten oder irritiert werden: Wir fühlen uns manchmal aus heiterem

Himmel von einer anderen Person angezogen. Leben wir in einer festen Beziehung, verdrängen wir in der Regel solche Impulse teilweise oder vollständig, kaschieren oder leugnen sie. Das ist für die überwältigende Mehrheit der Ausweg. Damit steht eine Lüge im Raum. Partner können es oft nur schwer ertragen, von den intensiven Gefühlen für einen Dritten zu erfahren. Das Sprichwort: »Appetit kann man sich draußen holen, gegessen wird zu Hause«, spielt mit diesem Konflikt. Aber letztlich zählt eine andere altbekannte Weisheit: »Was er/sie nicht weiß, macht ihn/sie nicht heiß«, denn wenn Partner offen eingestehen würden, welche Sehnsüchte und Phantasien sie auf einen bestimmten anderen Menschen richten, dann würden viele Beziehungen zerbrechen.

Gäbe es eine sichere Methode, unerkannt fremdzugehen, würde ein Großteil der Männer und Frauen noch stärker mit dieser Möglichkeit liebäugeln.

Erika hat seit Jahren heimlich eine feste Zweitbeziehung. Sie rechtfertigt sich: »Ich nehme ihm nichts, was er gern von mir hätte!« Natürlich darf man diesen Satz als Ausrede oder richtiger als Lüge ansehen. Sie argumentiert: »Ohne Lüge hätte keine Beziehung längeren Bestand. Mit schonungsloser Offenheit aller unserer Gedanken könnten wir niemals eine Beziehung längerfristig gestalten. Unsere moralischen Standards haben wenig zu tun mit unserem emotionalen Neandertaler-Innenleben.«

Wir wollen stabile Beziehungen, und keinesfalls wollen wir emotionale Unsicherheit. Wir befürchten zu Recht erhebliche Spannungen, wenn wir unsere »heimlichen Gedanken« offenbaren. So bleibt uns keine andere Wahl, als zu schweigen.

Danach werden wir allerdings vergessen, dass wir uns für die Lüge entschieden haben. Wir werden uns sogar einbilden, wir allein wären im Herzen unseres Partners für ewig eingeschlossen und »verloren sei das Schlüsselein«. Und jedes Herz wird gewärmt, hört es das mittelalterliche Liebesgedicht, aus dem diese Zeile stammt:

> *Dû bist mîn, ich bin dîn:*
> *des solt dû gewis sîn.*
> *dû bist beslozzen*
> *in mînem herzen:*
> *verlorn ist daz slüzzelîn:*
> *dû muost immer drinne sîn.*
>
> Werner von Tegernsee

Werden unsere Wünsche so herzergreifend »besungen«, sind wir gerührt und vergessen für einen Moment alle Widersprüche und Zwiespältigkeiten.

Monogamie

Es ist eine schöne Vorstellung zu glauben, es läge in unserer tiefen Natur, monogam zu leben. Dies ist ein so hoch angesetzter Wert, dass wir Argumente gegen diese Idylle nur schlecht verdauen können. Leider sind sie aber ziemlich stichhaltig. So schreibt Hartwig Hanser: »Für die Menschen dürfte Monogamie allerdings nicht die biologisch vorgegebene Form der Partnerschaft sein. Im Unterschied zu wirklich monogamen Tieren erweist sie sich bei uns meist als recht störungsanfällig und stellt daher wohl primär eine kulturelle Errungenschaft dar – zumindest in jenen nicht einmal zwanzig Prozent aller Kulturen, die sie überhaupt praktizieren.«[12]

Das heißt, wir Menschen halten uns hier an eine kulturelle Verabredung, in die wir hineinerzogen wurden und an deren Berechtigung wir nicht zweifeln, obwohl sie unserer Biologie widerspricht. Wir wissen, die Germanen praktizierten im Gegensatz zu Griechen und Römern die Einehe. Die Kultur der Einehe ist aber wahrscheinlich noch keine 3000 Jahre alt. Das erklärt den Konflikt zwischen der verinnerlichten Sehnsucht, »zu lieben und zu ehren, bis dass der Tod uns scheidet« und unseren »Trieben«.

Wir wollen uns Menschen weder auf die Bäume zurückjagen noch einer hemmungslosen Untreue oder gar einer Gesellschaft ohne feste Bindungen das Wort reden. Sicher baut unsere Kultur auf verlässliche Bindungen. Wir wollen lediglich das biologische Sperrfeuer aufzeigen, das unsere heutigen Treueschwüre bald zum Geschwätz von gestern macht und uns zu Schummeleien oder gar zu Betrug anstiften kann.

Wahre Liebe?

Schon George Bernard Shaw wusste: »Liebe auf den ersten Blick ist ungefähr so zuverlässig wie Diagnose auf den ersten Händedruck.«

Liebe berauscht und raubt den Verstand. Sie trägt uns in eine Welt, die uns sonst verschlossen oder weit entfernt erscheint. Jeder kennt die Sehnsucht, tiefe Liebe zu fühlen und entgegengebracht zu bekommen.

Doch unser Bild von Liebe ist stärker von Phantasien und weniger von Empfindungen geprägt.

Eine gravierende – aber leider falsche – Erwartung über die Liebe lautet: »Die Liebe braucht *zwei* Herzen.«

So schön es ist und sooft Menschen es auch zustande

bringen, dass ihre Gefühle parallel verlaufen, letzten Endes ist Liebe etwas Einsames.

Liebe findet nur in unserer Innenwelt statt, wir brauchen dazu nicht zwingend ein Pendant. Wir können rasend lieben, ohne dass uns ein realer Partner gegenübersteht, der die Gefühle erwidert. Die unangenehme Variante solcher einseitigen Lieben sind sogenannte »Stalker«: Leute, die, auch ohne jemals ermutigt worden zu sein, ein Opfer mit ihrer Aufmerksamkeit regelrecht verfolgen. Kreischende Konzert-Teenies sind wohl die harmloseste Variante. Aus dieser Gruppe rekrutieren sich aber auch Groupies, meist Mädchen, die für eine Nacht mit ihrem Star fast alles akzeptieren würden. Oder Fans, die, ohne ihre materiellen Möglichkeiten zu kalkulieren, dem Idol nachreisen, solange es irgendwie möglich ist. Alles das sind Beispiele für »Liebe« ohne Erwiderung.

Liebe auf der Hängebrücke

Junge Männer überwinden eine tiefe Schlucht auf einer gefährlich schwankenden Hängebrücke und erleben dabei jede Menge Nervenkitzel. Werden sie am Ende der Hängebrücke von einer jungen Frau ihres Alters über ein belangloses Thema interviewt, bilden sich 50 Prozent von ihnen ein, sich spontan in diese Interviewerin verliebt zu haben, und würden sie gern anrufen. Werden sie allerdings interviewt, nachdem sie wenige hundert Meter von der ersten Stelle entfernt die gleiche Schlucht ohne jeden Nervenkitzel über eine normale Steinbrücke überquert haben, verliebt sich kein Einziger in die Fragerin, und niemand will sie anrufen.[13]

Unsere Psyche kann die Quellen einer Erregung nicht sauber trennen. Die Aufregung durch die schwankende Hängebrücke wird fälschlicherweise interpretiert als Erregung, die von der Interviewerin ausgelöst wurde. Die jungen Männer glauben, diese Frau hätte die Aufgeregtheit hervorgezaubert. Selten haben wir im Leben die Chance, unsere Interpretation durch eine zweite – ganz harmlose – Erfahrung zu überprüfen. Vielleicht wollen wir das ja auch gar nicht: Eine Hochzeit, die anschließende Reise – auch hier ist freudige Erregung im Spiel, die wir möglicherweise ungenau zuordnen. Wer will das wissen? Oder wer wollte ausprobieren, ob seine Gefühle für einen Partner ohne die gemeinsame, berauschende Heißluftballonfahrt ähnlich intensiv aufgeblüht wären? Zur Hölle mit solchen Experimenten.

Es bleibt die Frage, ob manche Liaison ohne die Gefahr des Erwischtwerdens überhaupt einen Reiz hätte.

Lügen und Schönheit

Schönheit ist ein ziemlich simples Konstrukt: Legt man viele Bilder von verschiedenen Gesichtern übereinander und nimmt von allen nur die übereinstimmenden Formen, kommt ein Bild zustande, das die meisten von uns als schön – weil ebenmäßig – beschreiben. Im Leben kommen natürlich andere Faktoren hinzu: Wie sich jemand gibt, wie er riecht, wie er sich anzieht, welche Sprache er spricht, ob er witzig, charmant oder aufmerksam ist, ob er erotische Botschaften zu senden und zu entschlüsseln weiß, ob uns der Körperbau und der Hauttyp gefallen. Für manche ist wichtig: Sind die Beine lang? Ist der Po schön geformt?

Wir beachten die Art, wie sich ein Mensch bewegt, ob er mit großen oder kleinen Gesten oder mit Blicken Aufmerksamkeit signalisiert, ob wir Spannung zwischen uns wahrnehmen. Auch die Farbe der Haare und die Art der Frisur sind gewollte Signale an die Mitmenschen.

Forscher glauben, dass etwa 50 Prozent der Attraktivität

eines anderen durch den persönlichen Geschmack des Betrachters gebildet wird und sich nur ca. 30 Prozent aus der »objektiven« Schönheit erschließen lässt.

Der stärkste – unbewusste – Faktor, einen Menschen positiv oder als schön zu beurteilen, ist für die meisten die Ähnlichkeit mit sich selbst.[14] Zeigt man uns, neben vielen anderen Gesichtern, auch leicht veränderte Bilder von uns selbst, dann verwundert es fast jeden, wenn er zum Schluss erfährt, dass die leicht modifizierte Version des eigenen Gesichts fast immer als die sympathischste Person ausgewählt wurde. Die Bedeutung von Ähnlichkeit geht so weit, dass Frauen aus Männerbildern dasjenige als besonders anziehend auswählen, das nur leicht verändert ihr eigenes Gesicht zeigt.[15]

Aber es bleibt nicht nur bei rein optischen Ähnlichkeiten. In Experimenten zeigt sich: Wenn wir glauben, jemand hätte eine Selbsteinschätzung, die der unseren ähnelt, oder seine Wertvorstellungen und seine Meinungen stimmten mit unseren überein, dann reicht das aus, um aus einem durchschnittlichen, uns letztlich unbekannten Menschen einen sympathischen Menschen zu machen. Es gilt sogar: Je größer die vermeintliche Ähnlichkeit der Überzeugungen und der Anschauungen, desto »schöner« wurde jemand eingeschätzt.[16] Da alle Versuchspersonen das gleiche Bild eines ihnen unbekannten Menschen sahen, lässt dies nur den Schluss zu: Selbst unsere Auffassung von »Schönheit« korreliert mit dem Gefühl, dass jemand unsere Wertungen teilt.

Da uns dieser Zusammenhang nicht bewusst ist, bleibt die verwirrende Frage: Wer würde von sich glauben, dass er nach solchen Kriterien die Schönheit eines anderen bewertet? Hinzu kommt: In den Phasen unserer hormonellen Eskapaden, also zu Beginn einer Beziehung, ist die Tendenz,

Ähnlichkeiten zu sehen, deutlich erhöht. Zumindest solange die hormonelle Fontäne anhält.[17]

Kann man, wenn man all das berücksichtigt, unsere Gefühle einem anderen gegenüber ernsthaft noch »ehrlich« nennen?

Empfinden wir wirklich »Liebe« oder »Sympathie«? Erkennen wir reale »Schönheit«, wenn sich solche Einschätzungen letztlich als eine Folge der Ähnlichkeit mit unserem eigenen Wertesystem und unserem Selbstbild ergeben? Lieben wir uns selbst am meisten?

Die Liebe und die Gene

Wenn ein Mann und eine Frau zum ersten Mal Kontakt aufnehmen, schafft sie es meistens, ihm das Gefühl zu geben, er hätte den ersten Schritt getan. In Wirklichkeit hat in der Mehrzahl der Fälle die Frau die Weichen gestellt. Das Ränkespiel ist eröffnet.

Viele Beziehungen beginnen mit einem Rausch, einer Kaskade von Signalen gegenseitiger Zuneigung. Diese wiederum löst ein immer stärker werdendes hormonelles Feuerwerk aus. Bis wir vor lauter Rosarot keinen Zweifel mehr daran haben, dass wir Adonis persönlich begegnet sind und die Auserwählte der Göttin Aphrodite mehr gleicht als jede andere Lebende. Im Blut frisch Verliebter sind deutlich erhöhte Werte bei sogenannten Glückshormonen, den Endorphinen, nachweisbar.

Nach sechs Wochen, spätestens nach sechs Monaten, ist das hormonelle Feuerwerk allerdings vorbei. Wenn man der Natur oder den Genen ein Kalkül nachsagen könnte, wäre die Logik simpel: Das Glückshoch dauert an, bis es einigermaßen sicher ist, dass eine Schwangerschaft eingetreten ist. Ginge es nur nach den Hormonen, würde dann entweder die Vorbereitung auf Schwangerschaft und Geburt eingeleitet oder die Suche nach einem neuen Partner gestartet.

Egoistische Gene

Aber was treibt Männer und Frauen eigentlich aufeinander zu? Klar ist: Sie wollen eine Beziehung haben oder sich sexuell ausleben oder wünschen sich, dass jemand da ist, mit dem man gut reden kann. Zunehmend aber gewinnt eine andere Interpretation unseres Verhaltens Bedeutung: Der tiefere Grund für das Muster, das uns antreibt, Partnerschaften einzugehen, liegt in unseren Genen! Ihr Ziel ist es, sich optimal zu reproduzieren. Diese These ist derart populär geworden, dass man heute glaubt, ohne sie kaum noch eine menschliche Verhaltensweise im Bereich Paarung und Sozialverhalten erklären zu können. Man nennt dieses Modell auch die »Theorie des egoistischen Gens«.

Das spannendste Experiment der letzten Jahre hierzu ist der T-Shirt-Schweiß-Test. Lässt man Männer oder Frauen an T-Shirts schnuppern, die ein Mensch des jeweils anderen Geschlechts während zwei oder drei Nächten getragen hat, dann geschieht stets das Gleiche: Wir mögen nur solchen auf das T-Shirt übertragenen Körpergeruch, der von Menschen stammt, die ein maximal anderes Immunsystem haben als wir selbst. Das klingt auf den ersten Blick verwirrend und löst Unglauben aus, aber es ergibt unter einem spezifischen Gesichtspunkt sehr viel Sinn. Wenn wir bei der Partnerwahl nur solche Menschen gut riechen können, die gegen andere Bakterien/Viren, »Parasiten« im weitesten Sinne, besser geschützt sind als wir selbst, dann

Das grundlegende Muster, das uns antreibt, Partnerschaften einzugehen, liegt in unseren Genen.

> Die Theorie des egoistischen Gens erklärt, wie es dazu kommt, dass wir mit dem optimalen Partner gesunden Nachwuchs zeugen.
>
> Ein Mann ist demnach in einem Konflikt gefangen: Er ist »fast gezwungen«, auf der einen Seite Moral zu fordern (er will der einzige Geschlechtspartner sein), auf der anderen Seite diese Moral nicht persönlich einzuhalten (er will seine Gene möglichst oft weitergeben).
>
> Die Frau muss dem für das Zusammenleben optimalen Partner verschweigen, dass sie sich für die Weitergabe ihrer Gene einen anderen Genlieferanten sucht.
>
> Diese biologische Triebfeder bringt ziemlich viel Wasser auf die Mühlen derjenigen, die Lüge als einen unabwendbaren Teil unseres Liebeslebens beschreiben.

hat dies für unsere Nachkommen einen gewaltigen Vorteil, denn sie werden für eine größere Anzahl von Infektionen oder Krankheiten besser gewappnet sein. Zumindest statistisch.

Dass der Körpergeruch eine solche selektive Wirkung hat, wäre früher sicher vehement bestritten worden, heute aber ist es ein akzeptiertes Konzept. Eigentlich hat dies noch nichts mit »Lüge« zu tun, aber das scheint nur auf den ersten Blick so, denn es gibt konfliktträchtige Erkenntnisse. Sieht man noch etwas genauer hin, gelten einige bemerkenswerte Einschränkungen:

Eine Frau bevorzugt einen anderen Typ Mann, je nachdem, ob sie die Pille nimmt oder nicht. Frauen, die keine Ovulationshemmer benutzen, wählen in ihren fruchtbaren Tagen Männer aus, die ein genetisch deutlich unterschiedliches Immunsystem im Vergleich zu ihrem eigenen haben.[18] Mit Pille – oder vielleicht sollte man besser sagen: »schwanger«, denn das ist es ja, was eine Pille dem Körper der Frau vortäuscht – kehrt sich die Zuneigung völlig um, jetzt bevorzugen Frauen immunähnliche (also genetisch verwandte) Männer.

Radikal ausgedrückt suchen Frauen den fremden Draufgänger als Vater ihrer Kinder und den brüderlichen Freund als Hilfe bei der Aufzucht für ihren Nachwuchs. Das klingt nach einem Dilemma und macht, rein biologisch betrachtet, Treue auch für Frauen schwierig.

Darüber hinaus stellten Forscher fest: Eine Frau bevorzugt in der Zeit ihres Eisprungs, also in ihrer fruchtbaren Zeit, Männer mit eher symmetrischem und maskulinem Gesicht. Das symmetrische Gesicht oder allgemein Symmetrie sind in der Natur universelle Signale für Gesundheit. Diese Selektion ist bei Frauen so komplex verankert, dass sie in ihrer fruchtbaren Zeit den Schweiß von Männern mit symmetrischen Gesichtern positiv beurteilen. In ihrer nicht fruchtbaren Zeit hingegen erkennen sie beim Schweiß keinen Unterschied und lassen Symmetrie und Maskulinität bei Gesichtern ganz außer Acht. Sie erkennen in dieser Hinsicht auch keinen Unterschied in den Düften der T-Shirts.[19]

Gen-Shopping und Kuckuckskinder

Für sich allein genommen sind diese Befunde zwar spannend, aber noch kein Hinweis auf eine Bereitschaft zu lügen. Bringt man die weiblichen Vorlieben jedoch in Verbindung damit, dass wahrscheinlich zwischen vier und zehn Prozent unserer Nachkommen sogenannte Kuckuckskinder sind, also Kinder, deren aufziehender, sozialer Vater nicht der biologische Vater ist,[20] dann wird klar, welches gewaltige Lügenpotential darin steckt.

Und natürlich ist dieses zwiespältige Verhalten kein reines Frauenthema. Männer kommen nicht besser weg. Erstens müssen sie ja mit dieser Rolle des Gen-Lieferanten einverstanden sein, und zweitens ist ihr Motto noch einfacher: Die Zahl ihrer möglichen Nachfahren erhöht sich beträchtlich, wenn sie außer der Zeugung keine weitere »Leistung« erbringen müssen, die sie hindern könnte, mit weiteren Frauen sexuellen Kontakt zu haben. Deutlicher gesprochen: Untreue würde sich für Männer biologisch gesehen noch viel stärker auszahlen als für Frauen.

Unsere heile Welt von Moral, Verlässlichkeit und Vertrauen ist keine seit Jahrtausenden in uns wirkende Gewissheit, sondern eine recht moderne, ziemlich idealistische Überhöhung unserer biologischen Grundlagen.

Es ist nicht unser Ziel, diese Ideale zu verwerfen oder auch nur schlechtzumachen. Unser Leben würde erheblich stabiler verlaufen, könnten wir wie die Graugänse sicher sein, dass unsere einmal geschlossene Partnerschaft wirklich das ganze Leben lang anhält. Aber wir sind keine Graugänse.

Dennoch hat unsere Biologie weitere dienliche Schachzüge in der Hinterhand: Ein Mann kann nicht bewusst erkennen, wann eine Frau ihren Eisprung hat. Das mag auf den ersten Blick wenig bedeutungsvoll sein, hat aber letztlich weitreichende Auswirkungen. Bei unseren direkten Vorfahren und Verwandten im Tierreich, den nicht menschlichen Primaten, wird der Eisprung eines Weibchens sehr deutlich signalisiert. Die rote geschwollene Sitzfläche des Pavianweibchen ist wohl das bekannteste Zeichen: Die Zeit für den Wettkampf der Männer um die Paarung ist damit offensichtlich und zeitlich klar umrissen. Affenweibchen sind nur wenige Tage fruchtbar. Bei uns Menschen fehlt dieses Signal für Fruchtbarkeit, deshalb gibt es für einen Mann nur wenige Möglichkeiten sicherzustellen, dass er selbst der Erzeuger des Nachwuchses ist: Er kann eigentlich nur durch permanente Begleitung seiner Partnerin oder durch Herstellen einer starken und stabilen emotionalen Bindung halbwegs sicher sein, dass Gen-Shopping unmöglich oder unwahrscheinlich ist. Keuschheitsgürtel wären effektiver, waren allerdings nur kurze Zeit in Mode.

Ein anderes soziales Experiment zeigt ein weiteres Problem der Männer. Fragt eine hübsche junge Frau Männer, ob sie sich mit ihr für ein sexuelles Abenteuer treffen wollen, willigt die überwiegende Zahl der Männer ein.

Bietet ein gutaussehender junger Mann jungen Frauen Ähnliches an, dann willigt keine Einzige der Angesprochenen in eine Verabredung ein. Hier gibt es krasse Unterschiede zwischen den Geschlechtern.

Männer führen innerlich ein Doppelleben: Es gibt den streunenden Teil in ihnen, der letztlich versucht, jede Frau für sich zu gewinnen. Und es gibt den treuen Hausmann, der sich wohlig zurücklehnt und genießt, dass sein Leben in geordneten Bahnen verläuft. Keiner hat diesen Widerspruch fröhlicher interpretiert als Wilhelm Busch:

Vater werden ist nicht schwer ...
Vater werden ist nicht schwer,
Vater sein dagegen sehr.

Ersteres wird gern geübt,
weil es allgemein beliebt.
Selbst der Lasterhafte zeigt,
dass er gar nicht abgeneigt;

nur er will mit seinen Sünden
keinen guten Zweck verbinden,
sondern, wenn die Kosten kommen,
fühlet er sich angst beklommen.
Dieserhalb besonders scheut
er die fromme Geistlichkeit,
denn ihm sagt ein stilles Grauen:
das sind Leute, welche trauen.

Wird am Ende krumm und faltig,
Grimmig, gräulich, ungestaltig.
Bis ihn dann bei Nacht und Tag
Gar kein Mädchen leiden mag.
Onkel heißt er günst'gen Falles,
Aber dieses ist auch alles. –

Oh, wie anders ist der Gute!
Er erlegt mit frischem Mute
Die gesetzlichen Gebühren,
Lässt sich redlich kopulieren,
Tut im Stillen hocherfreut
Das, was seine Schuldigkeit,
Steht dann eines Morgens da
Als ein Vater und Papa
Und ist froh aus Herzensgrund,
Dass er dies so gut gekunnt.

Früher glaubte man, Frauen wären häuslicher und weniger streunend als Männer. Aber die erwähnte Prozentzahl der Kuckuckskinder lässt kaum einen anderen Schluss zu: Auch Frauen haben eine wilde streunende Seite. Unsere tradierte Vorstellung, dass nur im Schutz der Kleinfamilie eine

Kinderaufzucht möglich wäre, hat einen Schönheitsfehler: Wahrscheinlich wissen Menschen erst seit einigen zehntausend Jahren halbwegs sicher, wer die Väter der Kinder sind. Menschen gibt es aber schon viel länger, also kann diese »Vorstellung« von Familie nicht sehr alt sein.

Auch bei einigen Primatenarten gibt es feste, scheinbar unzertrennliche Paare, auch hier zeigen sich Kuckuckskinder in hoher Zahl. Wahrscheinlicher ist, dass wir Menschen – wie viele andere Primaten – in Gruppen lebten und uns wenig darum gekümmert haben, welches Kind wirklich von wem gezeugt wurde. Schon lange wurde dem Oberaffen die Illusion gegeben, er wäre der Schöpfer aller jener süßen Affenbabys, die ihn umspringen.

Nehmen wir also an, dass die feste Beziehung zwar einen Vorteil bei der Aufzucht von Kindern bedeutet, aber schon bei unseren äffischen Vorfahren war Gen-Shopping ein evolutionärer Vorteil.

Emotionale Ökonomie

Wir freuen uns über Menschen, die es schaffen, 50 und mehr Jahre zusammenzuleben und dabei glücklich bleiben. Zu glauben, dass diese Paare über die Jahre immer im gleichen Verhältnis zueinander standen, wäre naiv. Beziehungen unterliegen einem stetigen Wandel.

Es gibt viele Gründe, als Paar zusammenzubleiben. Einer davon ist unser Wissen um den Schmerz einer Trennung, denn fast keine Ablösung verläuft ohne tiefgreifende Erschütterung. Allein diese Angst ist eine starke Motivation, um lange zusammenzubleiben. Das haben wir schon angesprochen. Deshalb kommt, wenn die Rauschphase vorbei ist, die Anpassungsphase:

Gemeinsame Überzeugungen werden gefestigt, nach langen Jahren einer Beziehung wählen manche Paare die gleiche politische Partei, selbst wenn sie früher sehr unterschiedliche politische Auffassungen hatten.

Andere wiederum, die politisch zu Beginn ihrer Beziehung auf der gleichen Wellenlänge lagen, können heute Meinungsunterschiede eher akzeptieren und erklären sich für tolerant: »Man muss ja nicht immer die gleiche Weltsicht vertreten.« Unterschiede, wann immer sie zutage treten, bekommen ein ideologisches Erklärungsmodell, das sie tolerabel macht.

Oder ganz profan: Sie gibt, gegen seinen Willen, ihre Katze nicht bei den Eltern ab, als sie zusammenziehen, sondern behält sie in der gemeinsamen Wohnung. – Nach einer kurzen Gewöhnungsphase eifersüchtelt er, wenn das Tier auf ihrem und nicht auf seinem Schoß schnurrt.

Der wichtigste Grund für das Zusammenbleiben liegt in einer emotionalen Ökonomie. Wir bevorzugen bekannte Situationen und Lebensbedingungen. Ein Partner, dessen Eigenschaften und Marotten uns bekannt sind, stellt eine verlässliche Größe dar. Es ist emotional weniger kostenintensiv, sich mit ihm zu arrangieren, als die Risiken und Unwägbarkeiten einer neuen Suche auf sich zu nehmen. Dennoch trennen sich viele Paare und suchen einen neuen Partner.

Trennungsökonomie

Eine Beziehungs-Alternative wird häufig heimlich ausprobiert, während eine alte Beziehung äußerlich noch Bestand hat. Ein Grund für diese »Doppelstrategie« liegt in der emotionalen Belastung, die sich aus dem Solo-Sein ergibt. Besonders in den mittleren Lebensjahren lebt eine überwiegende Anzahl von Menschen in Paarbindungen. Singles sind klar in der Minderheit. Allein schon deshalb fühlen sich

Menschen ohne Lebensgefährten leicht ausgegrenzt. Das Gefühl, einen Partner zu suchen und diesen Zustand für andere erkennbar machen zu müssen, ist unangenehm. Ein Ausweg sind die lockeren Gruppen von Singles, die heute immer stärker an Bedeutung gewinnen, aber dieses Modell wählt nur eine Minderheit.

Eine weitere Strategie, die Solozeit zu verkürzen, läuft auf das Wiederbeleben einer alten Beziehung hinaus. Wir kennen mehrere Menschen, die, nachdem sie von ihrem Partner verlassen wurden, sehr schnell auf Ex-Partner oder Jugendlieben zurückgriffen, um eine neue Partnerschaft einzugehen. Diese »aufgewärmten« Kontakte haben einen entscheidenden Vorteil: Die alte Vertrautheit ist mit »geringeren emotionalen Kosten« zu reaktivieren. Das Wiederanknüpfen bei einer »alten Bekannten« ist viel einfacher, als die Beschwernisse einer längeren und seelisch zehrenden Suche nach einem ganz neuen Menschen auf sich zu nehmen. Wir haben schon angesprochen, dass das Gefühl, auf ein wichtiges Ziel zusteuern zu wollen und nicht zu wissen, ob es sicher erreicht wird, sich als ein hoher emotionaler Kostenfaktor herausstellt. Würde man das dem oder der »wieder ins Herz Geschlossenen« deutlich sagen?

In der Freundschaft wie in der Liebe
ist man oft glücklicher durch das,
was man nicht weiß, als durch das, was man weiß.

François de La Rochefoucauld

Vertrautheit versus Leidenschaft

In den Zeiten des Abtastens, des sich Gegenseitig-besser-Kennenlernens, erhöht sich Vertrautheit. Wir erfahren viel über die Wünsche und Empfindungen des anderen. Mit der Zeit wissen wir immer mehr übereinander und fühlen uns zunehmend geborgen. Aber, so hart es klingen mag, genau in diesem Moment lässt die Leidenschaft nach.[21] Was nicht zwangsläufig bedeuten muss, dass auch die Sexualität nachlässt, obwohl es häufig geschieht.

Vielleicht bestimmt Begehren die ersten Jahre einer Beziehung, aber Menschen bleiben letztendlich zusammen, weil sie:

- Kinder gemeinsam großziehen
- eine gemeinsame Wohnung haben
- Geld oder Steuern sparen können
- nicht allein sein wollen
- guten Sex haben
- sich mögen
- ein Paar sein wollen
- es nett miteinander haben
- den Partner gut kennen und seine Reaktionen vorhersagen können

Findet jeder sein Deckelchen?

Wir alle haben unsere kleine oder größere seelische Macke. Und wir suchen einen Partner, der genau dieses »Defizit« für sein Glück braucht. Der Starke findet einen Anlehnungsbedürftigen. Der Zweifler einen Bestätiger. Der Schöne eine ebenfalls Schöne oder auch eine Hässliche, es kommt darauf an, wie stabil das Gefühl, schön zu sein, ist und welche Funktion man dem Partner zuordnet.

Aber nicht jeder Topf findet ein wirklich passendes Deckelchen. Wir hören oft Geschichten von Unbelehrbaren, die »es schon wieder geschafft haben, in die gleiche Beziehungsfalle zu geraten«. Sie sind erneut auf einen Blender hereingefallen oder einen chronischen Fremdgeher oder einen übermotivierten Sportler, der nie Zeit hat, oder sogar auf einen Hochstapler, der wirklich nur ihr Bestes, nämlich ihr Geld, wollte. Wieder andere ziehen Süchtige jeder Couleur an. Wir sind jedes Mal erstaunt, wie auch in einer neuen Beziehung die Szenen der alten gleichen.

Zu glauben, diese Unverbesserlichen liefen bewusst oder gewollt in diese Fallen, greift zu kurz. Die zu ihnen passenden Gaukler sind eben Gaukler. Sie können auf ihre Art ein Bild erzeugen, das für die Anfälligen so verführerisch ist, dass sie nicht widerstehen können.

Die »Wiederholungsopfer« haben keine kritische Instanz aktiviert, die es ihnen ermöglicht, hinter die Fassade des Gegenübers zu schauen. Vielleicht wollen sie auch nicht so genau hinsehen.

Den Irrtum oder gar den Betrug in diesen zum Scheitern verurteilten Beziehungen zu erkennen ist auch für Außenstehende nicht immer einfach. Oft vergehen Wochen, bis sichtbar wird, dass einer der Partner nur eine Rolle gespielt und der andere wieder einmal hereingefallen ist, aber partout kein Einsehen hat, sondern erst sehr viel später aus seinem lieblichen Traum, der dann wieder mal ein Alptraum geworden ist, erwacht.

Mogelpackungen

Ein verbreitetes Rollenmuster in Beziehungen zwischen Männern und Frauen ist das Paar »Beschützer und Beschützte«. Oft sind diese Rollen aber nicht gefestigt. In der relativen Sicherheit einer festen Partnerschaft können sich die Verhältnisse umkehren. Starke Männer werden zu Pantoffelhelden, zu ergebenen Schoßhündchen, zu Leisetretern. Manche »sanfte« Frau wird zur beruflich engagierten Macherin und/oder übernimmt couragiert die Führung in der Beziehung.

Die wissenschaftliche Diskussion über die Rolle des Y-Chromosoms gibt diesen Gedanken des »Rollenwechsels« einen neuen Twist. Manche Genetiker, die sich mit der Funktion des Männer-machenden Chromosoms beschäftigen, sehen darin ein Auslaufmodell. Das Chromosom sei klein, enthalte wenig Informationen. – Die scharfzüngige Bemerkung »Männer sind schlechte Repliken von Frauen« zeigt, welche Richtung die Auslegung dieser Forschungsergebnisse nehmen könnte. Diese Forscher glauben: »In einigen hunderttausend Jahren könnte es möglicherweise keine Männer mehr geben.« Sicher eine Prognose, über die man streiten könnte. Wichtiger ist: Diese dramatische Behauptung verstellt den Blick auf das eigentliche Problem: Männer im Allgemeinen sind gut für – im weitesten Sinne – aggressive Aktionen, das heißt, sie können für kurze Zeit viel Kraft einsetzen. Leider sind sie deutlich weniger geeignet für sensible Aktionen, also wenn es darum geht, über einen längeren Zeitraum wohldosiert eine geringe Energie abzurufen.[22]

Haben Männer also mit viel Aufwand ihr Ziel Beziehung erreicht, sehen sie ihre Aufgabe als beendet an, geben das vielfach übergestülpte aggressive Gehabe auf und werden sanftmütiger und weniger durchsetzungswillig.

Nach einer Heirat entpuppt sich mancher Held als Maus und manches brave Hausmütterchen als Powergirl. Haben sie sich vorher verstellt? Haben sie gelogen? Eine schwer zu beantwortende Frage. Sicher ist, Männer und Frauen wissen, welche Erwartungen das andere Geschlecht an sie stellt. Sicher ist auch, dass eine nüchterne Betrachtung der eigenen Persönlichkeit nicht immer zu dem Ergebnis führt, dass man mit seiner Charakterausstattung besonders perfekt dazu geeignet ist, dem anderen Geschlecht zu imponieren.

Da Lügen eine zutiefst menschliche Fähigkeit ist, sollte kein Zweifel daran bestehen, dass sie besonders bei der existentiell wichtigen Fragestellung »Wie kann ich meinen Favoriten in eine Beziehung locken?« intelligent und vielschichtig eingesetzt wird.

Die Stoßrichtungen sind klar. Eine Frau verwandelt sich in einen attraktiven Köder, in eine schmusige, sexuell motivierte, anpassungswillige Sonderausgabe des eigenen Ichs. Die männliche Lockvariante spielt den ehrenwerten, tatkräftigen Ritter, der ihr alle Wünsche von den Augen abliest: mutig, stark und endlos treu. Nur Verliebte können ernsthaft daran glauben, dass solche Edelmenschen die Welt bevölkern. Aber beide erleben eine wundervolle Zeit, solange sie an die Illusionen glauben können. Die meisten werden irgendwann aufwachen. Aber sollte man ihnen ihr Nickerchen in der Sonne der Liebe deshalb nehmen? – Nein! Wenn beide wissen, dass sie in einem Rausch leben, geht es ihnen wie allen anderen Trunkenen: Die Welt ist so lange voller Wunder, wie der Rausch fortbesteht. Die

Katerstimmung ist vorhersagbar, aber noch wird sie tapfer geleugnet.

Vorbilder und soziale Rollen
Menschen lernen schon früh in ihrem Leben Dutzende von sozialen Rollen, ohne sie gleich zu praktizieren. Hauptsächlich erfassen sie solche Verhaltensmuster durch Vorbilder. Sie wählen dazu Personen aus, die sie schätzen und mit denen sie sich identifizieren können. Diese speichern sie als Rollenmodell, bis sie durch Variationen dieser Rollen ihre persönliche Ausformung all dieser Vorbilder kreiert haben. Schon recht früh besitzen wir ein Bild davon, wie wir als Autofahrer agieren werden oder als Ehefrau, als Vorgesetzter, als Sportler oder wie wir mit Niederlagen umgehen werden oder mit Frustrationen.

Als früher Hinweis für akademischen Erfolg gilt die Fähigkeit, auf eine Belohnung warten zu können. Ein bekanntes Experiment dazu ist der sogenannte »Marshmallow-Test«, entwickelt vom Persönlichkeitspsychologen Walter Mischel, der zuerst in den 1960er Jahren durchgeführt wurde: Manche Vierjährigen sind in der Lage, auf einen kurzfristigen Genuss, zum Beispiel einen Marshmallow, zu verzichten, wenn die Aussicht besteht, stattdessen etwas später zwei zu erhalten. Sie können der Versuchung widerstehen, den Marshmallow, der greifbar vor ihnen auf dem Tisch liegt, zu essen. Wer kleinere Kinder bei ähnlichen Problemen schon einmal beobachtet hat, weiß, wie schwierig ein solcher kurzzeitiger Verzicht für die meisten ist. Die Kinder, die auf einen solchen Belohnungsaufschub eingehen und ihn durchstehen, zeigen später häufig ein effizienteres Lernverhalten. Dieses kleine Spiel erlaubt sogar eine bessere Vorhersage der Intelligenz eines Kindes als alle anderen Verfahren, mit denen in diesem frühen Stadium versucht wird, kindliche Intelligenzpotentiale abzuschätzen.

Ein Fünfjähriger hatte auf die Frage, was er einmal werden wolle, stets klar erklärt, er wolle »Bestimmer« (!) werden. Er hat sein Ziel erreicht: Mit 30 Jahren führte er eine Firma mit über 100 Angestellten.

Wenn die Masken fallen

Die Ausprägung dessen, was man Charakter nennt, beginnt früh. Sie schreibt viele Verhaltensmuster für die folgenden Lebensphasen fest. Es ergeben sich keine unvorhersehbaren Wendungen. Wer genauer hinsieht, kann schon früh erkennen, dass sich eine scheinbar zögerliche in eine mutige Frau verwandeln wird oder dass der kämpferische junge Mann den Starken nur spielt. Es kann geschehen, dass er sich mit seinen markigen Parolen an den Stammtisch zurückzieht und in einer Beziehung seiner Partnerin die Familienregie überlässt.

Können beide Partner mit den Veränderungen leben oder heißen sie sogar gut, dann ist das wunderbar. Aber die Spannungen können deutlich steigen, wenn erkennbar wird, dass man auf dem Jahrmarkt der Heiratswilligen eine Mogelpackung erworben hat. Es wäre schön gewesen, hätten die Verliebten ein wenig mehr hinter die jetzt brüchig gewordene Fassade gespäht.

Hätten sie die Mimikry der Liebe für möglich gehalten, wäre ihnen manche Ernüchterung erspart geblieben. Aber wir rechnen, wie so oft, zu wenig mit einer möglichen Täuschung, schon gar nicht auf dieser Ebene. Obwohl wir schon Dutzende Male gehört haben: »Drum prüfe, wer sich ewig bindet ...«, glauben wir, direkt durch die wunderbaren Augen des geliebten Menschen in seine Seele zu schauen.

Was hält uns eigentlich ab, auch denjenigen, der uns so verzaubert, mit einem kritischen Blick zu betrachten? Nichts ist gemein oder verwerflich an der Idee zu fragen: »Wie viel Mut zeigt er wirklich?« Denn der Mut, Spinnen zu verjagen, ist kein besonders präziser Vorhersagefaktor, wenn es um Durchsetzungsfähigkeit und Stabilität geht. Auch eine markig dargebotene Vorhersage über die eigene Zukunft als Jurist ersetzt keine nüchterne Abschätzung über einen Studienerfolg. Wer schon hier von der Freundin angehalten werden muss, das Studium ernster zu nehmen, gibt einen Hinweis auf eine laxe Haltung gegenüber späteren beruflichen Anforderungen.

Auch der Lehrling, der sich bei seinem Meister durch Zuspätkommen und mangelnden Einsatz »qualifiziert«, vermittelt etwas über seine möglichen Zukunftschancen.

Die Studentin, die bis in die Nacht für eine Prüfung lernt und deutlich macht, dass ihr »Bestanden« beim Abschluss entschieden zu wenig ist, zeigt Biss. Eine sanfte, unterordnungswillige Frau sollte kein Mann in ihr sehen, selbst wenn sie beim Flirten noch so samtpfotig schmeichelt.

Wir haben auch eine andere Variante erlebt: Die potentiellen Mütter, die behaupten: »Ich will nach der Geburt des Kindes auf jeden Fall weiterarbeiten.« In jeder Diskussion lehnen sie sich weit aus dem Fenster, wie sehr sie sich anstrengen wollen, die Kinderversorgung clever zu regeln, denn: »Ich will, so schnell es geht, wieder zurück in meine alte Firma!«

Aber auch solche Frauen können es sich schnell anders überlegen, besonders dann, wenn sie in anderen Gesprächen kein gutes Haar an ihrer Firma lassen oder wenn sie jeden Abend voller Ärger oder Verdruss signalisieren, wie tief ihre Abneigung gegen ihren Job sitzt. Diese Zukünftige wird ihren Entschluss bald nach der Entbindung revidieren, ob sie es jetzt schon weiß oder nicht.

Blenden und imponieren

Romantische Szenen im Fernsehen oder die Verhaltensweisen von Prominenten, wie sie die Presse immer häufiger in immer schrilleren Farben schildert oder einfach erfindet, verfälschen für viele die reale Einschätzung ihrer eigenen Möglichkeiten und Perspektiven. Aber ganz so neu ist das »Schielen« auf Die-da-Oben auch wieder nicht.

Früher gab es Fürsten, deren Leben die Neugier der vielen unbedeutenden Zeitgenossen fesselte. Sie waren die Vorbilder, denen man nacheifern wollte. Die kleinen Adligen bauten kleine Schlösser, die den großen Schlössern ihrer Vorbilder ähnelten. Die reichen Stadtbewohner bauten Häuser mit hohen Decken und verbundenen Zimmern, um wenigstens im Inneren etwas von der schlossähnlichen Pracht zu besitzen, die sie wiederum bei den kleinen Fürsten bewunderten. Und selbst der arme Bauer hatte oft noch einen guten Bratenrock, der ihm das Gefühl vermittelte, seinem reichen Vorbild, dem Kaufmann, ein wenig ähnlich zu sein.

Auch heute glauben wir zu wissen, was »Herr und Frau Wichtig« tun, und so haben wir präzise Vorstellungen, wie wir unseren Idolen nacheifern können. Wohnen wie ein Promi können zwar die wenigsten, aber die Frisur oder das Outfit oder die Accessoires, sie darf man sich schon mal bei irgendeinem IN-Menschen abgucken. Ob das schon als Mogeln anzusehen ist?

Was für das Pfauen-Männchen sein Federnrad, ist für manchen Mann die Breitling-Uhr, der Armani-Anzug oder ein Montblanc-Füller. Und manche Frau, die Eindruck machen will, schmückt sich ebenso stolz mit Accessoires von Versace, Louis Vuitton oder Gucci. Morgen ist vielleicht schon wieder etwas ganz anderes en vogue. Was aber immer zählen wird: Es muss teuer sein. Und alle anderen müssen wissen: »Nicht jeder kann es sich leisten.« Luxus bleibt als Imponierfaktor unschlagbar.

Ob bei den Trägern solcher Signale von Erfolg und Reichtum immer ein reales Äquivalent an Besitz gegenübersteht, sei dahingestellt. Immerhin leben ganze Heere von Managern nach ähnlichen Kleidervorschriften, und sie stellen – dem Pfau gleichend – ihre Statussymbole zur Schau. Sollten die Kontoauszüge den Symbolen des Wohlstands widersprechen, kann auch hier jedem Aufschneider geholfen werden. In Amerika, wo vieles auf die Spitze getrieben wird, lässt sich der offensichtliche Bedarf an Renommiersymbolen nochmals steigern: Man kann dort falsche Kontoauszüge bestellen. »Wie zufällig auf dem Tisch vergessen«, sollen sie eine noch viel »betörendere« Wirkung haben als angeberisches Protzen mit teuren Edelklamotten.

Imponiergehabe ist eine Sache des Geschmacks. Doch die Mogelpackungen in Liebesdingen führen oft zu gravierenden Konflikten und schmerzvollen Trennungen.

Scheiden tut weh, Ausharren noch mehr

Kurz vor und oft lange nach einer definitiven Trennung schwanken Menschen zwischen Hass- und Schuldgefühlen. Obwohl finale Beziehungs-Diskussionen nach der Trennung sinnlos wie ein Kropf sind, lässt es sich oft nicht verhindern, dass sie geführt werden. Keiner will ehrlich sagen: »Ich habe die Beziehung zerstört!«

Selbst der Ehemann, der einer Geliebten über Jahre eine Wohnung bezahlt hat, beschuldigt seine Frau: »Du hast mich aus dem Haus getrieben mit deiner lustfeindlichen Lebensphilosophie.« Vielleicht glaubt er es, vielleicht redet er es sich ein, auf jeden Fall hilft es ihm, mit den Schuldgefühlen fertig zu werden, die tief in seinem Inneren sicherlich existieren.

Hier treffen Verwirrung, Lüge, Verletzung massiv aufeinander. Die Lüge, die dem einen hilft, Ruhe zu finden, kann für den anderen zu einer schweren Belastung werden. Appelle, weniger zu lügen, werden verpuffen. Helfen kann hier nur das Vertrauen in die eigene Sicht. Wir müssen einem Verflossenen nichts, aber auch gar nichts glauben, im Gegenteil, wir können vieles als das sehen, was es ist: eine Abwehrstrategie. In dieser Situation ist es völlig aussichtslos, auf eine gemeinsame Linie oder Interpretation kommen zu wollen.

Aber auch die Verlassene sucht in der Lüge Zuflucht: Sie hätte schon immer gewusst, dass sie mit einem Taugenichts verheiratet war. Schon die Eltern hätten sie gewarnt. Dass sie bald das Interesse am Berufsleben ihres Mannes verlor, das gesellschaftliche Leben mied, das zwangsläufig mit seinem Job einherging, das blendet die Verlassene aus.

Den Kindern wird der geliebte Vater zum Strolch oder die herzliche Mutter zur Schlampe gewendet. So wächst der Schaden auch für diejenigen, die am meisten leiden und gar keinen Einfluss auf die Situation haben.

Selten lassen Lügenmanöver Menschen so unversöhnlich zurück wie bei einer Scheidung. Oft noch nach Jahren wird der Kontakt gemieden. Bleibt ein Ehepartner ohne neue befriedigende Bindung, dauert diese unversöhnliche Funkstille zuweilen ein Leben lang.

Trennungen sind fast immer schmerzhaft – doch keine Seltenheit.

Soziologen nennen unsere gesellschaftliche Art, mit Ehe umzugehen, »serielle Monogamie«, womit sie beschreiben, dass wir Partner im Laufe des Lebens wechseln, aber unserem »LAP« – unserem Lebensabschnittspartner – irgendwie doch versuchen treu zu bleiben.

Anthropologen allerdings nennen uns »mild polygam«, womit sie darauf hinweisen wollen, dass wir es mit der Treue nicht so genau nehmen und eine sexuelle Gelegenheit ziemlich regelmäßig auch wahrgenommen wird, wir aber tendenziell doch bei einem Partner bleiben wollen.

Für manche Beziehung verlängern sich die Schwierigkeiten durch einen Umstand, den man so nicht erwartet: Über Jahre haben viele Therapeuten oder sonstige Ratgeber gemeinsame Kinder als eine mögliche Lösung für Eheprobleme definiert. Leider entpuppte sich dieser Rat für viele als eine faustdicke Lüge, denn Untersuchungen zeigen, dass diese Hoffnung trügerisch ist. Im Mittel verschlechtern Kinder die Qualität einer Beziehung, allerdings verlängern sie gleichzeitig deren Dauer.

Männer, Frauen, Lügen

Eine männliche, von Hormonen getriebene Lebensweise ist ziemlich riskant. Ein Schlaglicht bringt es auf makabere Weise ins Bewusstsein: Kastraten leben im Schnitt zehn Jahre länger als nicht kastrierte Männer. Männliche Hormone, allen voran das Testosteron, das auch bei Frauen – allerdings in deutlich geringeren Dosen – vorhanden ist, führen zu riskanteren Lebensweisen. Testosteron ist das »Kampfhormon«, das uns befähigt, aber auch nötigt, Auseinandersetzungen zu suchen und durchzustehen.

Aber nicht nur Kastraten leben länger, auch Frauen leben – zumindest in unserer Gesellschaft – deutlich länger als Männer. Durchschnittlich stirbt ein Mann sieben Jahre früher als eine Frau. Dafür gibt es viele Erklärungsversuche. Wissenschaftlich wurde bei den Männern ein höheres Stressniveau festgestellt, verbunden mit einer geringeren Stressresistenz, und Forscher fanden außerdem bei Frauen einen hormonellen Schutz gegen Herzinfarkte bis zur Menopause. Eine weitere These lautet: Frauen leben im Mittel in konfliktärmeren Umfeldern. Zum Beispiel sind sie, statistisch gesehen, in geringem Maß berufstätig und wahrscheinlich häufiger in stressärmeren Arbeitsumfeldern beschäftigt. Und: Sie reden mit anderen über ihre Sorgen und Nöte. –

Auf jeden Fall gesichert ist eine deutlich erhöhte Risikobereitschaft der Männer. Sie sind viel stärker auf Kampf, einen möglichst hohen Platz in der Rangordnung und auf Gewinnen fixiert.

Aus biologischer Sicht ist eine der entscheidenden Aufgaben in unserem Leben die Reproduktion, also das erfolgreiche Aufziehen von Nachwuchs. Die Strategien, die unsere Vorfahren über Millionen von Jahren entwickelt haben, prägen uns. Wie groß mancher Unterschied zwischen den Geschlechtern ist, zeigt ein psychologisches Experiment, das uns in der Absolutheit seines Ergebnisses überrascht hat. Es erhellt manche Verhaltensunterschiede zwischen Männern und Frauen.

Dabei geht es um die Frage: Wer willigt in ein sexuelles Angebot ein? Die Ergebnisse sind ungewöhnlich eindeutig, wir hatten sie schon einige Seiten zuvor angedeutet.

Wenn junge Männer und junge Frauen ein Angebot für ein sexuelles Abenteuer erhalten, werden sie es annehmen oder nicht?

Wenn während eines völlig harmlosen Interviews, dessen Inhalt nichts mit Sexualität zu tun hat, die weibliche Interviewerin dem befragten jungen Mann ein eindeutig sexuelles Angebot macht, stimmen mindestens 60 Prozent aller jungen Männer einem Treffen zu. Sie haben keine Hemmung, in ein schnelles sexuelles Abenteuer mit einer attraktiven Frau einzuwilligen. Im Gegenzug dazu nimmt keine einzige junge Frau das entsprechende Angebot eines attraktiven männlichen Interviewers an.[23]

In dieser deutlichen Differenz spiegelt sich der Unterschied in den Partnerstrategien von Männern und Frauen. Vereinfacht könnte man sagen: Ein Mann nimmt bzw. nähme viele der ihm angebotenen Möglichkeiten zur Paarung an. Sagen wir realistischer: Er muss ziemlich oft seinen Verstand einschalten, um solchen Verlockungen zu widerstehen.

Eine Frau handelt geradezu entgegengesetzt. Sie überlegt sich sehr genau, ob sie in ein sexuelles Angebot einwilligt, und sie wird einem Unbekannten nahezu nie ihre Gunst erweisen. Sie will wissen, mit wem sie es zu tun hat. Die wahrscheinlichste Erklärung für diesen Unterschied liegt in den deutlich anderen Konsequenzen, man könnte auch sagen, den deutlich höheren emotionalen und realen »Kosten«, die aus einer Schwangerschaft zwangsweise resultieren. Für den Mann ist für eine erfolgreiche Zeugung nur ein Engagement von wenigen Minuten zwingend notwendig, bei der Frau mündet ein »erfolgreicher« Geschlechtsverkehr in eine Jahre andauernde Verpflichtung. Das macht es für sie zwingend, genau zu prüfen, für wen sie dieses Engagement auf sich nehmen will.

Der Einwand, die Pille würde solches Verhalten egalisieren, hat sich als nicht stichhaltig erwiesen. Die Untersuchungen wurden in den letzten 20 Jahren immer wieder neu durchgeführt – mit immer denselben Ergebnissen. Diese Verhaltensmuster reflektieren deshalb weniger unsere derzeitigen kulturellen Bedingungen, sondern sind eher Zeichen einer genetischen Verankerung.

Entsprechend unterscheiden sich die männlichen von den weiblichen Liebeslügen. Bei Männern sind sie leichter zu erkennen: Der Mann will eigentlich fast mit jeder, muss aber den Eindruck erwecken, Treue ginge ihm über alles. Er ist also treu oder tut so, weil er sonst vielleicht gar nicht zum Zug käme.

Eine Frau sucht, sozial betrachtet, einen Mann als Vater ihrer Kinder, der ihr als verlässlich und unterstützend erscheint. Ihm gewährt sie ihre permanente Zuwendung. Sehr heimliche, sehr gezielte Abweichungen nicht ausgeschlossen.

Es geht sicher nicht immer nur um das Eine. Auch bei Männern nicht. Auch sie suchen Stabilität, Verlässlichkeit, Berechenbarkeit, weil diese Werte einen emotionalen Vorteil (Nutzen) gewähren.

Die Unterschiede zwischen den Geschlechtern haben Einfluss auf die Art des Lügens. Männer lügen eher kurz entschlossen, aus einem plötzlichen Impuls oder einer Notwendigkeit heraus. Frauen gehen strategischer vor, wägen ab und gestalten eine Lüge vielfältiger.

Frauen lügen besser

Frauen denken schneller, jedenfalls sind sie Männern in ihrer Sprechgeschwindigkeit und der Flexibilität ihrer Wortwahl überlegen, und es sind mehr Hirnregionen beteiligt, wenn Frauen denken oder sprechen.[24] Es ist wahrscheinlich gerechtfertigt zu behaupten: Frauen assoziieren vielfältiger, vielleicht auf Kosten der Genauigkeit. Also verwundert es nicht, dass Frauen raffiniertere Ausreden ersinnen, sie fallen ihnen schneller ein, und die Lügen werden besser mit den Realitäten vernetzt, in die sie eingesponnen werden.

Sucht ein Mann nach einer Ausrede, wenn er mit seinen Kollegen noch ein Bier getrunken hat, obwohl er versprach, pünktlich zu Hause zu sein, dann beginnt er meist erst vor der Haustür damit, sich über eine schlaue Erklärung Gedanken zu machen.

Eine Frau, die sich mit einer Freundin festgequatscht hat, obwohl sie eigentlich ihren Mann pünktlich vom Büro abholen wollte, legt sich spätestens während der Fahrt eine

Story zurecht, oft sogar schon gemeinsam mit der Freundin. Dennoch hat sie, wenn sie auf dem Handy angerufen wird, schnell eine gute Ausrede zur Hand. Der durchschnittliche Mann tut sich schwer, aus der Hüfte heraus der insistierenden Partnerin glaubhaft ein X für ein U vorzumachen.

Für Frauen ist es ebenfalls einfacher, einer Lüge eine emotionale Wendung zu geben. Falsche Tränen, unterdrücktes Schluchzen, umflorte Augen oder vorgetäuschte emotionale Betroffenheit zur Unterstützung einer Unwahrheit sind kein Problem. Einem Mann sind solche Feinheiten selten zugänglich. Er könnte höchstens laut werden: »Du glaubst mir nicht? – Das finde ich verdammt schei…!«

Selbst eine solche aggressive Beimischung geht einer Frau glaubhafter über die Lippen, auch wenn sie dabei heftig flunkert. »Das ist schrecklich gemein von dir!« – mit leichtem Tremolo vorgetragen – klingt aus ihrem Mund einfach überzeugender.

Die Schauspielerin Meg Ryan hat in der Filmgeschichte den vorgespielten Orgasmus – eine weitverbreitete weibliche Lüge – verewigt, als sie in »Harry & Sally« ihrem Filmpartner Billy Crystal in einem vollbesetzten Restaurant vorführt, wie perfekt sie in der Lage ist, einen Orgasmus vorzutäuschen. Sie ist äußerst überzeugend: Ihre vielfältigen Äußerungen des Wohlbefindens verleiten eine faszinierte Beobachterin am Nebentisch dazu, enthusiastisch den Kellner aufzufordern: »Ich will genau das, was sie hatte!«

Was Frauen an Männern interessiert

Wir haben die weitreichenden Konsequenzen von Schwangerschaften für Frauen schon angesprochen und die damit verbundene Notwendigkeit, einen zuverlässigen Partner zu finden. Doch warum legen Frauen bei Männern auch besonderen Wert auf Verlässlichkeit gepaart mit Dominanz?

Verlässlichkeit signalisiert ihr, dass dieser Mann eine langfristige Bindung eingehen will, und Dominanz lässt die Frau zu Recht einen besseren Schutz für sich und ihr Kind erwarten.

Frauen suchen daneben auch eine gewisse kindliche Komponente im Charakter ihres Auserwählten, denn neben dem Wunsch, versorgt und beschützt zu sein, sind für eine Frau auch Wärme und Sensibilität wichtig, und diese Eigenschaften sind eher mit dem kindlichen Aspekt im Charakter des Mannes verbunden.

Forscher fanden bei Männern einen Zusammenhang zwischen einem ausgeprägten Kinn und der Tendenz zur Dominanz. Weiter erkannten sie eine Verbindung zwischen großen Augen und kindlichen Anteilen im Verhalten. Diese Faktoren werden von Frauen, wenn sie ein Gesicht beurteilen sollen, wahrgenommen, und ihre Reaktionen zeigen, dass sie diese »Äußerlichkeiten« schätzen.[25]

Insgesamt gesehen ist Frauen aber weniger das Aussehen eines potentiellen Partners wichtig als umgekehrt. Wenn sie entscheiden, ob ein möglicher Partner sie interessiert, dann nutzen sie etwa 25 Prozent weniger Informationen über das Aussehen als Männer.[26]

Frauen lassen sich bei der Wahl ihres Partners viel weniger von Verliebtheit leiten als Männer. Zugespitzt suchen Frauen letztlich zwei verschiedene Männer: Auf der einen Seite den freundlichen, friedfertigen Unterstützer für die lange Beziehung und die Kinderaufzucht und auf der anderen Seite einen Draufgänger für die starken Gene oder den kurzen Rausch. In diesem Aspekt sind sich beide Geschlechter also ähnlicher als gedacht und bisher zugegeben.

Wenn Partner streiten

Wenn unser Partner etwas macht, was er oder sie unserer Meinung nach nicht tun sollte, und wir dagegen aufbegehren, dann reagiert ein Mann eher aggressiv und eine Frau eher zänkisch – gleichgültig, ob sie selbst meckern oder angemeckert werden.

ER schreit, läuft wütend umher oder schlägt mit der Faust auf den Tisch und gegen Wände. SIE quengelt, nörgelt, zetert oder kreischt. Beiden geht es in erster Linie darum, die Anspannung beim anderen zu steigern. Das, was ihnen konkret missfällt, wird selten klar ausgedrückt. Das wäre viel zu konstruktiv. Auf dem Höhepunkt eines Streits wollen beide den Druck beim Partner erhöhen und selbst ordentlich Dampf ablassen. ER droht letztlich Gewalt an, und SIE setzt messerscharfe, psychisch verletzende Seitenhiebe. Doch: SIE ist im Vorteil. SIE weiß oder ahnt zumindest, dass ER eine solche Spannung viel schlechter aushalten kann als SIE. Andererseits weiß / ahnt ER, dass seine versteckten Drohungen SIE langfristig einlenken lässt. In dieser Phase eines Streits ist die Wahrheit keinen Pfifferling wert. Realitäten werden gebogen, bis sie passen. Wer sich eine vergleichbare Konfrontation wieder vor Augen führen kann, wird sich vielleicht auch noch erinnern, wie einseitig die Argumente gesetzt wurden und wie wenig man die Rechtfertigungen des anderen gelten ließ.

Der Frauenversteher

Vergessen darf man allerdings eine besondere Spezies Mann nicht, die evolutionär vielleicht viel älter ist, als Männer es wahrhaben wollen: den Mann, der sich gern einer Frau unterordnet. Früher nannte man ihn abschätzig Pantoffelheld. Dabei tut dieser Mann etwas, das gar nicht so unvernünftig

Untersuchungen haben gezeigt, dass Männer und Frauen in Beziehungen ähnlich häufig streitsüchtig sind. Aber: 95 Prozent aller körperlich verletzenden Gewalt geht von Männern aus. Wer allerdings glaubt, dass Frauen von solchen Drohungen langfristig einzuschüchtern sind, täuscht sich. Erst in den 90er Jahren des letzten Jahrhunderts haben sich Anthropologen damit beschäftigt, wie Frauen in einer Machogesellschaft ihre Partner dazu bringen, das zu tun, was sie wollen. Es sind indirekte, manipulative Techniken, die Frauen in den lateinamerikanischen Ländern, wo diese Untersuchungen stattfanden, anwendeten.

ist. Er hat akzeptiert, dass er seiner Partnerin unterlegen ist und er ihre Nähe will. Also ist er ein braver Junge. Natürlich kann er nicht alles wirklich akzeptieren, was seine »Vorgesetzte« erwartet, und er wird auf vielfältige, indirekte Weise versuchen, seine Interessen durchzusetzen.

Auffallend ist, dass es in unserem kulturellen Umfeld dennoch viel selbstverständlicher erscheint, wenn eine Frau die Rolle der sich Unterordnenden lebt. Diese Rolle erscheint für eine Frau akzeptabler. Wie seltsam.

Heute hat sich noch ein anderer Männertyp etabliert: ein weicher Mann, dem es gefällt, zurückgenommen und einfühlsam zu sein, aber nicht unterwürfig. Er versucht auf diese Weise, Frauen für sich zu gewinnen. Er will Vertrauter sein, ein guter Freund und erst danach als Mann gesehen werden. In einer Kultur der Gleichheit zwischen Mann und Frau ist es äußerst empfehlenswert, mit dieser Strategie eine dauerhafte Partnerschaft zu suchen. Schade, dass diese Haltung des Frauen-Verstehens auch heute noch schnell desavouiert wird. Das etwas abschätzige Etikett »Frauenversteher« wird fast ausschließlich empfindsamen Männern angeheftet. Vielleicht prägen uns doch noch zu viele steinzeitliche Muster.

Der Frauenhintergeher

Mag der Frauenversteher eine belächelte Figur sein, der Frauenhintergeher, der ein veritables Doppelleben führt, erfährt in der Regel eine deutliche Missachtung. Manche Geschichten machen uns so perplex, dass wir sie zunächst nicht glauben können.

Hätten Sie es für möglich gehalten, dass ein berühmter Mann in zwei Kontinenten jeweils eine Familie mit Kindern, Haus und Garten hat? Beim ersten Nachdenken halten wir so etwas für wenig wahrscheinlich, dennoch wurde eine solche Konstellation erst vor wenigen Jahren aufgedeckt. Über Jahrzehnte blieb es für die Öffentlichkeit verborgen, und auch die »offizielle« Familie wusste davon nichts. Der berühmte Charles Lindbergh, der als Erster allein den Atlantik überflogen hatte, führte über Jahrzehnte ein Doppelleben, mit einer weiteren Ehefrau und zwei Kindern, mit Haus und Garten in München. Er ist zu Lebzeiten nicht mit dieser zweiten Existenz aufgeflogen.[27] Wer jetzt glaubt, solche Doppelleben könnten nur von Wohlhabenden geführt werden, irrt. Handelsvertreter, häufig reisende Geschäftsleute, Schauspieler – aus allen Berufsgruppen und Einkommensschichten kennen wir Biographien eines doppelten Spiels zwischen zwei oder sogar drei Lebensorten.

Die Männerhintergeherin

Erzählen wollen wir auch die Geschichte einer Frau mit Doppelleben. Eine verheiratete Künstlerin hatte sich schon vor längerer Zeit ein Atelier eingerichtet. Ihren Freundinnen gestand sie freimütig, sie male dort zwar auch gern, aber eigentlich hätte sie das Atelier, um sich mit ihren diversen Liebhabern zu treffen. Sie wollte keinen Zeitdruck bei solchen Begegnungen, und sie wollte keine Konflikte, die ihre Ehe gefährden konnten. Sie hat ihren Mann daran »gewöhnt«, dass sie gelegentlich im Atelier übernachtete – »wegen des phantastischen Lichts am frühen Morgen«.

Und der Ehemann wusste, er durfte sie im Atelier nicht stören: »Darauf reagiert sie allergisch.« Seine sphinxgleiche Bemerkung über das Eigenleben seiner Frau ist aufschlussreich: »Mit der Wahrheit beginnt das Problem, mit der Lüge lebt es sich ganz gut.«

Doppelleben sind durchaus keine extremen Einzelfälle. Auf diesem Spielfeld gibt es noch eine überraschende Variante, die wir besonders bei Frauen erlebt haben. Manche Frauen blühen nach dem Tod ihres Mannes oft deutlich auf. Sie unternehmen ausgedehnte, manchmal waghalsige Reisen, ziehen sich anders an, pflegen insgesamt einen anderen Lebensstil. Wir erlebten zum Beispiel, wie aus einer bescheidenen Ehefrau eine rasante Porschefahrerin wurde. Diese Witwen sind keine anderen Menschen geworden. Sie haben auch nie ein Doppelleben geführt, aber irgendwo in ihnen schlummerte eine ganz andere Seite, die verborgen oder vielleicht unterdrückt war. Ob sie ihr ganzes Leben lang gelogen haben oder nur freundlich verzichtet, weil ihre Männer nicht mitziehen wollten oder konnten, ist schwer zu entscheiden. Sichtbar ist der ziemlich abrupte Wechsel zwischen einem braven, angepassten und einem sehr individuellen Lebensstil. Besser spät als nie.

Das Tabu

Die Schwester der Lüge ist das Tabu. In nahezu allen Beziehungen, in denen wir stehen, in der Familie, bei Freunden, in der Arbeit, schwelen Tabus. Im Berufsleben gibt es auf der emotionalen Ebene sicher viel mehr Ungesagtes als Gesagtes. Genau genommen zeigen die meisten Menschen, die auf der Karriereleiter weit nach oben geklettert sind, stets ein Pokerface und besonders gern das zähnebleckende, aber ausdruckslose Lächeln der Erfolgreichen. Schwäche will niemand eingestehen, und das ist im Berufsleben mit Sicherheit für 99 Prozent aller Situationen das Beste. Tränen, ohnmächtige Wut oder »eine Szene machen« wirken sich langfristig auch für Frauen, denen man solche Regungen sozial eher nachsehen würde, nachteilig aus.

Das berufliche Umfeld ist für viele der mit Abstand wichtigste soziale Rahmen, in dem sie sich bewegen. Hier rekrutieren die meisten Menschen ihre Freunde und einen Großteil ihrer Kontakte. Dennoch wissen sie um den Zwiespalt: Es gibt Freunde, und es gibt Kollegen. In Bezug auf Offenheit und Ehrlichkeit liegen Welten zwischen diesen beiden Bereichen. Nirgendwo kann ein Zuviel an Vertrautheit uns in so große Probleme bringen wie im Beruf.

Die Arbeitswelt ist in den Augen vieler eine Schlangengrube geworden.

Missgunst und Seilschaften bestimmen häufiger, als es uns lieb ist, die Szene, selten wird offen gekämpft, umso häufiger verdeckt. Es verbietet sich, mit Kollegen, die in einer gewissen Konkurrenz mit uns stehen, über allzu Persönliches zu reden, private Probleme bei der Arbeit auszubreiten ist in diesem Fall absolutes Tabu. Die wahre Meisterschaft besteht darin, trotz aller Konkurrenz und verdeckter Grabenkämpfe den lockeren Smalltalk souverän zu beherrschen.

Im Beruf ist es ratsam, Stimmungen und vage Einschätzungen unausgesprochen zu lassen. Es ist geschickt, negative Gefühle gegen ein Projekt, einen Vorgesetzten oder eine andere Abteilung zu leugnen, solange man Zweifel hat, ob man vor Freunden oder eben doch nur vor Kollegen spricht.

Selbst mit Freunden und insbesondere mit einem neuen Partner spricht man besser nicht über eine/-n Ex. Besonders Themen wie Unterhalt und Umgangsrecht sind fast immer mit Konflikten beladen und sollten möglichst vermieden werden. Alte Fehltritte, das Gewicht des Partners, der Alkoholkonsum, ungesunde Lebensweisen und vieles andere werden aus den täglichen Dialogen ausgeklammert. Es gibt genug tagesaktuellen Konfliktstoff, der eine Beziehung trudeln lassen kann.

Problemfelder, die unlösbar erscheinen, gibt es in jeder guten Beziehung: Der eine wollte schon immer nach Indien, der andere höchstens auf eine Schönheitsfarm in Sri Lanka. Es gibt lange existierende Probleme mit der Sexualität oder unterschiedliche Einschätzungen über Mitglieder der jeweils anderen Familie. Manche Freunde sind für den anderen inakzeptabel. Krankheiten von Verwandten oder missratene Geschwister – fast alles kann zu einem Tabubereich werden. Wenn etwas ausgeklammert wird, sagt dies letztlich wenig über die Qualität einer Beziehung aus, obwohl mancher in einem Absolutheitsanspruch gern das Gegenteil behauptet.

Wenn man sicher weiß, dass in einem bestimmten Segment eine Einigung sehr schwer oder gar nicht zu erreichen ist oder die Einschätzungen sehr weit auseinanderliegen, dann gebietet die Klugheit, hier Abstand zu schaffen. Die Fähigkeit, Distanz zu einem bestimmten Thema einzuhalten, ohne die gute Basis zwischen den Beteiligten zu bezweifeln oder zu gefährden, das ist die eigentliche Kunst in einer guten Beziehung. Wer ewig auf Unlösbarkeiten herumkaut, wer Widersprüche nicht aushalten kann oder wer glaubt, auf allen Gebieten hundertprozentigen Gleichschritt erreichen zu müssen, derjenige stellt eine erhebliche Störung für das Funktionieren einer Beziehung dar.

Ich lass von ihr, sie sich von mir betrügen,
umlügend unsre Fehler zum Vergnügen.
William Shakespeare

Feine Lügen erhalten die Liebe

Wohlwollende Lügen in einer Partnerschaft gleichen einer Politur, die wir auf ein in die Jahre gekommenes Möbelstück auftragen: Wir wollen ihm einen schönen Schein verleihen. Das Möbelstück ist uns ans Herz gewachsen, wir sind vertraut mit ihm. Uns fallen die kleinen Kratzer oder die matt gewordene Oberfläche schon lange nicht mehr auf. Die Politur bewirkt, dass der erste Blick eines Fremden unserem wohlwollenden Eindruck des Möbelstücks gleicht.

Wer kleine Lügen nutzt und damit unangenehme Wahrheiten etwas modelliert, hilft sich und der Seele und dem Selbstwert des Gegenübers.

Warum sollten wir unserem Partner sagen, dass die Falten deutlicher werden, die Haut weniger straff ist? Warum an die große Glocke hängen, dass der sportliche Ehrgeiz der besseren Hälfte zurückgeht?

Wohlwollen ist der tiefere Sinn von Freundschaft. Selbst wenn wir uns gelegentlich streiten, bleibt die Botschaft erhalten: »Du bist mein Freund. Du bist wertvoll, ich verbringe meine Zeit gern mit dir und werde dir helfen, wenn es darauf ankommt. Ich opfere Zeit für dich und werde dich nicht verletzen. Wenn du niedergeschlagen oder enttäuscht bist, muntere ich dich auf.«

»Ein gewisses Maß an Täuschung und Selbsttäuschung ist für die gesellschaftliche Stabilität und die geistige Gesundheit des Einzelnen zwingend erforderlich.«, sagt der Wissenschafts-Journalist Thomas Müller.[28]

Wenn wir einen guten Freund deutlich aufwerten, kann Selbsttäuschung im Spiel sein. Wir sehen alles, was wir an ihm/ihr mögen, durch eine rosarote Brille, phantasieren unmerklich ein bisschen mehr hinzu und setzen noch eine kleine Portion liebevolle Interpretation obendrauf. Heraus kommt eine stabile Beziehung. Und im Gegenzug ist es für uns genauso: Wer gibt schon gern einen Spiegel her, der uns, wenn es darauf ankommt, fast ausschließlich unsere guten Seiten zeigt.

So stabilisieren sich Beziehungen und Freundschaften, und die Spreu trennt sich vom Weizen. Wer für uns die Wahrheit dehnt, wird zum Weizen. Wer das nicht tut, zur Spreu. Wer diese Spielregeln nicht einhält, der verliert den Status »Freund« ziemlich bald. Auch bei Konflikten, die es in Freundschaften natürlich genauso gibt, gilt: Wir setzen eine Freundschaft nur selten um einer schnöden Wahrheit willen aufs Spiel. – Der Freund ist zu schnell gefahren, hat zu viel getrunken, einen anderen reingelegt etc. Trotzdem werden wir innerhalb einer Freundschaft ein Vergehen wohlwollender deuten. Auch wenn wir Alkohol am Steuer noch so sehr verurteilen, lesen wir einem Freund, wenn er der Täter ist, zwar die Leviten, aber wir werden bestimmt die Strafe für überzogen halten und den Einzelfall (Freund) deutlich von der Standardsituation (Fremder) unterscheiden. Letztendlich zeigen wir eindeutiges Verständnis für ihn.

Man kann sogar sagen, dass diese Verschiebung von Einschätzungen zugunsten der Person, die wir mögen, ein absoluter Indikator unserer Freundschaft ist, denn sobald diese Parteinahme nachlässt – das kann man vorhersagen –, lässt auch die Freundschaft nach. Bei uns selbst, aber auch beim anderen. Aus dem Freund wird ein Bekannter.

Um die süßen Lügen wissen und sie dennoch genießen
Wir haben aufgezeigt, wie in der Liebe, eigentlich in allen herzlichen Beziehungen, die Wahrheit geschoben, gedehnt und gezerrt wird, so lange, bis nur noch wenig von ihr übrig geblieben ist. Wohlwollen ist ein viel bedeutenderer Bestandteil in einer erfolgreichen Partnerschaft als absolute Aufrichtigkeit.

Wer möchte sich schon seine Liebesgefühle entzaubern lassen? Sicher niemand. Es würde ohnehin nicht funktionieren.

Das Wissen um die biologische Seite unserer Gefühle kann uns helfen, manches Liebesleid ein wenig zu mildern und große Fehltritte zu vermeiden. Perfekt wäre es, könnten wir mit leichter Ironie den eigenen Trieben »zuschauen«, sie auskosten, ohne von ihnen vollkommen mitgerissen zu werden.

Das Wissen um die biologische Seite unserer Gefühle kann uns helfen, manches Liebesleid ein wenig zu mildern und große Fehltritte zu vermeiden.

Selbst wenn wir wissen, dass die Nase unser Verliebtsein beeinflusst, gönnen wir uns doch das Vergnügen. Wir können Liebesgefühle auch dann noch zutiefst genießen, wenn wir wissen, dass unsere Erregung durch eine körperliche Anstrengung oder durch eine leichte Angst deutlich verstärkt wurde. Was schadet es, wenn unsere Psyche fälschlicherweise die Person an unserer Seite mit dieser Erregung in Verbindung bringt und so unser Liebesempfinden steigert? Im Gegenteil – wir haben mit solchen gemeinsamen Abenteuern eine neue Quelle gefunden, unsere Bindung zu stärken.

Die Liebespaare in der Geisterbahn genießen die aphrodisierende Wirkung dieses kleinen Nervenkitzels. Profitieren wir also von der Achterbahnfahrt oder dem Galopp zu zweit über eine Sommerwiese doppelt.

Was auch immer die Seele zufriedenstellt, ist Wahrheit.

Walt Whitman

Kleine Lügen
machen glücklich

Wir benutzen das Wort Glück recht schwammig. Die Geburt eines Kindes kann Glück bedeuten, aber auch der Gewinn in einem Preisausschreiben. Deshalb haben Glücksforscher etwas genauer festgelegt, was sie unter einem glücklichen Menschen verstehen: Die Glücklichen haben ein sonniges, leichtes Gemüt, sie können gut mit Stress umgehen, und sie sind nur in geringem Maße ängstlich oder depressiv.[1]

Optimisten fühlen sich wohler als Pessimisten. Wer würde daran zweifeln?

Schaffen wir es, ein leichtes Lächeln um unsere Augen zu zaubern, selbst wenn uns ganz und gar nicht danach zumute ist, lässt uns das einen Kummer leichter überwinden. Optimisten tauchen die Welt in ein schöneres Licht, und die Menschen in ihrer Umgebung erscheinen ihnen um viele Nuancen warmherziger.

Die entscheidende Fähigkeit der Optimisten besteht darin, das Leben zwar so zu nehmen, wie es ist, sich aber von Widrigkeiten nie ganz unterkriegen zu lassen. Bei negativen Ereignissen oder unangenehmen Wahrheiten basteln sich Optimisten einen Strohhalm, mit dem sie ihre Stimmung zumindest ein bisschen retten. Dabei wird das Negative nicht notwendig ignoriert, sondern umgedeutet. Es wird so weit zur Seite geschoben, bis genug Freiraum entstanden ist, vielleicht doch noch etwas Gutes daran zu finden und nach Lösungen zu suchen. Optimisten fokussieren intensiv auf die möglichen positiven Details. Und das vielleicht Wichtigste: Mit kleinen hilfreichen Selbsttäuschungen werten sie die Dinge neu. Im Schmerzlichen wird auch etwas Lehrreiches gefunden, in einer Niederlage auch die Herausforderung entdeckt. Von solchen Selbst-Manipulationen profitieren sie außerordentlich.

Die Pessimisten hingegen sind bemüht, ihre Lebensunzufriedenheit stabil zu halten. Ihnen kann das Schicksal die größten Erfolge oder Wohltaten zuteilwerden lassen, trotzdem finden sie ein Haar in der Suppe, und selbst das schiere Glück hat für sie unübersehbare Tücken, zumindest aber einen versteckten Haken.

Das oft zitierte halbgefüllte Glas zeigt den Unterschied: Der Optimist hält es für halb voll, der Pessimist für halb leer. Es ist nicht die Realität, die zuversichtlich macht oder zweifeln lässt, es ist unsere Psyche. Die Wertung entsteht in uns. Optimisten bewerten die Gegebenheiten letztendlich immer positiv, egal was geschieht. Das bildet den Kern ihrer Lebenszufriedenheit. Die Pessimisten tun genau das Gegenteil. Und keiner kann so leicht aus seiner Haut.

Nicht die Realität macht zuversichtlich oder lässt zweifeln, sondern die Psyche.

Das persönliche Niveau von Lebenszufriedenheit ist ziemlich stabil, die Eigenschaft, Optimist oder Pessimist zu sein, ist recht beständig. Es ist deutlich leichter, dauerhaft 20 Kilogramm Körpergewicht zu verlieren, als aus einem Pessimisten einen Optimisten zu machen.

Optimistische Menschen, die einen schweren Schicksalsschlag erlitten haben, zum Beispiel weil sie nach einem Unfall querschnittsgelähmt den Rest ihres Lebens in einem Rollstuhl verbringen müssen, erlangen vielfach schon nach sechs bis zehn Wochen nahezu ihr altes Niveau von Lebenszufriedenheit wieder.[2]

Aber auch Menschen, die in einer Lotterie viel Geld gewinnen, sinken nach einer Zeit der Euphorie auf das vorherige Niveau ihrer Lebenszufriedenheit zurück.[3] Pessimisten sind schnell wieder negativ gestimmt, aber auch die Optimisten bleiben nicht lange in Höchststimmung, sondern erreichen bald wieder ihr altes positives Niveau.

Dennoch gibt es auch Schicksalsschläge, die Menschen dauerhaft einen Großteil ihrer Lebenszufriedenheit rauben. Stirbt ein Ehepartner, dauert es bis zu acht Jahre, bis der überlebende Partner wieder sein altes Wohlfühl-Niveau erreicht. Es kommt vor, dass Menschen, die für längere Zeit arbeitslos sind, selbst dann noch in einem unglücklichen Tief verharren, wenn sie schon lange wieder eine Arbeit gefunden haben. Weshalb das so ist, werden Sie wahrscheinlich besser verstehen, wenn Sie über Glück und wie es erreicht werden kann, mehr wissen. Schon jetzt wollen wir Ihnen ankündigen, dass Glücklichsein auch als eine besonders erfolgreiche Form des Selbstbetrugs gesehen werden kann.

Glücklicher durch Selbstbetrug

Die meisten Menschen bewegen sich auf der Skala der Lebenszufriedenheit langfristig nur sehr wenig, fast unabhängig davon, was ihnen Schlimmes oder Schönes widerfährt.

Wir benutzen die Worte »glücklich« und »zufrieden« in diesem Buch fast synonym. Es ist vielfach versucht worden, Zufriedenheit von Glück zu unterscheiden, aber betrachtet man es genau, sind die Unterschiede gering. Bei den Menschen, die mit ihrem Leben zufrieden sind, nennen sich die Exaltierten eher »glücklich«, die ruhigeren Gemüter benutzen lieber das Wort »zufrieden«. Genau genommen meinen beide Gruppen das Gleiche: »Es gibt wenig an meiner Lebenssituation, das ich ändern möchte, um mich besser zu fühlen, und ich erwarte, dass dies auch so bleibt.«

Was unterscheidet die Zufriedenen von den Unzufriedenen? Die Zufriedenen beschreiben ihre Ehe im Vergleich mit den Unzufriedenen als glücklicher, sie haben häufigere, intensivere und vertrautere Sozialkontakte, sie fühlen sich körperlich fitter, sie haben subjektiv das Gefühl, gesund zu sein, und sie leben tatsächlich länger.

Erst in den letzten 15 bis 20 Jahren ist durch die Positive Psychologie die Frage *Was bewirkt, dass wir uns wohl fühlen?* in den Vordergrund wissenschaftlicher Forschungen getreten. Die Positive Psychologie setzte dieses Thema in den Mittelpunkt ihres wissenschaftlichen Ansatzes. Vorher hatte man eher untersucht: *Was macht uns (psychisch) krank?* Heute erforschen Wissenschaftler systematisch die Frage: *Wodurch geht es uns gut?* Und die Antworten sind überraschend.

Würden Sie glauben, dass ein kurzer Lebenslauf – mit 22 oder 23 Jahren geschrieben – eine Vorhersage erlaubt, ob jemand 70 Jahre alt wird oder eher 80?

In einem amerikanischen Kloster wurden 1932 die Novizinnen dieses Jahres gebeten, einen knappen Lebenslauf zu verfassen. Manche schrieben recht nüchtern über Fakten, andere berichteten von positiven Emotionen, sie reflektierten damit ihre zufriedene Lebensstimmung. Diese Untersuchungen sind deshalb so bedeutungsvoll, weil man sehr selten die Chance hat, Menschen zu vergleichen, die während so langer Zeit identische Lebensumstände haben.

Die Untersucher verglichen die Nonnen, die Lebensfreude zeigten, mit den Nonnen, die dies kaum taten. Das Ergebnis war verblüffend: 90 Prozent der »glücklichen« Nonnen erlebten ihren 85. Geburtstag, von den »unglücklichen« Nonnen taten dies nur 34 Prozent. Noch markanter war das Verhältnis beim 94. Geburtstag, denn denz erlebten 54 Prozent der »glücklichen«, aber nur 11 Prozent der »unglücklichen« Nonnen. Ohne Zweifel: Die glücklichen Nonnen lebten länger.[4] Ein Ergebnis, das sich wahrscheinlich auf alle Menschen übertragen lässt.

Sie werden sich vielleicht fragen: »Was hat das mit Lügen zu tun?« So geht es vielen, weil wir schnell wieder »vergessen«, was uns nicht so recht gefällt: In der Einleitung zu diesem Kapitel haben wir darauf hingewiesen, dass man Glück oder Zufriedenheit mit einigem Recht auch als besonders geschickte Form des Selbstbetrugs auffassen kann. Und es fällt uns besonders schwer, solche Selbstmanipulation mit Nonnen in Verbindung zu bringen.

Gute Stimmung, bessere Leistung

Um es vorweg zu sagen: Es ist unglaublich, welche Auswirkungen kleinste Dosen von Sich-wohler-Fühlen haben können. Anders ausgedrückt: Selbst marginale Stimmungsmanipulationen haben bedeutsame Effekte.

Wenn Menschen eine Serie positiver Wörter emphatisch aussprechen, verbessert sich ihre kreative Leistung. Das Gleiche geschieht, wenn sie vor einer Prüfung einen lustigen Cartoon lesen. Die gehobene Stimmung, in die eine solche »Vorbereitung« versetzt, bedingt die bessere Leistung.

Ärzte waren treffsicherer mit ihrer Diagnose, wenn sie vor einer medizinischen Untersuchung einige Süßigkeiten als kleine Aufmerksamkeit bekamen, sie erhielten eine kleine Packung Bonbons. Das reichte aus, bei einem schwierig zu bestimmenden Fall von Lebererkrankung eine effizientere Diagnose zu stellen als eine Kontrollgruppe, die keine derartige »Aufmunterung« erhielt.[5]

Stelle immer ein Vergnügen vor die Arbeit, das führt zu besseren Ergebnissen.

Das gilt natürlich nicht nur für Ärzte. Eine wohlwollende Geste und schon arbeiten wir mit offeneren Augen und finden schneller wirksamere Lösungen. Jeder bereitet sich auf eine wichtige Arbeit oder Prüfung vor. Doch egal, wie wir uns rüsten, wer würde sich zusätzlich gezielt in eine gute Stimmung versetzen, bevor er eine schwierige Aufgabe angeht? Dabei ist die Wirkung der positiven Stimmung derart stark, dass Schüler, die gebeten werden, bei der Lösung von Aufgaben einen Bleistift zwischen den Zähnen zu halten, besser abschneiden als Schüler, die den Bleistift mit den Lippen umklammern.[6] Die Erklärung ist einfach: Der Bleistift zwischen den Zähnen zwingt ein Lächeln auf das Gesicht, und allein dieses Lächeln regt uns an, agiler nach Lösungen zu suchen.

Alle diese gerade beschriebenen »Stimmungsverbesserungen« sind Manipulationen. In unserem Sinne kleine Lügen, die den Versuchspersonen zu einer besseren Gemütslage verhelfen. In der Regel würden wir kaum glauben, dass solche »Mätzchen« eine Wirkung hätten. Doch sie zeigen in der Tat deutliche Veränderungen. Und mit einiger Sicherheit führt das Motto »Stelle immer ein Vergnügen vor die Arbeit« zu besseren Ergebnissen.

Sorge dich nicht, lebe.

Dale Carnegie

Sich selbst glücklicher machen

Kann man sich selbst glücklicher machen? Die Antwort darauf mag Sie verwirren, denn sie lautet: Um sich glücklicher zu machen, muss man in der Lage sein, sich selbst zu manipulieren. Oder wenn Sie so wollen: Man muss sich selbst belügen können. Es kommt darauf an, dass Sie Ihren inneren Blick in die richtige Richtung lenken.

Jeder kennt kurzfristige Stimmungshelfer: Wir haben einen Durchhänger und versuchen, diesen wieder auszugleichen, indem wir uns selbst etwas Gutes tun. Manchem hilft ein genüsslich verspeistes Stück Schokolade, andere muntert eine wohlig warme Dusche auf. Für viele verbessert sich die Stimmung, wenn eine sanfte Massage sie körperlich entspannt. Streicheleinheiten mit einem geliebten Menschen auszutauschen, das zählt sicher zu den besonders wirksamen Methoden. Solche kleinen Freuden, man könnte sie auch kleine Fluchten nennen, helfen uns über momentane Tiefpunkte hinweg. Spannend dabei ist: Sich nur etwas Gutes zu tun ist zu wenig, gleichzeitig müssen wir die veränderte Stimmung auch zulassen können. Obwohl wir schlechter Stimmung sind, müssen wir uns innerlich neu ausrichten. Dazu ist immer eine kleine, manchmal auch eine recht große Selbstmanipulation notwendig.

Jeder kennt Menschen, die aus ihrem Tief einfach nicht

herauskommen, fast schon gleichgültig, was ihnen Angenehmes widerfährt. In solchen Fällen klappt wahrscheinlich das innere Umschalten auf eine andere Stimmung nicht. Diese Menschen können die bessere Stimmung nicht gedanklich vorwegnehmen, der kleine Selbstbetrug will in solchen Konstellationen einfach nicht gelingen. Man sagt ihnen: »Gut siehst du heute aus«, und bekommt zur Antwort: »Du findest mich sonst wohl hässlich!«

Was für die oben angesprochenen kurzfristigen Stimmungshelfer gilt, kann man auch auf die langfristigen Wege zur Zufriedenheit übertragen.

Wissenschaftler haben die Möglichkeiten, die zu einem glücklicheren bzw. zufriedeneren Leben führen, untersucht: Wer täglich ein Tagebuch seiner guten Stunden führt, steigert seine Lebenszufriedenheit. Die manipulative Seite ist deutlich zu erkennen. Es geht nicht darum, sich einzureden: »Mein Leben ist schön, mein Leben ist schön, mein Leben ist schön …« – Selbstmanipulation vollzieht sich komplexer. Durch das Erinnern verstärken wir indirekt die Häufigkeit und die Dauer, in der die angenehmen oder stolzen Empfindungen in uns präsent sind. Wenn wir nach den angenehmen Erlebnissen des Tages suchen und rekapitulieren: »Was hat der Tag eigentlich Schönes für mich gehabt?«, werden sie wieder gegenwärtig. Und durch Niederschreiben intensivieren wir nochmals die Spur, die unsere positiven Erlebnisse in uns hinterlassen. Selbst jemand, der solche Regeln nur rein mechanisch anwendet, profitiert davon.

Und natürlich erhalten diejenigen einen deutlichen Schub für ihr Lebensglück, die lernen, sich darauf zu konzentrieren, den Augenblick intensiver zu genießen: Wer gezielt versucht, Angenehmes, Wohltuendes vielfältiger wahrzunehmen, und solche Aspekte auch aus scheinbar neutralen Situationen herausfiltert und damit eindrücklicher erlebt, verbessert seine Lebenszufriedenheit.

Diese Suche kann zu Beginn ein rein mechanischer Prozess sein, wir ändern ein Verhaltensmuster, ähnlich wie wir einen neuen Schwimmstil ausprobieren und mit der Zeit beherrschen. Wir ändern unsere Wahrnehmungstechnik, und mit diesem Kunstgriff wächst die Chance, sich nicht nur in diesen Momenten besser zu fühlen, sondern auch generell das gute Lebensgefühl zu intensiveren.

Und besonders wirksam fürs Lebensglück: Menschen, die lernen, mehr Zeit und Energie in ihr soziales Leben zu investieren, sind die absoluten Gewinner. Wer – entgegen seinen sonstigen Gewohnheiten – mehr soziale Kontakte sucht, steigert seine Lebenszufriedenheit.

Soziale Verzahnung bringt den größten Gewinn für die Lebensstimmung.

Wir müssen es immer wieder herausstellen: Auch solche Veränderungen sind zu Beginn Selbstmanipulation, denn das Wohlgefühl kommt frühestens *mit,* nie vor der geänderten Lebensweise. Die stärkere soziale Verzahnung bringt für die meisten Menschen den größten Gewinn für ihre Lebensstimmung. Sie ist der zentrale Unterschied zwischen den zufriedenen und den weniger zufriedenen Menschen.[7]

Schlechtes klein denken

Natürlich widerfährt jedem auch Unangenehmes – das kann die größte Lebenszufriedenheit nicht verhindern. Auch für diesen Fall gibt es einen psychologischen Hebel.

Zum Beispiel: Man hat beruflich Kritik einstecken müssen. Oder durch einen Fehler, den man zu verantworten hat, ist etwas völlig schiefgelaufen. Oder: Man hatte Krach mit seinem Partner. Oder: Man ist mit dem Pkw in einen Unfall verwickelt.

Wenn etwas geschieht, was Ihnen nicht gefällt, egal was, dann können Sie ganz intensiv nach einer Erklärung suchen, die Ihnen hilft, das Ereignis als einen einmaligen Ausrutscher zu sehen. Der Psychologe und Glücksforscher Martin Seligman rät, nach Argumenten zu suchen, die das unangenehme oder störende Erlebnis zu etwas Zufälligem, zur Ausnahme machen, es also als ein Missgeschick anzusehen, das höchstwahrscheinlich nicht wieder auftreten wird.[8]

Für den Krach in einer Partnerschaft bietet sich beispielsweise an:

- »Der Streit wäre kaum so eskaliert, wenn mein Partner nicht so müde oder nicht in so schlechter Stimmung gewesen wäre.«
- Oder: »An der Auseinandersetzung war eigentlich nur der Alkohol schuld, der uns beiden zugesetzt hatte. Wir trinken sonst nie so viel.«

Im Beruf:

- »Die Kritik musste ich nur einstecken, weil fünf Sachen auf einmal schiefgelaufen sind, was sonst nie passiert.«

Nach einem Verkehrsunfall:

- »Den Zusammenstoß hat eher der Unfallgegner verursacht. Er ist zwar erst jemandem ausgewichen, dann aber unerwartet stehengeblieben. Nur deshalb bin ich ihm aufgefahren.«

Mit solchen Erklärungen geben wir unserer Psyche die Chance, die Bedeutung des Missgeschicks für unser Selbstbild möglichst klein zu halten. Wenn allein der Zufall oder ein anderer für Negatives verantwortlich zu machen ist, bleiben die Faktoren, die unseren Selbstzweifel nähren könnten, deutlich unwichtiger. Das ist eine manipulative Technik, doch ihr Nutzen ist unverkennbar: Unser Selbstwertgefühl wird nicht in Frage gestellt.

Wenn Sie sich dann noch zusätzlich die Frage beantworten: »Was lerne ich daraus oder was kann *ich* anders machen?«, schützen Sie sich außerdem vor ähnlichen Missgeschicken.

Mit diesen Vorschlägen bleibt Ihr Selbstbild unangetastet. Wenn etwas danebengegangen ist, laden Sie sich keinen Imageschaden auf. Haben Sie aber etwas Besonderes vollbracht oder waren Sie einfach gut, dann gilt das Gegenteil: Jetzt stärken Sie Ihr Selbstbild.

Gutes groß denken

Bei den gelungenen Aktionen unseres Lebens geht die Suche nach den Ursachen in die entgegengesetzte Richtung. Wir suchen Argumente, die beweisen: Das Ereignis ist durch uns, durch unsere Fähigkeiten möglich geworden.

Petra, eine Journalistin, hat ihren ersten politischen Kommentar für ihre Zeitung geschrieben. Viele Leser dankten ihr in Leserbriefen für ihre klare Sprache. Ihr Ressortleiter war zufrieden, was selten geschah. Den Kommentar der Neider: »Anfängerglück«, konterte sie resolut: »Kein Glück, sondern Kompetenz!« Der Freundin, die fragt: »Wie hast du das geschafft?«, erklärt sie ihren Erfolg so: »Ich sehe eine Chance oft früher als andere und greife dann beherzt zu. Jeder hat gewusst, dass Gerhard, der sonst die Kommentare schreibt, nicht greifbar war. Also habe ich von mir aus vorgeschlagen, den Kommentar zu übernehmen. Außerdem habe ich einen guten Riecher für Themen und kenne meine Leser, das hat sich hier ausgezahlt.«

Es geht hierbei *nicht* um marktschreierische Selbstverherrlichung, es geht um die eigene Überzeugung: »Ich bin mir meiner Kompetenz sicher.« Diese innere Sicherheit hat mit dem lauten Selbstlob, das man anderen auftischt, nichts zu tun.

Wenn es darauf ankommt, eine gute Leistung zu erbringen, zählt nicht allein die reine Fähigkeit, sondern entscheidend ist Ihre Selbsteinschätzung, dass Sie die Kompetenz für diese Anforderung besitzen: Jemand Mittelmäßiges, der innerlich eine hohe Selbsteinschätzung besitzt, hat deutlich größere Chancen, einen Job zu bekommen, ein Projekt durchzusetzen, andere zu überzeugen, als ein zweifelndes Genie.

Wenn Sie etwas gut gemacht haben, geben Sie sich alle Mühe, dieses Ereignis als Produkt eines »dauerhaften« und »stets abrufbaren Geschicks« zu betrachten. Das positive Ereignis beweist Ihre Fähigkeiten und Potenzen. Bei allem, was Ihnen gelingt, finden Sie die Quelle des Erfolgs bei sich ganz persönlich! Weder das Schicksal noch der Zufall waren der entscheidende Auslöser, sondern Ihre Wachsamkeit, Weitsicht und Kompetenz. Mit dieser Einstellung wird klar: »Ich kann das Gute unter den gegebenen Umständen jederzeit wiederholen.«

Oft fällt es aber schwer, sich selbst richtig zu loben, wenn kleine Teufelchen ein ordentliches Selbstlob verhindern wollen. Wir haben zu oft gehört: »Eigenlob stinkt«, als dass wir uns einfach davon verabschieden könnten. Das Lob des Chefs führen wir lieber auf seine gute Laune als auf unsere Fähigkeiten zurück. Wir glauben lieber an Glück, das heißt Zufall, wenn unser sechster Sinn einen Bauernfänger entlarvt hat, anstatt stolz auf unsere Intuition zu sein.

Eine Frau, der es häufig gelingt, ihren Wagen schon mit dem ersten Ansatz rückwärts in eine enge Parklücke zu steuern, ist dennoch gefährdet, diese Fähigkeit als wiederholten Zufall zu verkennen. Nur wer um seine persönliche Geschicklichkeit weiß und die eigene Leistung klar anerkennt, kann an eigenen Erfolgen wachsen und diese auf weitere Felder übertragen.

Der Schlüssel zu einem neuen Lebensgefühl liegt im Blick auf die positive Seite einer Sache. Das ist nicht immer leicht.

Vielen Menschen fällt es schwer, sich die Dinge zum eigenen Nutzen positiv zu wenden. Einige sehen die Welt eher grau in grau, sie halten eine optimistische Sicht auf das eigene Leben für »Schönfärberei« und »Selbstbetrug« und erklären Optimisten generell für blauäugig.

Max ist 22 und Student. Er hält sich für nicht besonders interessant, obwohl andere ihn zu Recht als witzig und charmant beschreiben. Max mutmaßte bei jedem Kontakt mit einer Mitstudentin: »Das wird wieder nichts.« Oder: »Die ist auch nur an meinen Skripten interessiert. Da mache ich mir nichts vor. Es hat doch noch nie geklappt.« Diese Selbsteinschätzung wurde zur sich selbst erfüllenden Prophezeiung: Jeder Versuch, erfolgreich zu flirten, war zum Scheitern verurteilt.

Als ersten Schritt gestand er sich ein: »Meine pessimistische Stimmung beeinflusst meine Prognosen ziemlich stark.« Erst nachdem er diesen Gedanken ernsthaft in Erwägung zog, konnte er eine andere Strategie ansteuern. Seine Stimmung änderte sich damit noch nicht, aber seine Erwartung: »Vielleicht kann ich ja doch charmanter flirten, als ich glaube!« Keiner verliert seinen Pessimismus, nur weil er eine solche Idee hat, aber vielleicht hilft ihm diese Vorstellung dabei, sich selbst und anderen etwas vorzuspielen. Es wird ihm jedenfalls leichter fallen, sich für einige Zeit anders zu verhalten. Und mit dieser kleinen Lüge ergibt sich die Chance zu erleben, dass das Interesse seiner Kommilitoninnen nicht nur seinen Skripten gilt.

Auch ein Mensch, der nicht den Schönheitsidealen entspricht, sich selbst aber trotzdem attraktiv einschätzt, hat deutlich mehr Chancen, von anderen als anziehend oder interessant empfunden zu werden, als jemand, der sich – zu Recht oder zu Unrecht – für unattraktiv hält.

Belüg dich selbst

Treiben Sie es auf die Spitze, belügen Sie sich mit voller Absicht selbst.

Angenommen, Sie wollen abnehmen: Kratzen Sie doch einmal an der Wertschätzung, die ein Essen in der Regel erfährt. Sie müssen sich den Geschmack gar nicht unbedingt schlechtreden, es reicht vollkommen aus, etwas Zwietracht zu säen zwischen dem Teil in Ihnen, der besonders feine Geschmacksnerven hat, und dem Vielfraß. »Das Gericht schmeckt gar nicht so besonders gut!« – »Mir wird irgendwie seltsam im Magen, wenn ich nur an Essen denke.« – »Ich fühle mich schon nach zwei oder drei Bissen total satt, selbst das leckerste Essen geht dann einfach nicht mehr in mich hinein.« Auch wenn Sie ganz genau wissen, dass in Ihrem Inneren die »Fresslust« lauert, kann diese Suggestion helfen. Besonders dann, wenn Sie etwas essen, das nicht zu Ihren absoluten Lieblingsspeisen gehört.

Wenn Sie eine unattraktive Aufgabe erfüllen müssen, suchen Sie nach einem Weg, sich diese Arbeit interessant, nützlich oder spannend zu reden. Thomas finanzierte sich sein Studium als Müllmann. Er war besessen von der Idee, er könne kaum etwas Besseres für seine Fitness tun, als die schweren Müllwagen zu schieben und neben dem großen Wagen herzulaufen. Er genoss im wahrsten Sinn seine von vielen Menschen von oben herab betrachtete Arbeit. Am Ende konnte Thomas nicht mehr genau sagen, ob er sich die Arbeit nur schöngeredet hat oder ob er sie aus tiefer Überzeugung so einschätzt.

Oder Lilian: Sie versorgt als Hilfskraft bettlägerige Patienten im Altenheim. Sie animiert ihre »Omis und Opis«, aus ihrem Leben zu erzählen, während sie ihnen das Bett richtet, sie wäscht oder badet. Anfangs wollte sie damit die Stille und ihre eigene Unsicherheit überspielen, aber aus dieser Verlegenheitslösung wurde ein lebendiges Geschichtenbuch. Lilian ist immer wieder neu fasziniert von der Energie, die in den Lebensberichten sichtbar wird. Die unangenehmen Seiten ihrer Arbeit treten auf diese Weise in den Hintergrund.

Für Lilian und Thomas gilt das Gleiche, was auch für gute Lügner gilt: Sie glauben (fast) an das, was sie behaupten.

In beiden Fällen ahnt man die »Konzentration« auf das Positive. Eins ist sicher: Menschen, die sich mit ihren optimistischen Suggestionen beeinflussen können, haben eine Goldader gefunden.

Halbsätze

Gute Lügner sprechen nur den Teil eines Gedankens aus, der ihrem Ziel entgegenkommt: »Klar hast du was gut bei mir …« Sie unterschlagen den Nebensatz: »… aber wahrscheinlich werde ich mich nicht daran erinnern, dass ich in deiner Schuld stehe.« Der Lügner schmeichelt: »Du siehst gut aus!«, und denkt sich: »Wenn du geschminkt und gut frisiert bist.« Der verschluckte Halbsatz hilft uns, die leichte Anspannung unsichtbar zu halten.

Auch erfolgreiche Optimisten nutzen die »verschluckten Halbsätze«, sie stellen sich damit selbst in ein strahlenderes Licht, sie behalten die Quellen ihrer positiven Selbsteinschätzung trotzdem im Blick. Sie folgen einer ähnlichen Strategie wie die Lügner:

- »Ich sehe gut aus!« wird augenzwinkernd nur in Gedanken ergänzt mit: »… besonders dann, wenn ich ausgeschlafen und guter Dinge bin.«
- »Diese Arbeit schaffe ich auf jeden Fall!« ist ihre Devise, und sie haben im Hinterkopf: »… weil ich mich an die Regeln halte: Ich fange früh genug an, hole viele Informationen ein und bereite mich gründlich vor.«

Die Optimisten erkennen, dass sie selbst etwas tun können – und werden – um ihre Ziele zu erreichen. Optimistische Menschen neigen zu leichter Selbstüberschätzung.[9] Das kann kaum verwundern, denn Wohlfühler haben immer die rosarote Brille auf, sie finden niemals ein Haar in der Suppe, sondern im Gegenteil, sie sehen besonders große Fettaugen, ob vorhanden oder nicht.

Einen kleinen Vorsprung der Pessimisten wollen wir an dieser Stelle allerdings nicht verschweigen: Pessimisten sind besser in der Lage, Fehler zu entdecken. Doch dieser Vorsprung ist nicht wirklich groß. Die Glücklichen haben, wenn es um reale Lebensentscheidungen geht, die Nase wieder vorn und sind den Pessimisten überlegen.[10]

Für die Fortgeschrittenen: Springen Sie hin und her zwischen der optimistischen fehlerunkritischen Stimmung »Wir schaffen das, weil wir gut sind« und der etwas pessimistischeren Stimmung »Fehler sind immer möglich, ich werde sie finden«.

Reife Abwehr

Forscher nennen die Lebenseinstellung der glücklichen Menschen »Reife Abwehr«. Darunter versteht man eine Mischung aus Menschenfreundlichkeit, Stehvermögen und Zukunftsorientierung.[11] Letztlich ist es aber ein aus der Psychoanalyse entlehnter Begriff, der den aktiven Prozess des Nicht-bewusst-werden-Lassens unangenehmer oder verdrängter Inhalte beschreibt. »Abwehr« ist in der Psychoanalyse etwas, das eher aufgehoben oder durchbrochen werden muss. Die Positive Psychologie versteht unter »Reifer« Abwehr einen sinnvollen und wünschenswerten Prozess des Erwachsenseins:

- Negatives wird bis zu einem gewissen Grad verdrängt, der Alltag wird davon nicht beeinträchtigt.
- Nach vorn schauen. Hoffnungen behalten.
- Visionen entwickeln.
- Auf eine Sache zuarbeiten, ohne sofort eine Belohnung oder ein Ergebnis zu erwarten.
- Sich selbst motivieren.
- In gutem emotionalen Kontakt zu mehreren Menschen stehen.

Der Kern der Reifen Abwehr liegt in der Fähigkeit, Negatives bis zu einem gewissen Grad zu ignorieren oder umzudeuten. Oder, um es klarer zu sagen: sich selbst etwas vorzumachen, ohne unrealistisch oder unmoralisch zu sein.

Nehmen wir als Beispiel unsere zaudernde Seite. Jeder hat sie. Sie lässt uns zweifeln und vor Entscheidungen zurückschrecken. Trotzdem wollen wir handeln. Was geschieht? Unser Kopf weiß: »Ich kann nur handeln, wenn ich die damit verbundene Gefahr akzeptiere.« Dennoch verhindern Ängste, dass wir uns in Bewegung setzen. Sorgen werden überproportional gewichtet. Wir warten ab, geblendet von möglichen Gefahren, und übersehen mögliche Chancen. Wir vergessen, dass auch Verharren Risiken enthält.

Letztlich kann in diesem Konflikt allein Reife Abwehr weiterhelfen. Nur wenn wir die Besorgnis für eine gewisse Zeit wegschieben können und deutlich den möglichen Gewinn, die Chance sehen, können wir optimal handeln.

Viele Menschen kennen das Hin-und-her-gerissen-Sein, wenn eine berufliche Neuorientierung ansteht. Genauso zögern viele nach einem Streit mit dem Partner, den ersten Schritt zur Versöhnung zu tun. Die meisten sind äußerst zurückhaltend, wenn es darum geht, Neues auszuprobieren oder aus eingefahrenen Mustern auszubrechen. Wir benötigen eine Initialzündung.

Der Kern der Reifen Abwehr liegt in der Fähigkeit, Negatives bis zu einem gewissen Grad zu ignorieren.

Der Verstand ist in einem solchen Fall ein schlechter Helfer. Wenn es Pros und Kontras für eine Entscheidung gibt, ist es für unsere intellektuelle Seite sehr schwer, durch Argumente ein klares Übergewicht für eine Seite herbeizuführen. Hier kann nur der mutige Teil unserer Seele helfen: »Ich mach das jetzt!« – »Auf geht's!« oder: »Das wird klappen!« So klingen Startschüsse für einen starken ersten Schritt. Einmal in Gang gekommen, ist es nicht mehr so wichtig, dass der eigentliche Starthelfer die geschickte Selbstmanipulation war, dass die Reife Abwehr die Weichen gestellt hat.

Wir steuern unsere Psyche, um die positive Sicht der Welt zu verstärken. Und zu dieser perfekten Inszenierung gehört, dass wir uns darüber keine Rechenschaft geben. Der Prozess bleibt fast unbewusst, nur so funktioniert diese List. Der Mutmacher in uns muss mit gezinkten Karten spielen. Wenn wir die ganze Breite unserer Pro- und Kontra-Argumente bewusst erfassen wollten, würden wir unsere Fähigkeit zu handeln verlieren.

Selbst Kompromisse, die man mit anderen eingeht, benötigen oft ähnliche Schönfärberei. Kompromisse müssen täglich auf die vielfältigste Art gefunden werden. Die Interessen und Wünsche von Menschen, die zusammenarbeiten oder -leben, differieren. Das ist unausweichlich. Dass manche »ausgewogene« Einigung doch zu eigenen Lasten geht, das lässt sich nicht immer vermeiden. Man gewinnt seelische Stabilität, wenn man sich glauben machen kann, dass auch in diesem Fall alle am Kompromiss Beteiligten gleichermaßen nachgeben oder Forderungen zurückstellen, obwohl es nicht stimmt. Ansonsten müsste man sich eine Niederlage eingestehen: ein recht unangenehmes Gefühl.

Kleine Lügen retten unsere Selbstachtung.

Ein Tier muss sich, wenn es einen Kampf verloren hat, dem Konkurrenten unterwerfen oder flüchten. Menschen haben die Chance, durch eine geschickte Wendung ihres Innenlebens trotzdem zu gewinnen. Sie erklären sich zum moralischen und somit zum eigentlichen Sieger. Auf genau diese Weise haben sie sich von allen psychischen Folgen einer Niederlage befreit. Kleine Lügen retten unsere Selbstachtung.

Selbstachtung ist ein wesentlicher Stützfeiler der Psyche. Jeremia, einer unserer besonders lebensfrohen Freunde, erinnert sich facettenreich an alle Silvesterfeiern der letzten Jahre. Nur an eine kann er sich beim besten Willen nicht erinnern. – Kein Wunder, denn in diesem Jahr hat er seine Frau mit einem anderen erwischt.

Glücksquote

Das Verhältnis der Anzahl guter zu schlechter Erinnerungen entscheidet über die seelische Gesundheit. Diese Logik ist so simpel, dass Forscher einfach zählen, wie viele gute und wie viele negative Erinnerungen ein Mensch hat. Die Zusammenhänge sind erstaunlich: Bei depressiven Menschen ist das Verhältnis von guten zu schlechten Erinnerungen 1:1. Sie erinnern bestenfalls genauso viele gute wie schlechte Erlebnisse. Die anderen, die Menschen ohne Depressionen, erreichen ein Verhältnis von 2:1 zugunsten der guten Erinnerungen.

Dieser Indikator ist so messgenau, dass bei Menschen, die sich einer Psychotherapie unterziehen und bei denen die Therapie erfolgreich verläuft, das Verhältnis der guten zu den schlechten Erinnerungen sich genau wie vorhergesagt ändert. Sie beginnen ihre Therapie mit 1:1 (gute vs. schlechte Erinnerungen) und enden mit 2:1. Sie gewinnen damit das wichtigste Spiel ihres Lebens.[12]

Unverbesserliche Optimisten

Wollen Sie Ihren Kindern ein optimistisches Lebenskonzept mit auf den Lebensweg geben?

Wollen Sie es auch dann noch, wenn das Risiko besteht, dass sie sich zu unverbesserlichen, sich das Leben schönredenden Optimisten entwickeln?

Wenn Ihre Antwort »Ja« lautet, gibt es einen einfachen Einstieg: Sammeln Sie mit ihnen am Abend die schönen Momente des Tages, als ganz selbstverständliches Ritual des Zubettgehens. Höchstwahrscheinlich werden Ihre Kinder das Leben stets in warmen Farben schildern, auch dann, wenn es anderen ein wenig grau verhangen scheint.[13]

Das eigene Wohlfühlen wird im Mittelpunkt stehen. Sie werden Regeln wie »Fünf muss man auch mal gerade sein lassen können« zu ihren Lebensgrundsätzen erheben, und sie werden Prinzipien so hoch hängen, dass sie gelegentlich auch »gut darunter hindurchkommen können«.

Wir haben die Wahl, uns für den Optimismus zu entscheiden.

Oder wie eine lebenskluge Freundin befand: »Wir haben die Wahl, uns für den Optimismus zu entscheiden.«

Alles Pathologische beruht auf einer zu
weit gehenden Intimität mit sich selbst,
also dem Gegenteil der Selbstverleugnung.

Heimito von Doderer

Lügen machen gesund

Wenn ein Arzt einem Patienten verspricht: »Diese Tablette wird Ihnen gewiss helfen!«, behält er oft recht, auch dann, wenn die »Arznei« keine medizinisch wirksamen Bestandteile enthält. Placebos, also Scheinmedikamente aus Zucker oder Stärke, wirken bei 25 bis 40 Prozent aller Patienten. Rote Scheinmedikamente wirken besser als weiße, größere Pillen besser als kleinere, drei Tabletten besser als zwei. Und wenn der Chefarzt die Medikamente verabreicht, ist der Erfolg größer, als wenn die Krankenschwester dies tut.[14]

Wir tun uns schwer zu glauben, dass man mit einer Lüge heilen kann. Aber betrachtet man es genau, sind Placebos nichts anderes als hilfreiche Lügen. Würde man auf Arzneimittelverpackungen schreiben: »Dieses Medikament enthält keine wirksamen Bestandteile, es heilt nur, wenn Sie fest daran glauben, dass es Ihnen helfen kann!«, ginge wohl ein Aufschrei durch die Bevölkerung, aber auch durch die Ärzteschaft und die Reihen der Apotheker. Wir brauchen in diesem Fall – notwendig – die Lüge.

Es gab in Deutschland vor wenigen Jahren eine groß angelegte Studie zur Wirksamkeit der Akupunktur: Eine Hälfte der Patienten wurde »fachgerecht« akupunktiert, den anderen wurden Nadeln an Stellen gesetzt, die nach klassischem Akupunkturverständnis unwichtig sind. Das Ergebnis überraschte in seiner Eindeutigkeit. Die nicht fachgerechte Akupunktur erzielte prozentual die gleiche Quote von Heilung oder Linderung wie die fachgerechte.[15] Es gibt also gute Gründe, auch hier eine Placebowirkung zu unterstellen.

Aber kein Akupunkteur würde gerne über seine Heilmethode behaupten müssen: »Es ist egal, wo ich die Nadeln setze, Hauptsache ist, Sie glauben an ihre Wirkung.« Da viele Menschen auf die Wirkung der Akupunktur schwören, sind wir in einem Dilemma. Aber in diesem Dilemma stecken wir mit jedem Placebomedikament. Es hilft, weil es den Menschen, die es nehmen, nach eigenem Empfinden – und darauf kommt es schließlich an – besser geht. Es ist eine Klasse von Medikamenten, die keinerlei unangenehme Nebenwirkungen erwarten lässt, und es entstehen keine körperlichen Abhängigkeiten.

Diese Medikamenten-Lügen sind also äußerst effektiv, das wusste auch schon Ursulas Onkel vor über 40 Jahren: Er erzählte immer wieder schmunzelnd, dass er seinen Kindern aus Mehl gepresste Kopfschmerztabletten verabreicht hatte und wie gut sie immer halfen.

Solche Lügen machen gesund. Oder wie Christina Berndt, die Wissenschaftsredakteurin der *Süddeutschen Zeitung* es ausdrückt: »Längst haben Mediziner erkannt, dass sie auch mit einem freundlichen Gespräch, einer sinnlosen Aufnahme im Kernspintomographen oder gar einer Scheinoperation, bei der nur die Haut aufgeritzt wird, erhebliche Erfolge haben.«[16]

Dass es hier eine Schattenseite gibt, darf nicht verschwiegen werden. Es gibt auch sogenannte Nocebos, aus wissenschaftlicher Sicht völlig nutzlose Tinkturen oder Rituale wie zum Beispiel Voodoo, die nur, weil wir daran glauben, uns großen Schaden zufügen können.[17]

Die Krankheitslügen

Aber gelogen wird bei Krankheiten auch auf ganz andere Art. Wenn Menschen die 50 erreicht haben, sind Krankheiten zu einem beliebten Gesprächsthema geworden. Sie haben Unterhaltungswert. Und Krankheiten dienen der Freizeitgestaltung noch in einem weiteren Sinne: Der »gelbe Urlaubsschein« wird gerne mal eingereicht, und der Satz: »Ich habe mir dieses Jahr noch gar keine Grippe genommen«, ist zur stehenden Redewendung geworden.

Wir plaudern uns vom Wehwehchen zur Rente, im Jahre 2011 schieden in Deutschland die Menschen im Schnitt mit 61 Jahren aus dem Erwerbsleben aus, also fünf Jahre vor dem eigentlichen Rentenalter.[18] Das spiegelt nur zum Teil eine Denkweise der Wirtschaft wider, die ihre alten, teuren und scheinbar weniger effizienten Mitarbeiter »freistellt«. Es reflektiert auch eine soziale Einschätzung: Kleinere Wehwehchen werden überbewertet, aufgebauscht oder sogar erfunden und zum Rentenanlass hochgeschraubt. Auch das sind Krankheitslügen.

Eine ganz andere Dimension solcher Krankheitslügen wollen wir hier nur knapp ansprechen. Pharmaindustrie und Ärzte haben ein Interesse daran, dass wir krank sind. In den letzten Jahrzehnten sind Grenzwerte, die Krankheit signalisieren, verändert worden. Das hat dazu geführt, dass deutlich mehr Menschen unter einer »Störung« leiden, weil ihre Laborwerte plötzlich außerhalb der Norm liegen. Von einem Tag auf den anderen sind sie per Definition krank und müssen Medikamente nehmen.[19] Besonders beim Bluthochdruck und bei Cholesterinwerten wurden diese Veränderungen bedeutsam.

Tragisch wirkte sich zum Beispiel auch die Behauptung aus, dass die Beeinträchtigungen durch die Menopause Krankheitswert habe und hormoneller Therapie bedürfe. Schon früh gab es warnende Stimmen gegen dieses Vorgehen. Heute glauben viele Forscher, dass eine solche hormonelle Therapie das Krebsrisiko der betroffenen Frauen steigert. Und die neueste Entwicklung: Seit kurzem, seit etwa 2008[20], wird der Sinn von Vitaminpräparaten deutlich in Frage gestellt.

Es gibt drei Geheimnisse des Erfolgs:
Das erste: »*Halte Augen und Ohren offen.*«
Das zweite: »*Sag nicht alles, was du weißt.*«
...

Aus einem chinesischen Glückskeks

Die Lüge als Erfolgsfaktor

In einer Lesung in Paderborn bekennt eine mutige Frau auf die Frage nach ihren Fähigkeiten laut und deutlich: »Ich kann gut lügen!« Betretenes Schweigen in der Bischofsstadt. Aus dem Publikum kam nur eine einzige, schnippisch knappe Erwiderung: »Das will ich meinen Kindern gerade abgewöhnen!« Schade, denn wir finden, dass Lügen ein geradezu perfektes Beispiel für eine wichtige soziale Fähigkeit ist. Deshalb haben wir die Bereitschaft, sich klar dazu zu bekennen, sofort mit Begeisterung aufgenommen. Wir erzählten diese Geschichte in allen folgenden Lesungen, und die Zuhörerinnen applaudierten der Idee, Lügen als Talent zu betrachten, die sprachlose Reaktion der Zuhörerinnen in Paderborn erntete immer herzhaftes Gelächter. Hier hatte jemand laut und deutlich bekannt, was sonst höchstens hinter der vorgehaltenen Hand eingestanden wird. Und die Kritikerin muss man fragen, ob sie ihren Kindern eine wichtige soziale Fähigkeit abtrainieren will? Möchte sie ihre Kinder mit der Lüge »Man lügt nicht!« leben lassen?

Lügen ist eine anspruchsvolle Tätigkeit, sie verlangt komplexe Abwägungen, ein gutes Gedächtnis, Kreativität und

159

einen präzisen Blick auf die Realität. Die Anstrengung, möglichst clever und spontan zu lügen, sollte nicht unterschätzt werden. Die Geschwindigkeit, in der mögliche Erklärungen erdacht und auf Glaubwürdigkeit innerlich getestet werden, ist atemberaubend. Für viele Probleme hat man Zeit, Lösungen zu finden, für eine spontane Lüge muss man schnell sein, denn man hat meist weniger Zeit, eine Lüge zu erfinden, als es dauert, ein nervöses »Äh!« zu produzieren.

Die Fähigkeit zu lügen ist ein Erfolgsfaktor, weil erst sie es uns ermöglicht:
- den richtigen Ton zu finden
- uns gut zu verkaufen
- Menschen wirksam zu beeinflussen
- uns aus einem Stimmungstief zu holen.

Die meisten geben sich selten Rechenschaft darüber, aber wenn wir nach dem »richtigen Ton« suchen, um jemanden anzusprechen, jemanden umzustimmen oder aufzuheitern, dann sagen wir nicht plump, was wir denken. Im Gegenteil, wir sind raffiniert wie ein Fuchs und wechseln geschickt zwischen verschiedenen Formulierungen, um beim Angesprochenen das zu erreichen, was wir erreichen wollen – so wie ein Chamäleon perfekt in der Lage ist, seine Farbe einer Umgebung anzupassen.

Dass derjenige, der solche Strategien beherrscht, auch ganz automatisch sich selbst gut verkauft, muss kaum noch gesagt werden. Er findet auch noch für seine schlechten Leistungen oder seine Ungeschicklichkeiten eine Strategie, die ihn gut dastehen lässt.

Büro-Lügen

Die Sekretärin verleugnet am Telefon ihren Chef, das gehört zu ihren Aufgaben: »Der ist gerade in einer Besprechung/außer Haus!« So hält sie ihm lästige Anrufer vom Hals oder ermöglicht ihm eine Denkpause, in der er sich eine Antwort oder eine gute Ausrede einfallen lassen kann. Dass er dennoch feixend neben ihr steht, lässt sich durch das Telefon nicht erkennen. Ein pfiffiger Anrufer könnte seinerseits vortäuschen: »Ich weiß, dass er da ist, geben Sie ihm sofort den Hörer!« – Egal wie dieses »Spiel« ausgeht, in jedem Fall gewinnt hier ein Lügner, nämlich derjenige, der besser blufft.

Oder: Der verärgerte Kunde wartet auf eine dringend benötigte Lieferung. Der Kundenberater bleibt ganz gelassen. Obwohl die Ware immer noch vor ihm auf dem Tisch liegt und er genau weiß, dass es mindestens noch zwei weitere Tage dauert, bis die Ware wirklich beim Kunden ist, behauptet er: »Die Ersatzteile haben wir bereits gestern an Sie abgeschickt, sie sind vielleicht heute schon in Ihrer Post!«

Natürlich gefällt uns dieser Umgang mit Kunden nicht, aber solche Lügen gehören zum Alltag in jeder Versandabteilung. Was wäre die Alternative? Soll der Kundenberater dem Kunden seine Nachlässigkeit eingestehen: »Entschuldigung! Wir haben schlampig gearbeitet.« Zu Recht würde der Kunde erkennen, dass diese Firma nicht wirklich zuverlässig ist. Und er würde – durch den Berater selbst verursacht – Zweifel an der Kompetenz der Firma haben. Solange der Berater aber geschickt lügt und der Kunde ihm glaubt, liegt der Schwarze Peter bei der langsamen Post. Das Image der Firma wird der Kunde weniger in Frage stellen, selbst dann nicht, wenn er die Lüge ahnt. Der Nutzen dieser Lügen ist offensichtlich, es fällt schwer, überhaupt etwas dagegen vorzubringen. Manch eine Geschäftsbeziehung würde bei schonungsloser Offenheit wahrscheinlich ernsthaften Schaden nehmen.

Selbstverständlich funktionieren solche Ausreden nur, wenn man diese Strategie nicht überstrapaziert. Ein Kunde ist nur sehr bedingt bereit, solche Ausreden mehrfach gelten zu lassen.

Überhaupt ist es geratener,
seinen Verstand durch das,
was man verschweigt, an den Tag zu legen,
als durch das, was man sagt.
Arthur Schopenhauer

Schweigen ist Gold

Jeder möchte die Gedanken eines anderen gelegentlich lesen können. Sogar kompromisslose Ehrlichkeit wird gefordert: Alles, was uns in einem bestimmten Moment durch den Kopf geht, sollen wir preisgeben. Uns wird erklärt, solche Offenheit sei der Beweis echter Freundschaft oder tiefer Liebe. Sicher kann es Momente im Leben geben, in denen diese Direktheit nützlich ist und eine Beziehung vertieft. Aber wehe demjenigen, der sich am falschen Ort, zur falschen Zeit, mit dem falschen Menschen in dieses Wahrheitslabor begibt. Er wird es bitter bereuen.

Werden Forderungen nach absoluter Wahrhaftigkeit an uns gestellt, ist es ratsam, *keinesfalls* deutlich zu machen, dass man nur bedingt bereit ist, dieser Aufforderung zu folgen. Würden Sie erklären: »Darüber will ich nicht sprechen«, wäre bereits eine Menge angedeutet über den Bereich, in den Sie keinen Einblick gewähren wollen. Es empfiehlt sich also, nicht nur auf seinem Recht, persönliche Gedanken für sich behalten zu dürfen, zu bestehen, sondern es ist darüber hinaus oft ratsam, hier Offenheit vorzutäuschen. Denn einem gewieften Frager würde man erhebliche

Einblicke in die eigene Seele gewähren, ließe man sich auf Spielchen ein, die mit Fragen begönnen wie: »Warum willst du das nicht erzählen?« – »Hat der Bereich etwas mit mir zu tun?« – »Willst du mir etwas verheimlichen?« – »So schlimm kann es doch nicht gewesen sein.« etc.

Und es wird auch schiefgehen, wenn Sie bei einer solchen Inquisition immer noch insoweit ehrlich antworten, als Sie die eigentliche Frage unbeantwortet lassen, aber sonst versuchen, offen zu bleiben.

Wenn Sie etwas Bestimmtes nicht mitteilen möchten, sei es zum Schutz der eigenen Privatsphäre oder der eines anderen, oder weil Sie einfach entschieden haben, dass irgendetwas niemand etwas angeht, stehen moderne Denker auf Ihrer Seite. Eine Lüge ist auf jeden Fall erlaubt, wenn Sie gefragt werden:

- Bist du in diese Frau (diesen Mann) verliebt?
- Betrügst du deinen Mann (deine Frau)?
- Hast du mit dieser Transaktion viel Geld verdient?
- Warst du schon einmal in einem Swinger-Club?
- Sind Sie homosexuell?
- Sind Sie vorbestraft?
- Wie krank sind Sie?

Eine Lüge bedarf keiner Rechtfertigung. Es genügt in der Regel kaum, einfach zu sagen: »Das geht dich/Sie nichts an!«, oder: »Darüber spreche ich nicht!« Will man seine Privatsphäre schützen, erfordern solche Fragen eine clevere Ausweichstrategie. Oder anders ausgedrückt: intelligente Lügen.

Doch immer wieder hören wir: »Womit kann man Lügen rechtfertigen?« Genau genommen bedarf es keiner wirklichen Rechtfertigung für eine Lüge. Es ist meine ganz per-

sönliche Entscheidung, ob ich aus Spaß, aus Eigennutz oder einer hehren Absicht dienend lüge. Oft kommen einer oder mehrere der folgenden Punkte hinzu:
Ich belüge jemanden,

- der mir nicht wichtig ist
- wenn die Chance, erwischt zu werden, sehr klein ist
- wenn ich keine harten Reaktionen befürchten muss
- wenn ich für die Wahrheit einen hohen Preis zahlen müsste
- weil es mir Spaß macht, jemanden hinters Licht zu führen

Geheimnisse sind wichtig

Einige Wissenschaftler behaupten sogar, ohne ein gut gehütetes Geheimnis habe man kein Selbst. Das vor den anderen Verborgene gilt für sie als der eigentliche Kern der Persönlichkeit. Alles, wozu wir offen stünden, wäre eher eine soziale Anpassung an eine Gruppennorm oder sogar aufoktroyiert. Diese Wissenschaftler glauben: Ohne Lüge gäbe es kein Ich. Wenn man das Gefühl hat, in einer Gruppe so verschmolzen zu sein, dass man sich selbst nicht mehr richtig als ein Individuum wahrnimmt, raten sie sogar, es könnte helfen, sich ein Geheimnis zu schaffen.[21] Ein Geheimnis wäre der ultimative Ansatz, etwas zu besitzen, das uns definitiv von der Gruppe, in die wir integriert sind, unterscheidet.

Über etwas schweigen, das uns selbst betrifft, ist die eine Seite, aber wir erfahren auch Dinge von anderen, von denen wir wissen: Sie sind nicht für die Öffentlichkeit bestimmt. Und leider gilt: Wer nicht lügen kann, kann auch kein Geheimnis bewahren.

Wer nicht lügen kann, kann auch kein Geheimnis bewahren.

Fast niemand bezweifelt, dass manches Wissen zu Recht als Geheimnis behandelt werden muss. Wer als Anwalt, Steuerberater, Arzt, Therapeut oder als Amtsperson Dinge über Dritte erfährt, die nicht für die Öffentlichkeit bestimmt sind, hat darüber zu schweigen. Aber genauso verschwiegen muss jeder sein, der sich als Vertrauensperson beweisen will.

Vieles wird uns unter dem Mantel der Verschwiegenheit anvertraut. Oft ist jedoch das Spiel mit der Geheimniskrämerei als solcher wichtiger als die zu verschweigende Information. Da flüstert uns die gute Freundin zu: »Markus macht mich ganz kribbelig, er gefällt mir gut, aber das behältst du für dich.« Solche Dinge zählen für die meisten nicht zu den wirklich hütenswerten Geheimnissen. Doch es gibt selbstverständlich auch gravierende Informationen, von denen man weiß, dass sie keinesfalls weitergegeben werden dürfen.

- Die Kollegin sucht nach einem neuen Job, nur wir wissen davon.
- Ein Freund hat ernste finanzielle Probleme, wir sind eingeweiht.
- Ein Freund ist schwer erkrankt, nur uns hat er ins Vertrauen gezogen, er will kein Mitleid.
- Die Ehefrau geht zurück zu ihrem Mann, scheinbar, weil sie in der Beziehung bleiben will, wir aber wissen, sie will ihre Scheidung besser vorbereiten.

Viele Menschen sind sich der Problematik nicht bewusst: Es ist eine Sache, ob man jemanden verdonnert: »Darüber hast du aber den Mund zu halten!«, oder ob man ernsthaft prüft: Wie sicher ist eine Information bei einem Vertrauten wirklich aufgehoben? – Ist diese Person auch auf lange Sicht verlässlich? Viele gebrochene Schweigeversprechen nehmen hier ihren Anfang. Wenn man akzeptiert, dass viele Menschen leichtfertig mit Wahrheit und Versprechen umgehen, muss die Frage: »Wen ziehe ich in mein Vertrauen?«, sehr viel sorgfältiger beantwortet werden.

Ein Manager sollte tunlichst vermeiden, mit betriebsinternen Zusammenhängen oder Daten zu prahlen oder – besonders pikant – Kalkulationen auszuplaudern. Wüssten potentielle Käufer um die Prozentzahlen, mit der ein Händler seinen Einkaufspreis multipliziert, um zum Verkaufspreis zu gelangen, würden diese Käufer in Kaufverweigerung erstarren. Zum Beispiel gibt es Dessous, die in Dritte-Welt-Ländern für viel weniger als einen Euro gefertigt und in einem Laden irgendwo in Europa sündhaft teuer verkauft werden. Und manche homöopathische oder kosmetische Tinkturen, deren Inhaltsstoffe im Wert im einstelligen Cent-Bereich liegen, werden für zweistellige Euro-Beträge verkauft.

Wenn ein Freund Ihnen in einer weinseligen Stunde gesteht, dass er schon einmal für Monate im Gefängnis gesessen hat, und Sie aus allen Wolken fallen, hat er ein ernstliches Problem. Es wäre ihm sicher nicht recht, würden Sie über diesen Makel mit anderen plaudern. Aber können Sie dieses Wissen tatsächlich für sich behalten?

Für manche Menschen ist es schon äußerst peinlich, wenn andere erfahren, dass sie einen Psychologen aufgesucht haben, bei Dunkelheit ziemliche Angst haben oder inkontinent sind.

Wer sich schon einmal verplappert hat oder vertrauensselig Intimes über sich preisgegeben hat, weiß, wovon wir sprechen. Oft verbringt man Wochen in banger Anspannung, ob derjenige, dem man sich anvertraut hat, dichthält, ob er verantwortungsvoll mit der Offenbarung umgeht.

In solchen Fällen sind der Schutz eines Geheimnisses und die möglichen Lügen, die man einsetzt, um es zu schützen, eine ernste Angelegenheit.

Aus Lügen, die wir glauben,
werden Wahrheiten,
mit denen wir leben.
Oliver Hassencamp

Geborene Lügner

Hört man Kindern zu, wenn sie über ihre kleinen Abenteuer berichten, spürt man oft, dass sie geborene kleine Aufschneider sind. Sie fabulieren große Siege, mutige Heldentaten. Sie haben »Räuber« gefangen oder mit zwei Jahren das »Seepferdchen« gemacht. Sie haben schon einmal in einer Pilotenkanzel gesessen oder große Tiere in die Flucht geschlagen.

Die schiere Lust daran, Geschichten zu erfinden, in gutem Licht zu stehen, oder der Wunsch, einen Konflikt zu lösen, bestimmt kindliche Erzählungen. Eltern wissen dann oft nicht, was sie tun sollen. Einerseits lesen sie ihren Kindern Märchen vor, andererseits sollen die Kinder nicht aufschneiden. Sie hören die Geschichte vom tapferen Schneiderlein und nehmen sich den kleinen mutigen Aufschneider zum Vorbild. Aber wir verbieten den Kindern zu behaupten, sie könnten 20 Meter tief tauchen. Sicher werden hier auch die Grundsteine für eine doppelte Moral gelegt: Es gibt gute Lügen und schlechte Lügen, Erwachsene dürfen oder müssen sogar manchmal lügen, aber Kinder dürfen nie lügen.

Immer noch bestrafen Eltern und Lehrer eher die Tatsache, dass gelogen wurde, anstatt die Situation zu betrachten, das Motiv genauer zu klären und auf die Konsequenzen einer Lüge zu achten.

Ein Beispiel: Die Zehnjährigen sind mit den Fahrrädern in die Stadt gefahren, obwohl dies ausdrücklich verboten worden war. Auf die Frage: »Seid ihr mit dem Fahrrad in die Stadt gefahren?«, lügen sie: »Nein wir sind nur bis zum Kiosk gefahren und haben uns eine Dose Cola gekauft.« Diese Lüge wird wichtiger genommen als die Erforschung ihrer Motive. Hätte man sie nach ihren Absichten gefragt, wären ihre Antworten wahrscheinlich aufschlussreich gewesen: »Wir wollten ein Abenteuer erleben. Wir können das. Wir haben aufgepasst. Wir wissen, was wir tun müssen. Wir kennen schon alle Verkehrszeichen!« Anstatt sie auf Gefahren einzustimmen, wird an der Du-hast-mich-belogen-ich-bin-enttäuscht-Nummer gebastelt. Besser wäre gewesen, zu fragen: »Was ist passiert, wie seid ihr mit den Risiken klargekommen, was hat euch gefallen, was ist schiefgelaufen?«

Für Kinder ist der Unterschied zwischen Wahrheit und Lüge vage, oft können sie Phantasie und Realität nicht präzise auseinanderhalten. Viele Kinderlügen wollen etwas wiedergutmachen, aber oft zählt für die Erwachsenen nicht dieser gute Wille, etwa ein Missgeschick zu korrigieren, oder der Wunsch, eine kleine oder auch größere Katastrophe ungeschehen zu machen oder eine harmlose Missetat auszugleichen, sondern wir sind fixiert auf den Fakt, dass gelogen wurde. Diese »Tatsache« wird aufgebauscht und gewinnt ein übergroßes Gewicht. Dabei übersehen wir, dass ein Kind in einem konkreten Konflikt offensichtlich keine adäquate Lösung finden konnte. Es wird kritisiert, bestraft – während die angemessene Hilfe unterbleibt. Ist unser Kampf gegen die Lüge wirklich so bedeutungsvoll?

Sich dumm stellen

Wenn wir einen teuren Computer durch einen dummen Bedienungsfehler beschädigt haben, betrachten es 80 Prozent der Kunden als legitim, dem Händler gegenüber zu behaupten: »Wir haben keine Ahnung, warum das Laufwerk den Geist aufgegeben hat.«

Jemand steigt in die U-Bahn und löst keinen Fahrschein. 90 Prozent aller Erwischten versuchen sich bei dem unerwartet aufgetauchten Kontrolleur mit einer manchmal haarsträubenden Geschichte herauszureden: Sie geben sich ein bisschen dämlich oder verträumt, denn ein plump erwischter Betrüger, das wollen sie nicht sein. Dann schon lieber ein schlechter Lügner.

Doch ganz so aussichtslos ist der Versuch trotzdem nicht. Mit einer simplen Ausrede steht man schon mal etwas besser da. Mit etwas Glück kommt man ungestraft davon.

Ein deutscher Schüler tischte einem norwegischen Schaffner in Oslo, der ihn beim Schwarzfahren erwischte, auf: In Deutschland könnten Studenten in städtischen Verkehrsmitteln umsonst fahren. Mit dieser Behauptung entging er tatsächlich dem saftigen Strafgeld, weil der Schaffner zum Schluss glaubte, sich an etwas Ähnliches erinnern zu können. Vielleicht, weil er als weltläufiger Mensch gesehen werden wollte.

Geradezu genial und reaktionsschnell sank eine junge Studentin im Bus zusammen, als die Kontrolleure erschienen: »Mir ist so furchtbar schlecht, ich kann mich nicht mehr auf den Beinen halten.« Ihre Fähigkeit, Leid zu verkörpern, war derart überzeugend, dass die Beamten äußerst besorgt ihre eigentliche Aufgabe hintanstellten, sie aus dem Bus begleiteten und ihr ein ruhiges Fleckchen und Wasser besorgten. Pech nur, dass die Schauspielerin eine Weile auf den nächsten Bus warten musste.

Viele Lügner profitieren von einer besonderen Eigenschaft der Lüge: Nur das, was wir *wissentlich* falsch darstellen, gilt als Lüge. Wenn wir etwas Falsches sagen, weil wir es nicht besser wissen, dann handelt es sich lediglich um einen Irrtum, und der ist menschlich und verzeihlich. Das zu unterscheiden ist fast unmöglich, solange ein Lügner seine Lüge nicht zugibt. Damit wird es kompliziert, eine echte Lüge nachzuweisen.

Die Philosophin Simone Dietz formuliert es so: »Bei einer Lüge muss es sich um eine subjektive Unwahrheit handeln«, die dem »Subjekt«, also dem Sprecher, bewusst ist. Ob etwas »objektiv«, also in der Realität unwahr oder falsch ist, spielt für den Vorwurf Lüge überhaupt keine Rolle.[22] Da man nicht in eines anderen Kopf hineinschauen kann, ist die Absicht zu lügen nie wirklich aufzudecken. Es besteht fast immer eine kleine Wahrscheinlichkeit, dass der als Lügner Beschuldigte sich lediglich geirrt hat. Nur ein echtes Geständnis könnte Aufschluss geben.

Unwissenheit verschleiern

Standardsituationen, die Lügen anstoßen, sind die, in denen wir nicht als unwissend oder uninformiert gelten wollen. Um uns zu decken, erfinden wir eine mehr oder weniger passende Antwort. »Sind schon alle Vorbereitungen für den Neuanschluss des Telefons getroffen worden?« – »Äh, soviel ich weiß, ja!« Der Sprecher hat keine Ahnung, aber das fällt schwer zuzugeben.

Der Vermieter fragt am Telefon: »Hat Ihr Mann sich schon um die Versicherung gekümmert?« Die Ehefrau antwortet zügig: »Davon gehe ich aus!« Sie weiß nicht, was ihr Mann bereits veranlasst hat, aber soll sie das einfach so herausplaudern? Soll sie ihren Ehemann diskreditieren, ohne zu wissen, was wirklich los ist? – Nein!

»Es ist elend schwer zu lügen, wenn man die Wahrheit nicht kennt«, schreibt der ungarische Schriftsteller Péter Esterházy[23]. Welch herrlicher Twist. Wer hätte nicht Mitgefühl mit dem Lügner. Schaut man sich den Satz genauer an, wird deutlich: Wenn ich die Wahrheit nicht kenne, kann ich eigentlich nur lügen oder meine Unwissenheit zugeben: »Ich weiß nicht, was wahr ist!«, oder wenigstens: »Ich muss leider raten.« Wenn ich mich entschließe, meine Unwissenheit zu verheimlichen, muss ich zwangsläufig die Unwahrheit sagen.

Es ist verdammt schwer zu lügen, wenn man die Wahrheit nicht kennt.

Das Ende macht's

Wenn wir zwischen Wahrheit und Lüge entscheiden müssen, wird es gelegentlich recht verwirrend, denn die Psyche ist alles andere als ein gutes Bewertungsinstrument.

Ein Beispiel: Wenn Menschen eine unangenehme Untersuchung über sich ergehen lassen, kommt es nicht darauf an, wie schmerzhaft diese insgesamt war, entscheidend sind allein die letzten 60 Sekunden. Ist diese Zeit schmerzarm, steigt die Bereitschaft deutlich an, eine ähnliche Untersuchung nochmals durchführen zu lassen. In einem Experiment hatten die Untersucher einen kleinen Trick angewandt, sie muteten einer Hälfte ihrer Patienten eine längere Verweildauer des unangenehmen Untersuchungsinstrumentes zu, ohne dieses aber zu bewegen.[24] So war die angehängte letzte Minute nahezu schmerzfrei. Weil gar nichts passiert ist! Das allein veränderte die Einschätzung der Patienten deutlich. Es bestätigt sich hier ein weiteres Mal: Ende gut, alles gut!

Ein versöhnliches Wort zum Schluss, eine nette Bemerkung nach einer Kritik, »ein Bonbon« nach der Standpauke, dies alles sind erfolgversprechende Techniken. So lässt sich die Stimmung retten, und die Qualität einer Beziehung wird trotz Konfrontation nicht über Gebühr beeinträchtigt. Ob wir das Ende lügend zurechtbiegen oder ob es uns ein echtes Anliegen ist, einen freundlichen Schlusspunkt zu setzen, das kann auch der beste Lügenaufdecker schlecht abschätzen.

Harmlos lügen, mit Genuss

Auf einem Fest in einem kleinen Dorf setzt sich ein neugieriger Alteingesessener an den Tisch der »Zugezogenen« und beginnt sie auszufragen: »Wo arbeiten Sie denn?« Belästigt durch seine Penetranz, wird Simone schon leicht unwirsch. Doch als sie ihre Freundin neben sich sagen hört: »Beim Zahnarzt Dr. Brunner«, kann sie ihr Lachen kaum verbergen, weil diese mit Zahnärzten auf Kriegsfuß steht und eine völlig andere Profession ausübt. Aber einmal angestoßen, hatten sie eine Menge Spaß, den allzu Neugierigen auf die Schippe zu nehmen. Er verabschiedete sich schließlich; die schlecht unterdrückte Heiterkeit irritierte ihn zu sehr.

Niemand ist ganz frei davon, Spaß an einer kleinen Flunkerei zu haben. Selbst Papst Johannes Paul II. benutzte gelegentlich so etwas wie eine Scherzlüge: Nicht mehr fähig, allein zu stehen, beklagte er sich, in seinem rollenden Fahrstuhl sitzend, über den Querholm vor sich: »Er verhindert, dass ich aufstehen kann, um euch zuzuwinken.« Natürlich diente er ihm in Wirklichkeit als Stütze beim Vorbeugen.

Oder: eine »Urlaubsgeschichte« über einen dummen Zufall im tiefsten australischen Outback. Ein Känguru springt vor den Wagen eines jungen Pärchens und bleibt bewusstlos liegen. Nach einem kurzen Schreck fangen sich die beiden wieder und kommen auf die Idee, das Känguru anzuziehen. Sie ziehen ihm Jacke, Hut und Sonnenbrille an und schießen Fotos. Bis das Tier mit einem Ruck zu Bewusstsein kommt und eiligst die Flucht ergreift, mit Tickets, Pass und fast allem Bargeld in der Jackentasche. Eine witzige erfundene Geschichte, die vielfach variiert durch das Internet geistert.

Allerdings sind es immer weniger dieser fröhlichen, erfundenen Geschichten, die durchs Netz schwirren – zunehmend findet man auch Bösartiges: Über ein Deo, das Brustkrebs auslöst, oder Bandwurmeier in Dönerfleisch oder besonders makaber: Terroristen hätten Paketdienstuniformen im Internet ersteigert.[25] Mit solchen Lügen soll nicht mehr unterhalten, sondern Panik geschürt werden. Es wird immer wichtiger, die Quellen seiner Informationen, besonders im Internet, genau zu beachten.

Schönheits-Lügen

Sich die Haare zu färben wird selten als Lüge betrachtet. Viele tun es und stehen ganz selbstverständlich zu dieser »Verschönerung«. Doch mancher hofft, dass der kleine Betrug nicht entdeckt wird, auch wenn der Täuschungsaspekt beachtlich ist. Ein Bundeskanzler leugnete, dass seine Haare gefärbt seien, und erzwang sogar per Gericht, dass dies nicht mehr behauptet werden durfte. Keine Sorge, wir wollen diese Posse hier nicht fortsetzen, denn möglicherweise waren die Haare nur getönt, und so hatte er spitzfindig betrachtet sogar recht. Wer weiß es schon genau? Vielleicht gehört er ja tatsächlich zu den wenigen, die nicht ergrauen.

Generell gesehen täuscht Kosmetik etwas vor. Zum Beispiel eine ewig anhaltende Jugendlichkeit und die damit verbundene Agilität und Spannkraft. Die wohl gängigste Kosmetik für Frauen ist der Lippenstift. Er betont den Mund und lässt ihn voller, frischer und jugendlicher erscheinen.

Die vorgegaukelte Botschaft ist klar: Gesundheit und Sexappeal.

Rouge auf den Wangen spiegelt eine nicht vorhandene Erregung vor, die dem Betrachter ein größeres emotionales Interesse als tatsächlich vorhanden signalisieren soll.

Oder: Wenn es die Mode fordert, wird das Gegenteil von Rouge oder auch von Bräune, nämlich Blässe, dargeboten. Sie wird in vielen Kulturen und wurde auch in unserer westlichen Welt zu vielen Zeiten als ein Zeichen von Vornehmheit angesehen. Blässe symbolisiert die Freiheit vom Zwang, einem beschwerlichen Broterwerb unter freiem Himmel nachzugehen. Aber eine blasse Haut lässt die Trägerin auch filigran und zerbrechlich wirken, was wiederum von vielen Männern in vielen Kulturen als begehrenswert angesehen wird.

Oder: Hohe Absätze verändern die Körperproportionen hin zu den für Jugendliche typischen überlangen Beinen. »Zehengehen« ist darüber hinaus ein unterschwelliges Signal von Erregung (nicht zwingend sexuell) oder Anspannung.

Oder: Der Lidstrich, den schon die alten Ägypter wählten, um die Wirkung ihrer Augen zu intensivieren, hat auch heute noch lange nicht ausgedient. Der dunkle Rahmen lässt die Augen besser zu Geltung kommen. Sie wirken exotisch und geheimnisvoll.

Oder: Zahnprothesen. Sie sind äußerst hilfreich für das Kauen, aber Menschen haben schon im Mittelalter ausgefallene Zähne durch Elfenbein ersetzt. Dieses Hilfsmittel diente vermutlich kaum dem besseren Kauen, sondern allein dem besseren und gesünderen Aussehen. Ausgefallene Zähne sind ein Signal für eingeschränkte Gesundheit oder fortgeschrittene Alterung. Strahlende Zähne hingegen sind ein universelles Signal für Vitalität.

Moderne Schönheitsoperationen dienen selbstverständlich auch dem Zweck, einem »bedrohlich« fortschreitenden, sichtbaren Alterungsprozess wenigstens äußerlich entgegenzuwirken. Offensichtlich ist: Vollere Oberlippen und größerer Busen sollen die sexuelle Attraktivität steigern.

Was lebt, lügt

Die Lüge ist sicher eine wichtige soziale Fähigkeit. Dennoch beschreiben alle großen Religionen sie als gefährlich für die soziale Ordnung: Lüge wird immer mit Strafe bedroht.

In der Bibel heißt es, du sollst nicht lügen, oder präziser: Du sollst kein falsches Zeugnis ablegen gegen deinen Nächsten. Was genau genommen schon einen Konflikt andeutet. Die Schreiber der Bibelpassagen nahmen die kleinen alltäglichen Lügen anscheinend nicht ganz so schwer, denn verboten ist »das falsche Zeugnis«, aber das klingt eher nach wohlbedachter Lüge bei einer ernsthaften Befragung.

Die religiösen Moralisten des Mittelalters, zum Beispiel Augustinus, glaubten allerdings, man dürfe noch nicht einmal lügen, wenn man dadurch ein Leben retten könnte. Sie hielten es für ein Unrecht, wenn man einen potentiellen Vergewaltiger belöge, wenn dieser wissen wollte, wo sich sein potentielles Opfer versteckt hielt.

Unter anderem wurde argumentiert, Lügen wären widernatürlich, Tiere lögen nicht. Aber Tiere lügen sehr wohl, sonst könnten Fleischfresser kaum überleben: Ein Löwe schleicht sich an und schlägt ein Gnu; ein Chamäleon wechselt die Farbe, um die arglose Fliege zu täuschen; eine Flunder gräbt sich in den Sand, bis ein nichtsahnendes Opfer in die Nähe kommt – todbringende Lügen. Die Schwarze Witwe lockt ein Männchen zur Paarung, um es wenige Sekunden später zu fressen. Einigen Tieren hat die Natur sogar eine besondere Gerissenheit mitgegeben: So benutzen manche Wanzen eine bestimmte Ameisenart, um andere Ameisen anzulocken, die sie dann fressen, oder sie jagen einzelne Ameisen und stecken deren Kadaver zur Tarnung auf den eigenen Rücken. Finden sie keine vereinzelte Ameise, benutzen sie Erde und Sand zur Tarnung, um dann, im Bau dieser Ameisen, festlich deren Larven zu verspeisen.[26]

Selbst im Pflanzenreich gibt es todbringende Täuschung: Die Venusfliegenfalle lockt mit imitierten Paarungsdüften nichtsahnende Fliegen in ihre tödlich zusammenklappende Blattfalle.

Tiere täuschen aber auch zum eigenen Schutz: Es gibt Vogeljunge, die sich als Äste tarnen. Mit gerecktem Hals verharren sie über Stunden unbeweglich, bis die Eltern zurückkommen, um sie zu füttern.

Die trotz ihrer Größe äußerst filigrane Stabheuschrecke kann man in ihrer stoisch schwankenden Starre von Ästen kaum unterscheiden. Eine Eidechse wirft, wenn sie sich verfolgt fühlt, ihren Schwanz ab, der sich dann weiter bewegt. So lenkt sie einen Angreifer von sich ab.

Andere Tiere stellen sich tot oder veranstalten einen Heidenlärm, um Angreifer zu vertreiben, denen sie nicht gewachsen wären. Einige fliegende Insekten haben die bedrohliche schwarz-gelbe Färbung der Wespen angenommen, obwohl sie völlig unfähig sind, zu stechen oder zu beißen.

Solange Schutzbedürfnis der Antrieb für Tarnung ist, lobt man die Biologie für ihre Schöpfung. Dient die Tarnung aber dem Beuteschlagen oder dem Anlocken unschuldiger

Opfer, dann erscheint ein solches Verhalten als verwerflich, besonders dann, wenn man Zeuge einer solchen Attacke wird. In der Regel haben wir Mitleid mit dem Opfer, obwohl Mutter Natur die Kategorie »verwerflich« sicher fremd ist.

Billigen die meisten Menschen das Verhalten der wildlebenden Tiere als naturgegeben, so sehen sie Haustiere in einem ganz anderen, im »menschlichen« Licht. Die meisten Haustierbesitzer wissen, wie raffiniert und ideenreich Hund und Katze versuchen, uns auszutricksen. Ein Beispiel: Wir hatten unsere Katze heftig angemeckert, wenn wir sie auf dem Sofa erwischten. Also lag sie seitdem nicht mehr dort, wenn wir heimkamen. Eins allerdings nährte unsere Zweifel: Sie lag einfach zu **Lügen und belogen werden sind ein Teil der gesamten Natur.** wohl gelaunt eingerollt auf den eigentlich ungeliebten Fliesen in der Nähe des Sofas. Bald fanden wir heraus, sie sprang vom Sofa herunter, sobald sie uns kommen hörte, und platzierte sich »scheinheilig« in der Nähe. Ihre Körperwärme konnten wir noch deutlich auf dem Sofa erfühlen. Es war eindeutig: Die Katze belog uns!

Oder hatte sie unsere Anweisung nur clever umgedeutet: »Ich darf dann nicht aufs Sofa, wenn Herrchen oder Frauchen zusehen!« Vielleicht wäre dies aber auch die schlaue Ausrede, die unsere Katze parat hätte, könnte sie sprechen. Unsere Überlegungen dazu sind wahrscheinlich viel zu »menschlich«. Fazit bleibt: Lügen und belogen werden sind ein Teil der gesamten Natur.

Die Lüge ist so alt wie die Menschheit

Wir wünschen uns gelegentlich in alte Zeiten zurück. Selbst die Steinzeit wird von manchen glorifiziert. Das Gute im Menschen sei in diesen »ursprünglichen Gesellschaften« deutlicher hervorgetreten. Das »Unschuldige« im Menschen würde in modernen Zivilisationen immer stärker zurückgedrängt. Sie vermuten, die alten Kulturen wären insgesamt »ehrlicher« gewesen.

Wer an solchen romantisierenden Bildern festhält, irrt. Bereits 1928 formulierten Psychologen: »Die Praxis der Täuschung ist weit älter als die Sprache.«[27] Täuschung ist wesentlich natürlicher als Ehrlichkeit.

Täuschung ist wesentlich natürlicher als Ehrlichkeit.

Primatenforscher berichten immer wieder über Beispiele, in denen unsere nächsten Verwandten im Tierreich trickreich und absichtlich andere täuschen.

Schimpansen sind besonders gut darin, Artgenossen hereinzulegen. Sie beherrschen sogar die Kunst, einen Artgenossen, der sie täuschen will, ihrerseits zu überlisten:

Ein Schimpanse hat durch eine Glasscheibe zugesehen, wie ein anderer eine Banane in einem Freigehege versteckte. Kommt er selbst dann wieder ins Freigehege, sucht er raffiniert seinen Vorteil. In der Gegenwart des anderen Affen, der die Leckerei vergraben hat, stürmt er nicht etwa zielgerichtet auf die Stelle zu, sondern er »schlendert« scheinbar absichtslos in die Nähe des Verstecks, um im passenden Moment blitzschnell die Banane zu greifen und in Sicherheit zu bringen. Die stille Bewunderung seiner menschlichen Beobachter ist ihm sicher.[28]

Die Welt will betrogen sein,
darum sei sie betrogen.
Sebastian Franck, 1494

Die Gesellschaft der Lüge

Menschen wollen zuweilen belogen werden. Ganz selbstverständlich genießt man eine intelligente Schmeichelei. Man weiß: Es ist kaum die Wahrheit, die man hört. Und man ahnt: Der Schmeichler verfolgt einen eigennützigen Zweck mit seiner freundlichen Geste.

Aber auch in einer sehr gegensätzlichen Situation will man von der Wahrheit nicht viel wissen. Derjenige, der gegen uns im Spiel oder im Leben verloren hat, auch von ihm erwarten wir, dass er oder sie uns mit ihrem echten Ärger über die Niederlage verschont. Wir sähen es am liebsten, würden sich die Verlierer mit uns über unseren Sieg freuen. Sie sollen eine gute Miene zu einem bösen Spiel aufsetzen, sonst werden sie als schlechte oder unfaire Verlierer gebrandmarkt.

Wir sind selten wirklich spontan

Eigentlich sollte es uns nicht wundern, dass 90 Prozent dessen, was wir sagen, *nicht* vollkommen mit unserer unmittelbaren Stimmung oder unserem ersten Handlungsimpuls übereinstimmt. Wir kontrollieren unmerklich unsere Spontaneität, wir modulieren unseren Ärger. Wir stellen, obwohl wir wütend sind, eine ruhige Frage – wahrscheinlich mit der Faust in der Tasche. Wir lächeln, auch wenn uns zum Heulen zumute ist. Selten wollen wir unserer Umgebung ein ungeschminktes Bild unserer Stimmung vermitteln. Aus vielen Gründen werden negative Emotionen in der Regel nicht gern gesehen. Es wird schnell peinlich, wenn man hemmungslos seinen Gefühlen freien Lauf lässt. Wir treten nicht vor Wut gegen Wände, auch dann nicht, wenn wir den Impuls kaum zurückhalten können. Wir schlagen niemanden ins Gesicht, auch wenn es uns noch so sehr danach verlangt. Wir heulen nicht wie ein Schlosshund, wenn uns jemand öffentlich bloßstellt. Wir starren nicht minutenlang auf eine attraktive Person, auch wenn wir sie sehr anziehend finden.

Viele Menschen sind darüber hinaus wahre Meister im schnellen Stimmungsumschwung: Gerade noch streitet man mit seinem Partner, als ein Anruf unterbricht. Der Hörer wird abgenommen, und auf die Frage »Wie geht's?«, antwortet man ganz gelassen und wie ausgewechselt: »Ganz gut, danke.« Ein Telefongespräch über mehrere Minuten kann sich anschließen, in dem gelacht und gewitzelt wird. Und dennoch: Sobald der Hörer wieder aufliegt, fällt man mit unverminderter Verbissenheit in die kämpferische Stimmung zurück und setzt den Streit fort.

Eins ist sicher, Emotionen lassen sich nicht einfach abschalten. Wir schauspielern dem Zuhörer am Telefon eine

Stimmung vor, die ziemlich weit von den Gefühlen entfernt ist, die uns innerlich im Griff haben.

Wenn die Gäule durchgehen

In vielen Konfrontationen sind wir so aufgebracht, dass wir einem vernünftigen Argument, dem wir innerlich eigentlich voll zustimmen müssten, einfach nicht folgen können oder wollen, weil damit unserem Ärger der Boden entzogen würde. Aber wenn Emotionen hochkochen, dann fällt sozialverträgliches Lügen schwer, und wir schießen über das Ziel hinaus.

Ein Beispiel: Reinhard und Petra haben dem Nachbarn einen teuren Teller geliehen mit der ausdrücklichen Bitte, sehr gut darauf aufzupassen. Am nächsten Tag finden sie den zerbrochenen Teller vor ihrer Haustür. Er liegt auf einem Paket. Sie sind so wütend, dass sie den Nachbarn schnurstracks aufsuchen und zur Rede stellen. Er hätte doch besser achtgeben sollen und, und, und. Der Nachbar reagiert vollkommen schuldbewusst und sagt, es täte ihm schrecklich leid, aber seine Kinder hätten spätabends noch herumgetollt und wären in ihrem Übermut gegen den Tisch gestoßen, und der Teller sei heruntergeschlagen. Er gibt zu, dass er viel besser hätte aufpassen sollen. Reinhard und Petras Ärger wird durch diese Erklärungen aber nur noch mehr angestachelt. Seinen knappen Satz, er hätte dann gleich einen identischen neuen gekauft, der jetzt in dem Paket vor ihrer Tür läge, überhören sie. Damit könnte alles erledigt sein, aber die Wut kocht zu hoch. – Schließlich blaffen Reinhard und Petra noch, dass sie ihm nie wieder etwas leihen werden, weil er unzuverlässig sei. Verdutzt fragte er: »Was soll ich denn noch tun?«, und erntet ihre verdrießliche Antwort: »Wissen wir auch nicht!«

Natürlich schämt man sich nach einem solchen Theater und entschuldigt sich, aber die Szene selbst lässt sich nicht ungeschehen machen, denn der Ausraster geht auf die eigene Rechnung. In diesem Fall war es den beiden einfach nicht möglich, ihre Rage frühzeitig unter Kontrolle zu bringen. Das Temperament kann schon mal mit einem durchgehen.

Verständnis oder Kalkül

In der Regel geht es natürlich in die andere Richtung: Wir haben Verständnis für den Patzer eines anderen, obwohl er uns Probleme bereitet. Wir glätten die Wogen – selbst dann, wenn uns die Wut noch unter Spannung hält.

Unsere Psyche arbeitet ungeheuer differenziert: Sie spürt genau, wo wir ungestraft ausrasten können oder uns mit einer Überreaktion große Probleme einhandeln würden. Nicht die Größe der Wut entscheidet, ob wir ausrasten, sondern unsere Psyche schätzt ab, wann ein Ausraster vermutlich ohne ernste Folgen bleibt oder effektiv ist. Wir lachen über den dämlichen Witz eines Vorgesetzten auch dann noch, wenn wir ihn deplaziert finden. Viele lächeln selbst dann, wenn sie vor anderen vom Chef abgekanzelt werden.

Wer einen Fehler macht, versucht oft, ihn zu vertuschen. Für einen Fauxpas kann man sich entschuldigen, aber viel wahrscheinlicher ist, dass man versucht, ihn zu kaschieren: Wir haben einen kleingewachsenen Freund »Kleiner« genannt, es ist uns einfach so herausgerutscht, wir könnten uns auf die Zunge beißen, es tut uns leid. Würden wir uns jetzt großartig entschuldigen, würde alles noch schlimmer. Also werden wir versuchen, uns irgendwie herauszulavieren oder durch ein interessantes Gespräch abzulenken.

Vernünftige Strategie und doch Lüge

Fast nichts von dem, was wir in einem sozialen Umfeld aussprechen, ist ungefiltert. Soziale Interaktionen sind stets gefärbt. Unsere Gesellschaft hat Spielregeln festgelegt, in welcher Weise Ärger, Kritik, Forderungen, Erwartungen und Wünsche darzustellen sind oder welche Art von Witzen hingenommen werden und welche unter die Gürtellinie gehen und sehr vieles mehr. Das Regelwerk, dem wir in diesem Zusammenhang folgen, ist komplex. Es fordert Lügen:

Wenn ein Freund aus Unachtsamkeit ein teures Weinglas zerbricht, werden wir ihn selten unseren vollen Ärger spüren lassen.

Wir verkneifen uns einen Kommentar, wenn die vorgeblich »völlig emanzipierte« Ehefrau vergisst, dass sie eigentlich nur eins ist, nämlich »völlig abhängig« vom Geld ihres Mannes.

Chefs werden stets mit Glacéhandschuhen angefasst, auch von denen, die andere gelegentlich massiv angehen.

Haben wir einen Konflikt mit jemandem, wählen wir häufig die Einleitung: »*Ich habe ein Problem …*«, auch dann, wenn wir überzeugt sind, der andere mache das Problem. Viele Floskeln dienen der Abmilderung einer Kritik. Forderungen sollen – äußerlich – in Bitten verwandelt werden.

> Schwerwiegende Kritik wird verantwortlich nur innerhalb eines Vieraugengesprächs geäußert. Wer etwas anderes tut, will nicht nur kritisieren, sondern verletzen oder bloßstellen:
> Wer in einer großen Runde etwas ausspricht, das für den Angesprochenen peinlich sein könnte, auch wenn es ganz harmlos daherkommt, will keine sachliche Information vermitteln, er will den anderen schlecht dastehen lassen.

Der Kontext bestimmt die Botschaft

Kaum ein Satz, den wir hören, kann für sich allein genommen von der Intention her sicher eingeordnet werden. Der wörtlich gleiche Satz kann sehr verschiedene Bedeutungen beinhalten, es kommt auf viele Faktoren an. Man entschlüsselt Botschaften leichter, wenn man das *Vier Ohren Modell* von Schulz von Thun[1] anwendet. Wir können eine Aussage auf vier verschiedene Weisen »hören«, mit:

- dem *Sach*-Ohr
- dem *Beziehungs*-Ohr
- dem *Appell*-Ohr
- dem *Selbstoffenbarungs*-Ohr.

Wird der Satz »Ist es gestern wieder spät geworden?« an uns gerichtet, können wir die Botschaft unterschiedlich auffassen:

Hören wir allein mit dem Sachohr, dann achten wir nur auf die neutrale Frage, ob es spät war. Dann antworten wir: »Ja, fast drei Uhr nachts.«

Hören wir allein mit dem Beziehungsohr, dann achten wir auf den Beziehungsaspekt, die Haltung, die der Sprecher zu uns einnimmt – was sagt er über mich als Person, wir nehmen die Aussage persönlich und antworten: »Sag doch gleich, dass ich furchtbar aussehe.«

Hören wir allein mit dem Appellohr, dann glauben wir, der Sprecher fordere uns auf, etwas zu tun. Vielleicht klingt es wie der Vorschlag, einen Kaffee zu trinken, und wir erwidern: »Ja, ich nehme mir einen Kaffee, dann kann ich mich wahrscheinlich besser konzentrieren.«

Hören wir allein mit dem Selbstoffenbarungsohr, dann glauben wir, der Sprecher teilt etwas über »sein eigenes Befinden« mit. Wir glauben also zum Beispiel, Verärgerung herauszuhören, und reagieren unsererseits leicht mürrisch: »Welche Laus ist dir denn heute über die Leber gelaufen.«

Schauen wir das Beispiel noch konkreter an.

Mit einer äußerlich neutralen Frage: »Ist es gestern wieder spät geworden?«, können sehr unterschiedliche Intentionen verfolgt werden.

Stellt diese Frage die hämische Kollegin, und das vor versammelter Mannschaft, dann ist sie kaum daran interessiert zu erfahren, wie spät es war. Ihr geht es darum, unseren verschlafenen Zustand anzuprangern. Sie will uns auf die Palme treiben. Vielleicht gelingt es ihr sogar, und wir fauchen angestochen zurück: »Etwas mehr Make-up würde dir auch nicht schaden.«

Wir reagieren auf den versteckten Angriff. Wir spüren die Doppelbödigkeit der »Sorge«.

Fragt hingegen die beste Freundin genau das Gleiche, sind wir froh, endlich die ganze Geschichte erzählen zu können: »Du glaubst nicht, was gestern Abend los war.« Vieles beeinflusst unsere Reaktionen. Wir wählen aus, wie wir etwas ausdrücken wollen. Der soziale Kontext bestimmt weitgehend, wie wir uns äußern. So drücken wir selbst bei guten Freunden in ihrer Gegenwart Dinge anders aus als in ihrer Abwesenheit. Das ist ein nahezu universelles Muster: Wir modifizieren. Das heißt, wir lügen: Der Dicke wird zum Kräftigen; die große Dummheit zum verzeihlichen Irrtum; der große Fehler wird zum kleinen Missgeschick, das jedem hätte passieren können.

Trügerische Wunschbilder

»Die einen lügen gern, die anderen glauben gern.«

Nur was wir glauben *wollen,* lassen wir als »wahr« gelten. Zweifel werden im Keim erstickt: »Das will ich gar nicht wissen!« – darauf beharren wir. Wunschdenken ist eine weitverbreitete, aber dennoch ziemlich große Dummheit.

Wir fahren übermüdet Auto und reden uns ein, das offene Fenster würde die Gefahr einzuschlafen bannen.

Der Sohn wird im Supermarkt mit einer unbezahlten CD im Rucksack erwischt. Wir glauben, dass er von schlechten Freunden reingelegt wurde.

Die Tochter blubbert Unfreundliches über Ausländer. Wir verharmlosen: »Sie weiß gar nicht genau, was sie redet.«

»Lasst mir meine Illusionen!« müsste es eigentlich heißen. Wir wollen einfach nicht genau hinschauen. Und wir möchten glauben, dass dies nur im Kleinen passiert, aber das ist eine weitere Illusion. Ein ganzes Buch, das vorgeblich die Abenteuer einer mutigen Journalistin in Afrika schilderte, erwies sich als weitgehend fiktiv.[2] Ebenso die gefälschten Hitlertagebücher. Oder vorgebliche Dokumentarfilme zum Beispiel über Kinderarbeit für Ikea, Ku-Klux-Klan-Treffen in der Eifel oder über Jäger, die Hunde auf Katzen hetzen. Diese »Produkte« waren für die Redaktionen von Fernsehen und Zeitschriften eine zu große Versuchung. Für die Tagebücher und die konstruierten Dokumentarfilme sind die Täter zu mehrjährigen Haftstrafen verurteilt worden. Die Sensation vor Augen, »vergaßen« die zuständigen Redakteure in Zeitungen und Fernsehen ihre Sorgfaltspflicht. Für sie blieb eine Menge Häme und Spott übrig. Inwieweit sie ihrerseits den gesunden Menschenverstand bewusst ausgeschaltet haben, bleibt offen.

Eine gute Lüge war schon immer interessanter als eine langweilige Wahrheit.

»Eine gute Lüge war schon immer interessanter als eine langweilige Wahrheit. Problematisch wird es nur, wenn man das eine nicht mehr vom anderen unterscheiden kann«, schrieb der Kolumnist Alex Rühle in der *Süddeutschen Zeitung*.[3] Er kommentierte spöttisch die Zeitgenossen, die noch die dümmsten Lügen für bare Münze nahmen, allein weil sie in der Zeitung standen oder über sie im Radio oder Fernsehen berichtet wurde. Wer glaubt, dass er nur über Aprilscherze sprach, täuscht sich.

Nur noch lügen?

Der polnische Satiriker Wieslaw Brudzinski erklärte: »Die Lüge ist ein Double, das die Wahrheit in gefährlichen Situationen vertritt.« Wir stimmen ihm schmunzelnd zu und fragen: Sollte man die Lüge einfach als selbstverständlich akzeptieren? Selber immer lügen, wenn es einem passt? Von anderen stets annehmen, dass sie lügen? Die meisten halten diese Vorstellung intuitiv für problematisch, und man kann vorhersagen, dass diese Einstellung in ein ähnliches Chaos münden würde wie der Versuch, nur noch die absolute Wahrheit auszudrücken.

Die Lüge lässt sich mit einem Verdauungsbakterium vergleichen, das uns hilft, die gelegentlich schwere Kost des Lebens besser zu verdauen.[4] Würde das Bakterium in einem Körper das Regiment übernehmen, wäre es gefährlich. Dem gesamten Organismus drohte Schaden, möglicherweise wäre das Leben des Wirtskörpers sogar bedroht. Das Gleiche gilt für die Lüge.

Müssten wir mit einer großen Wahrscheinlichkeit damit rechnen, dass jeder Satz, den wir von einem anderen hören, etwas Falsches behauptet, dann wären wir genötigt, pausenlos davon auszugehen, auf eine Lüge zu treffen. Eine solche Realität schüfe ein Klima extremen Misstrauens. Jedes gesellschaftliche Zusammenleben wäre vergiftet. In diesem Fall hätte der Parasit die Herrschaft übernommen.

Wir stehen hier vor einer schizoiden gesellschaftlichen Situation. Wir wissen, dass viele Menschen gelegentlich lügen, dennoch behaupten wir apodiktisch: Wir und die, die wir kennen, sagen fast immer die Wahrheit. Wir glauben fest daran und igeln uns ein in dem vertrauensvollen Glauben, stets von der Wahrheit umgeben zu sein. Gezielt forschen, ob wir belogen werden, das tun wir selten. – Aus dem potentiell bedrohlichen »Bakterium« Lüge wird so ein mit uns in Symbiose lebender »Verdauungshelfer«. Er gibt uns eine Möglichkeit, soziale Konflikte zu meistern. Wir haben mit der Lüge unseren persönlichen Frieden geschlossen, weil sie uns dabei unterstützt, die gelegentlich schwere Kost des Lebens leichter zu verarbeiten. Und die Analogie setzt sich fort, denn auch dieser »Helfer« wirkt ebenso im Verborgenen wie ein Darmbakterium, und beide sorgen dafür, dass unmerklich aus Unverdaulichem Genießbares wird. Unausgesprochen wissen alle um den Nutzen mancher Unwahrheit, und mindestens genauso sicher wissen wir, dass diese Erkenntnis niemals laut herausposaunt werden darf.

Wir nehmen uns das Recht der kleinen Schummelei auch deshalb heraus, weil wir wissen, dass wir von anderen ebenfalls nicht immer reinen Wein eingeschenkt bekommen. Wir berühren hier eine Realität, die sich deutlich von anderen sozialen Gegebenheiten unterscheidet. Wir kennen zwar die Spielregeln, aber wir können unsere Ideen dazu nur selten wirklich offen mit jemandem austauschen. Unsere Fähigkeit

zu lügen, unsere Erfahrung, wie wir mit der Lüge umzugehen haben, wo wir sie einsetzen können, haben wir fast ausschließlich unterschwellig erworben. Wir waren dabei viel
stärker als bei allen anderen sozialen Lernprozessen auf unsere Intuition angewiesen. Wir haben sogar gelernt, manche
Lüge schnell wieder zu vergessen. Wie verzwickt das Spiel
eigentlich ist, sieht man auch daran, dass Wahrheit und
Lüge sich gegenseitig bedingen: Wir wüssten mit dem Wort
Wahrheit nichts anzufangen, gäbe es nicht den Gegenspieler
Lüge.

Es gibt viele Wahrheiten

Findest du mich schön?

Die Antwort auf diese Frage kann recht vielfältig sein. Fast immer gibt es mindestens ein Dutzend mögliche Antworten: Auf die Frage: »Sehe ich gut aus?« kann der angesprochene Ehemann erwidern: »Du siehst blendend aus!« Und er meint es genau so. – Aber er kann auch denken: »So ganz passt das, was sie anhat, nicht zusammen, aber bedenkt man, was sie sonst

Es ist wahrscheinlich besser, die richtige Wahrheit zu sagen als die ganze Wahrheit.

anzieht, ist diese Kombination ein echter Fortschritt.« Oder er sagt: »Vielleicht wäre ein etwas dezenterer Lippenstift noch passender für den Anlass.« Und denken könnte er: »Wenn ich noch mehr kritisiere, kriegt sie einen Wutanfall. Die Sachen sind nicht wirklich schick, aber der Lippenstift ist derart gruselig, das will ich mir nicht antun.«

David Nyberg, ein amerikanischer Autor, der sich intensiv mit der Lüge beschäftigt hat, beschreibt das Problem philosophisch feinsinnig: »Wir sollten versuchen, die richtige Wahrheit in der richtigen Dosierung zu sagen, um bei allen Beteiligten die beste Wirkung zu erzielen.« Und er fügt hinzu: »Es ist wahrscheinlich besser, die richtige Wahrheit zu sagen, als die ganze Wahrheit oder überhaupt keine Wahrheit.«[5] Nyberg stimmt uns mit dieser Beschreibung darauf ein, dass wir stets verschiedene Details oder Gesichtspunkte sehen und es uns leichtfallen sollte, den Aspekt zu kommunizieren, der unser Gegenüber nicht verletzt oder provoziert und dennoch unsere eigenen Interessen unterstützt.

Manchem mag sich allerdings die Frage aufdrängen: Reden wir hier wirklich noch über Wahrheit oder über die perfekteste Art einer liebevollen – und dennoch zielgerichteten – Täuschung?

Gibt es ein Recht auf Wahrheit?

»Ich lüge nur, wenn es sein muss!«, gestand uns ein 40-Jähriger auf die Frage, wie er es mit der Lüge halte. Er hätte keinen Spaß an der Lüge. Sie wäre für ihn lediglich ein notwendiges Übel. Welch grandioser Selbstbetrug.

Kann es wirklich ein »Muss« für eine Lüge geben? Nein!

Also ist die Antwort selbst schon eine herrlich gestrickte Verwirrung, die den Täter zum genötigten Opfer macht.

Stellt man aber die Forderungen der Wahrheitsfanatiker dagegen, sind deren Argumente noch abstruser, denn sie postulieren ein »Recht auf Wahrheit«.

Womit sollte ein solches Recht auf Wahrheit zu begründen sein? Und welchen Sinn sollte ein solches Recht ergeben? Wer würde es einhalten? Es wäre naiv zu glauben, man erführe, weil es möglicherweise ein Recht auf Wahrheit gebe, immer nur die Wahrheit.

Jeder muss für sich selbst herausfinden, was er glauben will. Sie können sich sogar dafür entscheiden, kleine oder große Lügen zu dulden und daraus keine Staatsaffäre zu machen: Sie erkennen eine Lüge, Sie nehmen sie hin und schweigen. Damit sind Sie selbst in eine Art Lüge verstrickt, weil Sie nicht mit dem Finger auf diese manipulierte Wahrheit deuten. – So leicht verfängt man sich in einer kleinen Unwahrheit. So leicht verlässt man den vermeintlichen Tugendpfad. Und das ist gut so.

Naturwissenschaft & Wahrheit

Die naturwissenschaftlich Interessierten wissen, dass es eine Wahrheit – im wissenschaftlichen Sinne – gar nicht gibt: Naturwissenschaftler entwerfen immer neue, immer komplexere Modelle, deren Ziel es ist, der Realität in möglichst vielen Aspekten nahezukommen. Solche Modelle sollen Vorhersagen ermöglichen, die dann durch Experimente geprüft werden können. Widersprechen diese Experimente dem Modell, so muss das Modell verändert werden. Auf diese Art versuchen Naturwissenschaftler, die Welt möglichst genau zu erfassen. Und deshalb gibt es für sie nur eine einzige »Wahrheit«: Ein exaktes Abbild unserer Realität wird es auch in tausend Jahren *nicht* geben.

Wissenschaftler, die erklärtermaßen Realität erkennen wollen, haben sich darauf geeinigt, dass nur die Wiederholbarkeit eines bestimmten Experiments das angestrebte Ziel sein kann. Interessanterweise kann sich nämlich die Interpretation der Ergebnisse im Laufe der Zeit drastisch verändern.

So werden fast jedes Jahr neue kleinste atomare Bestandteile postuliert, und erst später – oft sehr viel später – wird bewiesen, dass sie existieren. Aber wie sie zusammengesetzt sind, auf welche Weise sie genau miteinander interagieren, welche Kräfte sie zusammenhalten, davon wissen auch unsere fähigsten naturwissenschaftlichen Köpfe nur wenig. Und um die staunenden Laien vollkommen zu verwirren, noch eine kleine Bemerkung: Wir alle wissen, dass ein Atom einen Kern hat, um den auf Bahnen Elektronen kreisen. Wäre der Atomkern ein Tennisball und läge er in der Mitte eines Fußballstadions, dann kreisten die Elektronen vergleichsweise etwa auf den hintersten Rängen der Zuschauertribüne. Heute glauben wir, dass dazwischen nichts ist! Vielleicht erfahren wir in 20 oder 30 Jahren, dass sich Dutzende neuer Dinge innerhalb dieses bis heute leer geglaubten Raums tummeln. Wer weiß das schon?

Eigentlich sind die Naturwissenschaften mit ihren Modellen noch gut dran, denn für die Geisteswissenschaften wäre der Versuch, eine umfassende Theorie über die Menschen oder das Leben zu postulieren, geradezu lächerlich. Die Komplexität unseres Denkens oder unseres sozialen Gefüges lässt sich noch nicht einmal im Ansatz durch eine oder mehrere Formeln erfassen. Geisteswissenschaftler wählen deshalb sehr kleine Teilaspekte aus und versuchen dort Regelmäßigkeiten zu finden. Auch sie wissen, dass sie sich den Realitäten unserer sozialen Ordnung in ihrer Vielschichtigkeit nur sehr bedingt nähern können. Man glaubt, dass es einen Antrieb für unser Handeln gibt. Man glaubt, dass es biologische, genetische und sozial erworbene Motive gibt, die dem eigenen Tun zugrunde liegen. Aber warum ein Einzelner sich – in einem ganz konkreten Fall – entscheidet, sagen wir, nach Hiddensee an der Ostsee in den Urlaub zu fahren, das wird keiner vollkommen ergründen können, auch er selbst nicht – genauso wenig, wie wir die Kräfte, die ein Atom zusammenhalten, erfassen können.

Warum hast du das getan?

Dennoch interessiert uns brennend die Frage: »Warum hast du das getan?«, wenn wir von einem Freund gekränkt oder hintergangen worden sind. Wir wollen die Motive verstehen, zumindest kennen. Es würde manches erleichtern, wüssten wir, was ihn bewegt hat, uns zuzusetzen. Wüssten wir, was den verletzenden Satz ausgelöst hat, dann wäre er vielleicht weniger schmerzend. Wüssten wir, warum eine Entscheidung gegen uns zustande kam, könnten wir vielleicht leichter damit leben. Sind wir selbst derjenige, der einen Freund angefaucht hat, dann erkennen wir oft, dass es keinen handfesten Grund dafür gab. Wir hatten ein wenig schlechte Laune, irgendetwas hat uns nicht gepasst, vielleicht haben wir uns vernachlässigt gefühlt ... Eine plötzliche Laune. Wie sie zustande kam, darüber wissen wir nur wenig. Dennoch haben wir die Fassung verloren, den Freund angeraunzt. Die ernüchternde Erkenntnis bleibt: Wir wissen oft selbst nicht, was in einer konkreten Situation los war, was den kleinen Aussetzer anstieß. Also wird unser Wunsch, bei uns oder bei anderen die wahren Ursachen hinter solchen Irritationen zu erkennen, wohl ebenso unerfüllt bleiben.

Doch es gibt auch ein stabilisierendes Element. Die Beständigkeit von Beziehungen wird kaum durch Wahrheit, umso mehr aber durch Loyalität bestimmt. Das haben wir schon angesprochen. Die entscheidende Frage für eine Beziehung lautet: »Hältst du zu mir?«, oder in Liebesdingen: »Wirst du auch in schwierigen Zeiten zu mir stehen?« Auch darauf gibt es in der Regel nur selten klare, eindeutige und über längere Zeit stabile Aussagen. Aber Loyalität lässt sich besser prüfen als Wahrheit. Sie ist sichtbarer. Loyalität be-

schäftigt sich damit, was in *wichtigen* Situationen *geschieht,*
Motive sind hier eher Nebensache.

Loyalität beweist sich letztlich über eine längere Zeit-
spanne. Kurzfristige Irritationen werden weniger berücksichtigt, kleine Ausrutscher zählen höchstens in ihrer Summe über einen längeren Zeitraum.

Dieser Unterschied zwischen Loyalität und Wahrheit ist
auch deshalb wichtig, weil die Halbwertszeiten von Wahrheiten (in den obigen Fällen sind es genau genommen Stimmungen), wie wir wissen, kurz sind. Wir erleben es an uns
selbst: Wir streiten uns mit unserem Partner: »Ich bin total
sauer auf dich! Das kann ich dir nie verzeihen! Ich will
dich nie mehr sehen!« Es fliegen Fetzen. Doch wir ahnen
im gleichen Moment, dass schon in einer halben Stunde
der Ärger verraucht sein wird: »War doch alles halb so
schlimm!«

Haben wir also gelogen?
Welche Aussage stimmt? Oder stimmt keine? Oder hat
Wahrheit nur eine Gültigkeit von fünf Minuten oder Sekunden oder ist sie eine Frage des Blickwinkels, der Stimmung,
oder der Person, die mir gegenübersteht?

Vielleicht ist Ihnen diese Idee im Augenblick noch fremd,
aber genau so verhält es sich mit Wahrheit. Wir verwenden
Wahrheit synonym mit »Tatsache«, »Fakt«, »Realität«,
aber letztlich hat sie damit nur am Rande etwas zu tun.
Wahrheit ist etwas Flüchtiges, ist stimmungs- und motiva-
tionsabhängig. Und eins ist ganz sicher: *Eine einzige Wahrheit* gibt es nicht.

Wahrheit gleicht einem Vexierbild mit vielfachen Deutun-
gen. Sie hat unzählige Facetten, sie ist nicht zu fassen, selbst
wenn wir es noch so sehr wünschen. Was eben noch wahr

schien, stimmt im nächsten Augenblick schon nicht mehr. Verändern wir unseren Standpunkt, verändert sich mit dem Blickwinkel die Wahrheit fast unmerklich mit. Fast so, als würden wir durch eine Kurve fahren und der Mond, der eben noch rechts durch die Bäume schimmerte, ist plötzlich scheinbar über die Hügelkette auf die linke Seite gerutscht. Etwas orientierungslos haben wir unseren Blick schweifen lassen, und es dauert, bis wir ihn endlich auf der neuen Position finden.

Wir lügen automatisch

Wer die Lüge als unverzichtbaren Teil seines Lebens erkannt und akzeptiert hat, muss in der Lage sein, schnell das Risiko des Entdecktwerdens abzuschätzen. Wer sich beim Lügen zugeschaut hat, wird bemerkt haben, dass auch die Risikoabschätzung oft vorbewusst verläuft: Wir sprechen einen Satz aus, und erst dann erkennen wir, dass er nicht ganz der Wahrheit entspricht: Wir spüren gleichzeitig, wie gut die spontane Lüge in diesem Augenblick passt. Wir haben keine Sekunde über eine Lügenantwort nachdenken müssen, unser Unterbewusstsein war vorbereitet.

»Hast du deine Arbeit schon erledigt?«

»Teilweise!« In Wahrheit liegt der Stapel unberührt auf dem Tisch.

»Kannst du zu meiner Party kommen?« – »Mir sitzen ein paar Termine im Nacken, ich kann noch nichts versprechen!« Sie denkt nicht im Traum daran, auf diese Fete von Langweilern zu gehen.

Lügen fällt allein deshalb leicht, weil es zu jeder Wahrheit tausend Facetten gibt, die sich abwandeln oder verschieben lassen, so dass sie besser zu dem passen, was wir erreichen wollen. Sie wissen es schon, natürlich sollten wir besser

»Lügen« schreiben als »Facetten«, aber Facetten klingt so wunderbar harmlos.

Sozialwissenschaftler glauben sogar, dass die Lüge unsere Entwicklung positiv beeinflusst hat. »Das Wachstum des Gehirns in der Evolutionsgeschichte führen manche Experten auf den menschlichen Ehrgeiz zurück, immer besser lügen zu können und die Schwindeleien anderer wirksamer zu erkennen.«[6] – »Die Vergrößerung des Hirns ist demnach auf den evolutionären Druck zurückzuführen, immer raffinierter schwindeln zu müssen.«[7]

Wir sehen, was wir sehen wollen

Wir wählen von den Wahrheiten, die uns zugänglich sind, diejenigen aus, die uns gefallen. Wir sehen die Sonne im Urlaubsland, aber nicht die Ausbeutung der Angestellten. Wir freuen uns über die Ordnungsliebe eines Partners und übersehen seine Zwanghaftigkeit beim Putzen. Wir lernen jemanden kennen, sind begeistert von seiner Fröhlichkeit und »vergessen«, dass Alkohol erheblich zu seiner Ausgelassenheit beigetragen hat. Wir sind begeistert vom Wissen eines Erzählers, aber erkennen nicht, dass er keine andere Meinung duldet.

Auch zwei sehr ähnliche Lügen können sehr unterschiedlich beurteilt werden. Eine Lüge kann uns bei einem Menschen, den wir mögen, als liebenswerte Marotte erscheinen, während ein eher unangenehmer Zeitgenosse in unseren Augen sekundenschnell zu einem Betrüger mutiert, wenn er uns mit der gleichen Lüge konfrontiert.

Der sympathische Autoverkäufer, den wir schon länger kennen, tischte uns bei einem Gebrauchtwagen, dessen Motorgeräusche auf einen gravierenden Fehler hindeuteten, eine Schwindelei von einem zu hohem Ölstand auf. Wir blieben ihm wohlgesinnt, selbst nachdem wir uns erinnerten, dass wir Jahre zuvor erzürnt einen Autohof verlassen hatten, als uns wörtlich die gleichen billigen Ausflüchte von einem anderen Händler, den wir nicht mochten, »verkauft« werden sollten.

Warum blieb unser Wohlwollen bei dem sympathischen Autohändler bestehen? Das ist leicht zu erklären: Von einem Autoverkäufer erwarten wir nicht, die volle Wahrheit zu hören. Auch wenn wir ihn nett finden, sind wir auf kleine oder sogar größere Betrügereien eingestellt, sie stellen unsere grundsätzliche Haltung ihm gegenüber nicht in Frage. Aber wehe, wenn der Lügner keinen Kredit bei uns hat, dann bringt eine ähnliche Lüge das Fass sofort zum Überlaufen, wir sind sehr verärgert.

Wir haben uns auch vom sympathischen Händler nicht über den Tisch ziehen lassen. Das Auto mit den seltsamen Motorgeräuschen wurde nicht gekauft.

Wahrscheinlich gilt für viele Menschen:
Wenn man eigene Lügen akzeptiert und die Lügen anderer für wahrscheinlich ansieht, ändert sich unser Selbstverständnis. Wir sind weniger gutgläubig, weniger naiv harmonisch. Wir werden realistischer.
Die Bereitschaft und die Fähigkeit, mit der Lüge umzugehen, schafft Distanz. Es ist eine Ich-stärkende Abgrenzung.
Die Welt ändert sich nicht durch unsere Lügenerwartung, aber unsere Sicht auf die Welt. Wir werden selbstbewusster, weil wir mehr Wertungsprozesse unabhängiger von anderen vornehmen.

Wenn wir jemanden mögen und wenn wir sowieso höchstens halbe Wahrheiten erwarten, dann sind wir Lügen gegenüber meist tolerant.

Es ließe sich viel gewinnen, könnte man diese Logik auf alle Menschen, mit denen wir zu tun haben, übertragen: Wachsamkeit oder sogar kritische Distanz zu vielen Behauptungen und Kommentaren einhalten und dennoch unsere generelle Sympathie beibehalten, wenn eine Aussage sich als Lüge erweist.

Bei verschiedenen Berufsgruppen erwarten wir kaum, immer die Wahrheit zu hören. In einem Schulbuch fanden wir eine Aufstellung von Berufen, denen wir mehr und weniger vertrauen:

Wir misstrauen
• Politikern
• Gebrauchtwagenhändlern
• Immobilienmaklern
• Versicherungsvertretern

Und wir trauen
• Ärzten
• Apothekern
• Rechtsanwälten
• Meinungsforschern[8]

Wobei man berechtigte Zweifel auch an der Glaubwürdigkeit der »Vertrauenswürdigen« haben kann: Es gehört eindeutig nicht zu den ärztlichen Gepflogenheiten, Patienten immer die Wahrheit zu sagen. Apotheker verkaufen Medikamente, von denen sie wissen, dass sie nutzlos sind. Rechtsanwälte lügen für einen Mandanten. Meinungsforscher manipulieren auch schon mal eine Statistik.

Die meisten Menschen wissen, dass das der Fall ist, aber sie hoffen, dass diese Personen weniger Eigeninteressen verfolgen als andere.

Wir klammern uns an die Lüge
von der Macht der Wahrheit
und wollen die Wahrheit
von der Macht der Lüge
nicht einsehen.

Henryk M. Broder

Warum glaubt man Lügen?

Schauspieler sind keine Lügner. Sie können, selbst wenn sie im Privaten scheu und unsicher wirken, dennoch auf der Bühne als Helden überzeugen. Das haben wir schon angesprochen. Diese Form der Verstellung ist nicht nur erlaubt, sondern sogar erwünscht. Sie verlangt keine stabile Persönlichkeit, Echtheit oder innere Stärke. Jeder kennt für sich die Szene, in der er trotz eines deutlichen Stimmungstiefs für einen Moment in eine ganz andere Rolle schlüpft. Wir reißen uns zusammen und spielen zum Beispiel einem Gastgeber für eine kurze Zeit eine heile Welt vor. Wir wissen, dass wir in diesem Moment einen anderen täuschen – als Lügen würden wir es trotzdem kaum betrachten.

Dem im Privaten eher schüchternen Schauspieler reicht es aus zu wissen, wie die zu spielende Rolle angelegt ist, um sich in den anderen Charakter zu verwandeln. Er kann einen herrschsüchtigen Egoisten spielen, auch wenn er in seinem Alltag nichts davon aufweist. Er gibt erfolgreich vor, etwas zu sein, was er nicht ist. Das ist die halbe Definition für eine Lüge: etwas vorspielen, was man nicht ist.

Für eine tatsächliche Lüge muss die bewusste Absicht, jemanden hinters Licht zu führen, hinzukommen. Das verlangt mehr als reine Schauspielkunst, denn die Lüge muss sich ohne Brüche an die Realität anschmiegen. Bei einer spontanen Lüge bleibt keine Zeit für eine Probe. Filigrane und geschickte Lügen bedürfen einer gehörigen Portion Pfiffigkeit.

Magisches Denken

Menschen, die an magische Kräfte glauben, zum Beispiel daran, dass sich Tische durch übersinnliche Einflüsse bewegen, sind schwer davon zu überzeugen, dass sie betrogen werden. Die Gründe dafür sind vielfältig. Im Kern liegt es daran, dass solche Menschen den modernen Naturwissenschaften kaum trauen, zum Teil, weil sie wenig darüber wissen und davon verstehen. »Magisches Denken« kennen wir aber auch schon von kleinen Kindern. Sie erschaffen sich Erklärungen für Dinge, die sie nicht genau durchschauen, indem sie Ursachen konstruieren, die nicht existieren. So kann zum Beispiel selbst Elektrizität (Strom) für ein Kind leicht personalisiert werden. Sie kann vom Kind als Lebewesen gesehen werden, mit eigenen Gedanken und Absichten. »Der Strom hat mich gebissen.« Ähnlich dem Fünfjährigen, der gegen einen Stuhl stößt und erklärt: »Der Stuhl ist böse.« – Bei einem Gewitter »schimpft der Liebe Gott« oder beim Sonnenuntergang »geht die Sonne schlafen«. Kinder können auf solche Ideen kommen, auch ohne dass ein Erwachsener ihnen jemals eine solche Interpretation angeboten hat. Wir lächeln über diese kindliche Sicht und vergessen, dass unsere Vorfahren noch vor wenigen Jahrhunderten vergleichbare Erklärungen für Naturereignisse fanden und Naturvölker dies auch heute noch tun. Menschenopfer zur Besänftigung eines grollenden Berggeistes oder Hexenverbrennungen liegen nicht wirklich weit zurück. Religionen, wie sie überall auf der Welt praktiziert werden, könnten für einen Beobachter eines anderen Planeten sehr leicht als *magisches Denken* interpretiert werden. Wir vergessen oft, dass die umfassenden naturwissenschaftlichen Erklärungen, die uns selbstverständlich erscheinen, ein Produkt der Neuzeit sind und noch keine hundert Jahre alt. Eigentlich sollte es uns wundern, wie viele Menschen ganz selbstverständlich naturwissenschaftliche Erklärungen akzeptieren, bei denen sie die Details ebenso wenig verstehen wie die Menschen vor zweihundert Jahren.

Doch zurück zu den Tischen, die sich unter magischem Einfluss »bewegen«. Überrascht hat uns ein Experiment, das versucht hat, den Spieß umzudrehen: Ein Experimentator wollte herausfinden, ob man Versuchsteilnehmern einreden kann, ein Tisch würde sich *nicht* bewegen, obwohl der Tisch tatsächlich bewegt wurde. Das Ergebnis war eindeutig. Menschen, die an Übersinnliches glauben, ließen sich suggerieren, ein Tisch, an dem sie sitzen, würde vollkommen still stehen, obwohl der Tisch in Wirklichkeit bewegt wurde.[9] Der spiritistische Aberglaube befriedigt unseren Wunsch nach kleinen, schauerlichen Sensationen. Er erlaubt kleine Fluchten aus einem vielleicht tristen Alltag. Er bedient unsere Phantasie, dass schicksalhafte Kräfte unser Leben beeinflussen und wir diese, in begrenztem Maß, auch zu unserem Nutzen wenden könnten.

Es mag uns nicht besonders gefallen, aber Menschen sind empfänglich für Suggestionen. Auch wenn sie nicht spiritistisch veranlagt sind, können sie sich dennoch den Manipulationen in Politik, Werbung und Medien nicht wirklich entziehen. Wir glauben, weil wir glauben wollen.

Heile Welt?

Wie kommt es, dass wir wider besseres Wissen gutgläubig und wenig misstrauisch sind?

Generell glauben wir Lügen, weil wir eine harmonische Welt wollen. Werden wir angelächelt, reagieren wir meist spontan mit dem Impuls, unsererseits ein freundliches Gesicht zu zeigen. Wenn wir im Kino oder Fernsehen Menschen sehen, die sich anlächeln, tun wir unwillkürlich das Gleiche. Wir können dieser Reaktion kaum entkommen. Drehen Sie sich einmal in einem Kino um, wenn sich gerade eine Szene abspielt, in der zwei Menschen sich herzlich anstrahlen. So viele strahlende Gesichter wie in diesem Moment im Publikum sieht man selten auf einmal. Auch das Gegenteil funktioniert: Sehen wir einen traurigen Menschen, ob im Film oder in der Realität, fühlen wir uns für einen Moment auch ein wenig bedrückt. Das gilt besonders für die Begegnung mit Kindern oder bei Erwachsenen, die uns nahestehen.

Wir glauben, weil wir glauben wollen.

Wir suchen Harmonie und Gleichklang. Wir sind auf soziale Netze angewiesen, schon seit Millionen Jahren. Die Natur hat Kooperation und Freundlichkeit als Bindemittel unserer Spezies entstehen lassen. Diesem genetischen Programm können wir uns nicht entziehen. Das lässt uns wohlwollend oder ein wenig unkritisch mit den Mitmenschen umgehen, mit denen wir verbunden sind. Gelegentliche Streitereien oder auch Trennungen widersprechen diesem

Modell nicht. Wenn wir einem anderen glauben, ist das auch immer eine Entscheidung für eine Beziehung. Zeige ich einem Freund oder Partner, dass ich ihm glaube, dann zeige ich mein Vertrauen und stärke die Bindung. Zweifel an einem Menschen, mit dem wir in Beziehung stehen, führen fast immer zu einer gewissen Abkühlung der Verbindung. Also vermeiden wir in unseren sozialen Bezugsgruppen ernsthafte Konflikte, zumindest solange wir Teil dieser Gruppe sein wollen. Wir fühlen uns wohl in dem Glauben, wir seien in einer brüderlichen Welt geborgen, und können dennoch fast im gleichen Moment listig die Chance einer Unwahrheit nutzen.

Je fremder uns jemand ist, desto leichter fällt es, ihn zu betrügen. Die meisten Menschen kennen jemanden, der schon mal seine Hausratversicherung oder Autoversicherung über die wirklichen Zusammenhänge eines Schadensfalls »im Unklaren gelassen hat«. So rief uns neulich eine Bekannte an: »Ihr bekommt demnächst einen Scheck für mich über einen zerbrochenen Regenschirm. Ich hab meiner Versicherung gemeldet, dass euer Schirm mir in die Kofferklappe vom Auto gerutscht und dabei kaputtgegangen ist.« Nur: Es war ihr eigener Schirm, den sie demoliert hatte. Ungefragt werden wir Teil eines Betrugs.

Viele, die zu solchen Tricks greifen, haben das Gefühl dafür verloren, dass sie etwas Unrechtes tun. Es kann leicht geschehen, dass sie laut wettern, wenn eine Versicherung nicht sofort in eine großzügige Schadensregulierung einwilligt. »Das ist eine große Gemeinheit«, erklärte uns die gleiche Bekannte erbost, als die Versicherung sie auf ihre hohe Schadenszahl hinwies und ausführlichere Erklärungen verlangte.

Kesse Lügen

Lerne zu leiden, ohne zu klagen?

Christlich erzogen, wird man früh mit einem zentralen Leitsatz vertraut gemacht: »Lerne zu leiden, ohne zu klagen.«

Für viele Kritiker war diese Forderung ein Beweis, dass Religion einen schicksalsgläubigen Charakter fördert. Deshalb erscheint uns die provokante Abwandlung: »Lerne zu klagen, ohne zu leiden« letztlich nützlicher. Mit dieser ketzerischen Variante erlangt man manchen Vorteil, denn es wird einem unverdientes Mitleid zuteil. Es gibt viele Möglichkeiten, diesen Leitsatz anzuwenden: »Ich habe heute so viel gearbeitet.« – »Tagelang konnte ich nicht schlafen.« – »Meine Migräne hat mich ans Bett gefesselt.« Es gibt eine Menge Klagen, denen kein wirkliches Leid zugrunde liegt, die aber trotzdem auf Wohlwollen und Verständnis rechnen dürfen. Warum sollte man sich nicht gelegentlich Streicheleinheiten über diese Schiene sichern? Es ist viel einfacher und unverfänglicher, als zu sagen: »Zeig mir doch bitte, dass du mich magst.«

Gewitzte Lügen

Ein Künstler der Verstellung ist der Breitmaulfrosch. Auf die Behauptung, alle Tiere mit breiten Mäulern würden bald gefressen, erwidert der Breitmaulfrosch mit gespitzten Lippen und großes Mitgefühl vortäuschend: »Dü armen Krokodüle!« Pfiffig lenkt er davon ab, dass er selbst betroffen ist.

Im Lokal keift jemand: »Hier ist der Gebrauch von Handys verboten!« Antwort: »Ich telefoniere doch bloß!« Natürlich ist dem Sprecher klar, dass seine Antwort unsinnig ist, aber auf eine unsinnige Aussage lässt sich sehr viel schwieriger sinnvoll antworten. Man nimmt also dem aufgeregten Kritiker den Wind aus den Segeln, kann weitertelefonieren und gewinnt Zeit, in der man sich nicht mit einem zeternden Mitmenschen auseinandersetzen muss.

Im Freibad schwimmt eine sportliche ältere Dame mit Flossen. Obwohl sie niemanden stört, fordert der Bademeister sie auf, die Flossen abzulegen. »Ich bin gleich fertig!«, antwortet sie ihm und schwimmt gemütlich weiter ihre Bahnen. Sie hebelt seine Forderung aus, indem sie zum Schein darauf eingeht, denn der Bademeister könnte ihre Antwort leicht für ein »Ja« halten. Faktisch aber ignoriert sie seine Aufforderung völlig. Mit ihrem Handeln sagt sie deutlich »Nein«. Aber es dauert einige Zeit, bis der Bademeister überhaupt begreift, was sie mit ihm gemacht hat.

In beiden Fällen tut der gewitzte Akteur so, als hätte er die Aufforderung verstanden und akzeptiert. Er gibt aber eine paradoxe, nur auf den ersten Blick ehrliche Antwort, *ohne* wirklich auf die Bemerkung des anderen einzugehen, denn seine Handlung signalisiert: »Du kannst reden, was du willst, ich tue, was mir passt!« – Wie konfliktträchtig wäre eine solche Aussage, wie viel unerfreulicher die Reaktion darauf. Anstatt fortsetzen zu können, was man tut, wäre man durch eine unerfreuliche Diskussion abgelenkt, weder an Telefonieren noch an Schwimmen wäre zu denken.

Der Spaß hört auf, wenn die Lügen dreist werden und in Betrug münden. Klaus täuscht seit Jahren extreme Schmerzen vor. Das geht so weit, dass er angeblich nicht mehr laufen kann und weitgehend an den Rollstuhl gefesselt ist. Er bezieht sogar Pflegegeld. In Wirklichkeit baut er intensiv an seinem Eigenheim. Das sind Lügen, die nicht tolerabel sind, das ist kriminell.

Eine Lüge, die Gutes bewirkt,
ist besser als eine Wahrheit,
die Unglück bringt.

Persisches Sprichwort

Lügen für Anfänger

Haben wir eine Lüge aufgedeckt, spotten wir: Lügen haben kurze Beine. Kinder wollen wir überzeugen, es lohne sich nicht zu lügen, denn über kurz oder lang käme doch alles ans Tageslicht. Was wir ihnen verheimlichen: Eine kluge Lüge unterscheidet sich von einer dummen genau an dieser Stelle. Gute Lügen bleiben unerkannt.

Zum guten Lügen gehört allerdings eine gehörige Portion schauspielerisches Talent. Von dem die meisten zum Glück mehr besitzen, als sie glauben. Denn selbst die besonders gut ausgeklügelte Lüge läuft ins Leere, wenn sie nicht überzeugend dargeboten wird.

Freunde zu belügen ist nichts für Anfänger, weil es anspruchsvoll ist – Freunde kennen uns zu gut! Aber die aufdringliche Bekannte und die neugierige Nachbarin sind als Sparringspartner für Anfänger zu empfehlen.

Und warum nicht gelegentlich auch die (alten) Eltern oder die liebe Tante beschummeln, wenn man sie beruhigen kann oder aufheitern? Wenn es darum geht, den idiotischen Chef, den nervigen Vertreter oder einen unverschämten Kunden hinters Licht zu führen, kennen wir sowieso wenig Skrupel.

Die einfachste Stufe für »Korrekturen« im Berufsleben

sind die Beschreibungen der eigenen Leistungen und der Leistungen anderer.

Eine eigene Arbeit sollte man immer zwei Stufen besser beschreiben, als man sie selbst einschätzt. Aus Gut wird Sehr gut mit Stern, aus einem Ausreichend ein Gut, aus einem Ungenügend ein Ausreichend.

Der eigene Anteil an einem gemeinsamen Erfolg wird selbstverständlich immer höher angesetzt: Waren Sie in einem Team, beschreiben Sie deutlich Ihren persönlichen »maßgeblichen« Beitrag.

Danach zeigen Sie Teamgeist und loben viele andere Beteiligte. Je mehr, umso besser, denn dann gibt es neben Ihrem keinen wirklich wichtigen Beitrag mehr.

Aber: Übertreiben Sie nicht. Wenn Sie auch noch die Reinigungskräfte in den Himmel heben, sind Sie über das Ziel hinausgeschossen.

Bei Fehlern, an denen Sie eine Beteiligung kaum wegdiskutieren können, zeigen Sie auf die Anteile, für die Sie definitiv kein Verschulden treffen kann: vorbereitende Arbeiten anderer, mangelhafte Vorprodukte, schlechte Recherche durch Dritte, ungünstige Arbeitsbedingungen.

Das Ziel ist, eigene Fehler kleinzureden und Gelungenes zu betonen. Vorsicht: nicht die Mitmenschen schlechtmachen, sondern die Leistungen, Ausführungen oder die Ware. Andere in die Pfanne zu hauen ist schlechter Stil und schafft Feinde.

Wichtig: Sind Sie noch unerfahren im bewussten Schwindeln, dann werden Sie wahrscheinlich Gewissensbisse haben. Fangen Sie klein an: Je später eine Behauptung geprüft werden kann oder je schwieriger eine Prüfung ist, desto wirksamer sind Abwälzstrategien. Nach einem Monat ist fast nichts mehr ganz genau zu überprüfen. Es ist wie im amerikanischen Recht: Wenn es einen begründeten Zweifel an der Schuld des Angeklagten gibt, kann niemand verurteilt werden. Man ist aus dem Schneider. Mit dem schlechten Beigeschmack kann man zurechtkommen.

Ablenken

Arbeiten Sie nach der Torero-Methode: Reizen Sie den Stier mit einem Scheinobjekt, und lenken Sie so geschickt von Ihrem Anteil ab. Es ist unglaublich, wie oft »fehlerhafte« Berichte, Vorprodukte, Bauteile, Werkzeuge, Informationen aller Art kompensiert werden müssen und wie einfach sie als perfekte Ablenkung einzusetzen sind. Auch Ihr Chef hat Vorurteile, meist gegenüber anderen Abteilungen, diese sind besonders geeignet, als rotes Tuch herzuhalten. Der Stier wird toben und auf das rote Tuch lospreschen, aber nicht auf den Torero.

Offensichtliche Fehler müssen Sie zugeben. Aber dann können Sie eine Erklärung zaubern, die Ihren Anteil schmälert. »Alle falsch montierten Schrauben waren fettig und im Gewinde schlecht geschnitten.« – »Viele Informationen waren äußerst ungenau!« – »Wir hatten keine Gelegenheit mehr, die Sache zu prüfen.« – »Der Zeitdruck war einfach zu groß, die Termine zu knapp gesetzt.«

Wenn Sie allerdings jeden Tag eine Ausrede offerieren, werden diese Strategien bald abgegriffen sein. Lügen retten Sie nicht aus jeder Lage. Als letzter Ausweg bleibt noch die Möglichkeit, offen und ehrlich die eigene Schuld zu bekennen und Reue und Besserung zu geloben. Das allerdings ist dann wirklich das letzte Rückzugsfeld.

Wer nie Erfolge vorweisen kann, dem glaubt man bald die ausgefuchstesten Lügen nicht mehr. Das alte Prinzip gilt hier besonders: Nur wenn wir selten und gut lügen, können wir einen Gewinn daraus ziehen.

Unser Ruf als honoriger Zeitgenosse darf keine ernsten Risse bekommen.

Nur wenn wir selten und gut lügen, können wir einen Gewinn daraus ziehen.

Den besten Rat für Mitarbeiter, den wir je gelesen haben, gab ein amerikanischer Topmanager: »Streben Sie nicht nach Perfektion, streben Sie danach, Ihren Vorgesetzten zu verzaubern.«[10]

Papier ist geduldig

Noten, Zeugnisse und Diplome sind nicht immer so ehrlich erworben, wie man glaubt.

Das Internet eröffnet Schülern große Möglichkeiten. Die Internetseite www.hausarbeiten.de (und andere) bietet Gelegenheit, Hausarbeiten vollständig oder teilweise zu kopieren, ohne selbst große Energie in ein Thema zu investieren. Aber auch die Seite mit dem Namen www.diplomarbeiten.de hat regen Zulauf. Die Informationen darüber, was schon an Arbeiten geschrieben wurde, ist natürlich nicht die einzige Intention, sich solcher Websites zu bedienen. Der Glaube, Diplomarbeiten würden heute immer selbst verfasst, ist eine Illusion.

Doktortitel haben in der Wirtschaft kaum an Attraktivität verloren. Leider kostet die Erstellung der zugehörigen schriftlichen Arbeit sehr viel Zeit, im Mittel zwei bis fünf Jahre. Es gibt Ausnahmen. Mediziner zum Beispiel erwerben den Doktortitel oft mit einer Arbeit, die bei anderen Studiengängen höchstens als eine Diplomarbeit eingestuft würde.

Bei anderen Akademikern werden die gelegentlich leichter zu erwerbenden Doktortitel ausländischer Universitäten immer beliebter. Auf dem Namensschild oder dem Briefkopf kann niemand den Unterschied erkennen – auch wenn es seit kurzem ein Gesetz gibt, das vorschreibt, dass bei einer ausländischen Universität erworbene Titel teilweise deklariert werden müssen.

Ein Jurist kann auch eine ganz andere wissenschaftliche Arbeit geschrieben haben, nicht unbedingt eine juristische Facharbeit, der »Dr.« vor dem Namen muss nicht zwangsläufig ein »Dr. jur.«, ein Doktor der Rechtswissenschaften, sein. Und das gilt nicht nur für Juristen.

Aber man kann auch auf ganz andere Art für seine Reputation sorgen. Eine Schriftstellerin erdichtete sich eine schwierige Jugend, weil das besser ins Klischee passte. Und eine andere traf ihren Geliebten, für den sie Mann und Kind verließ, angeblich in einer Kapelle in den Bergen. Auch wenn sie ihn auf einer Schiffsreise kennengelernt hat und alles etwas weniger poetisch abgelaufen ist. Hauptsache, das Image stimmt.

Angeber

Sich selbst ins rechte Licht zu rücken ist ein nachvollziehbarer Wunsch, aber: Angeben ist eine schlechte und darüber hinaus ungeschickte Form der Lüge. Die Neigung zur Übertreibung ist erkennbar, und sie lässt die Reputation in Sekunden verlöschen. Beim Hochstapeln spielt oft ein Minderwertigkeitskomplex mit, und das Augenmaß geht verloren – das merkt die Außenwelt.

So berichtet ein Werkstoffingenieur: »Ich arbeite für Audi und Mercedes.« In Wirklichkeit ist er in einer kleinen Firma angestellt, die schon einmal für diese Unternehmen gearbeitet hat. Bei einer Nachfrage käme der Prahler ins Stolpern.

Manchmal entwickeln sich die Dinge so schnell, dass sie uns erstaunen. Eine angesehene Wirtschaftszeitung berichtet über eine »Flunker-Agentur«, die falsche SMS, fingierte Hotelrechnungen oder sogar falsche Einladungen zu Kongressen verschickt. »Wir organisieren Lügen im großen Stil«, sagt der Besitzer der Agentur.[11] Auch hier kann die Absicht, etwas Bedeutsames vortäuschen zu wollen, der Grund sein, solche Dienste in Anspruch zu nehmen. Aber das Ziel kann auch sehr konkret sein: Man will sich heimlich mit einem neuen potentiellen Geschäftspartner treffen, aber dieser Kontakt darf zu diesem Zeitpunkt noch nicht bekannt werden. Oder ganz profan: Die Ehefrau wird mit einem Ablenkmannöver in Sicherheit gewogen, um mit der Geliebten einen Kurzurlaub zu haben.

Für die kleinen Angeber-Lügen, wenn man zum Beispiel einen teuren Urlaub vortäuschen möchte, den man erträumt, sich aber im Moment leider nicht leisten kann, hilft eine andere Internetagentur.[12] Sie verschickt echte Postkarten aus jedem gewünschten Land der Erde. Der Auftraggeber hat sie zu Hause geschrieben. Als Schmankerl obendrauf gibt es

Wetterberichte und spezifische Landesinformationen gratis dazu. Dieser Flunker-Postkarten-Service ist nicht ganz billig, aber deutlich günstiger als eine wirkliche Reise.

Gute Lügen sind halbe Wahrheiten

Gute Lügen müssen klein und gut eingepasst sein. Das darf man nie aus den Augen verlieren. Sie müssen in der Nähe der Wahrheit angesiedelt sein und auf jeden Fall in der Nähe des Möglichen.

Sie wollen einen anderen für sich einnehmen oder ein gutes Gesprächsklima schaffen? Was tun?

Sie könnten über eigene Heldentaten berichten. Oder Sie könnten die Taten oder Aussagen des Gegenübers über den grünen Klee loben oder selbst etwas, das Sie für dumm halten, könnten Sie noch vorgeblich bewundern.
Aber das wären schlechte Strategien!

Eine wesentlich effizientere Vorgehensweise ist der Einsatz halber Lügen über das, was der andere gesagt oder getan hat.

- Wertschätzen Sie auch Dinge, die Sie sonst als mittelmäßig beschreiben würden.
- Würdigen Sie auch das, was sie neutral beurteilen.
- Was Sie schlecht finden, nennen Sie neutral.
- Was Sie besonders schlecht finden, bewerten Sie vorsichtig kritisch.
- Angesichts von absolutem Quatsch stellen Sie fest, dass Sie dazu wenig sagen können.

Das Prinzip kennen Sie schon, die Wertung darf immer nur um eine, höchstens zwei Stufen verschoben werden, damit es glaubwürdig bleibt.

Lügen Sie so wenig wie möglich. Nur so kann man die Gefahr von Enttarnung klein halten. Wer einmal das Etikett »Aufschneider« oder »Schmeichler« trägt, wird es so schnell nicht wieder los.
Eine gute Lüge hat nur einen kleinen Abstand zur Realität. Sie muss in alles andere, was mit ihr in Verbindung steht, integrierbar sein, und sie muss überzeugend vorgetragen werden.

Auch eine gute Vorwärtsverteidigung verlangt eine ähnliche Umsicht: Jemand hat vielleicht eine Beschwerde gegen uns vorzubringen, oder wir wissen sogar, dass sie kommen wird. Also sollte man im Vorfeld einen möglichen Kritiker desavouieren, seine Kritik kann dann immer als eine Gegenreaktion beschrieben werden. Dies muss aber mit Fingerspitzengefühl geschehen, sonst geht der Schuss nach hinten los.

Cool bleiben
Bedenken Sie bei allen Lügen, die Sie einsetzen, folgende paradoxe Konstellation: Es gibt keinen gesicherten Zusammenhang zwischen Lügen und bestimmten Körperhaltungen oder Bewegungen. Dennoch glaubt eine große Mehrheit daran, dass Lügner zappeln, die Arme vor der Brust kreuzen, fahrig sind, Augenkontakt vermeiden oder besonders blumig erzählen. Nichts davon hat sich bisher wissenschaftlich beweisen lassen, und es wird auch so bleiben. Dennoch muss der gewiefte Lügner genau diese Merkmale vermeiden, denn wenn viele glauben, dass dies Anzeichen von Lügen sind, werden sie entsprechend interpretiert. Der clevere Lügner darf sie deshalb nicht zeigen. Andererseits gibt es Hinweise darauf, dass eine zu starre Haltung Unbehagen ausdrückt, und auch daraus könnte man auf eine Lüge

schließen. Der gute Lügner findet am besten einen Weg, nicht zu viel zu zappeln, aber dennoch seine Aussagen durch eine ausdrucksstarke Körpersprache zu unterstreichen.

Selbst Verhörspezialisten haben Vorurteile, die nicht stichhaltig sind. Eine Verhörregel lautet: »Wer nach links oben schaut, lügt wahrscheinlich.« Diesen Zusammenhang konnten Lügenforscher nicht bestätigen.[13] Aber das wird diese Überzeugung kaum ausmerzen.

Es ist deshalb ratsam, unser kleines Lügen-Einmaleins im Blick zu haben.

Das Lügen-Einmaleins

- Keine langen Pausen oder gar »Ähm« vor einer Antwort. Das sind echte Anzeichen von Lügen.
- Nicht in eine Ecke nach oben starren. Viele halten dies für einen Hinweis auf eine Lüge.
- Nicht herumfummeln. Alle glauben, ein schlechtes Gewissen mache unruhig.
- Aber auch nicht erstarren. Das wäre ein Hinweis auf Unbehagen, es ist kein Beweis für eine Lüge – aber es könnte so interpretiert werden.
- Augenkontakt halten. Alle glauben, wer anderen in die Augen sieht, kann nicht lügen. Trotzdem: nicht in die Augen des anderen *starren*.
- Gerade sitzen, aber nicht verkrampft: Stolze Menschen lügen nicht.
- Arme nicht vor der Brust kreuzen, das verstehen viele Menschen als Abwehr.
- Nur Wesentliches sagen. Ausschweifendes halten andere für phantasiert.

- Besonders wichtig: Ausuferndes und Schmallippiges vermeiden. Der Wechsel zwischen detailreich und detailarm ist ein Indiz, dass der detailarme Abschnitt erdichtet ist.
- Gefühle zeigen, von sich reden. Dann glauben Menschen uns schneller.
- Wenn Nervosität die Lügen zu enttarnen droht, mit einem anderen Gefühl kaschieren.
- Eine vertrauensvolle Atmosphäre herstellen. Sich dem Gesprächspartner zuwenden. Seine Körperhaltung dezent spiegeln.

Standardnöte im Job

Hier noch einige Tipps für die klassischen Situationen im Arbeitsalltag, die eine Lüge erfordern:

Zu spät gekommen?
Nur Ausreden einsetzen, die schlecht überprüft werden können. Haben Sie angeblich in einem Stau gesteckt, den sonst keiner bemerkt hat, sehen Sie ziemlich alt aus. Lieber die Waschmaschine überlaufen oder das Kind krank sein lassen. Sich selbst aussperren ist elegant. Oder: Der Hund hat sich beim Gassi-Gehen losgerissen. Oder noch dramatischer: Er hat sich mit einem anderen Hund schwer in der Wolle gehabt, und Sie mussten mit ihm zum Tierarzt.

Früher gehen?
Der Arzttermin, den Sie nur nach zähem Ringen bekommen haben, ist als Ausrede ziemlich gut. Elegant ist die Lüge, man könne zu Hause besser arbeiten: Wenn Sie einen Stapel Akten mitnehmen und etwas gestresst meckern:

»Hier kann ich nicht mehr konzentriert arbeiten!«, dann sind Sie auf hohem Niveau.

Nervosität verstecken?
Anspannung zu leugnen ist unnötig. Besser: Nervosität zugeben und damit kokettieren.
»Vor so wichtigen Leuten ...« – »Bei einem so spannenden Thema ...« – »Eine so ehrenvolle Aufgabe ...« – hier darf man immer etwas nervös sein und das spielerisch ansprechen. So wird die Nervosität sogar eher verschwinden. Fröhlich mit der Anspannung umzugehen ist ein wesentlich besseres Ziel, als sie zu verstecken, was sowieso selten gelingt.

Kleine Rache für Anfänger

Für Außenstehende sind Lügen öfter erheiternd, so auch die folgenden Geschichten. Der geschiedene Ehemann hatte stets einen Hang zum Sarkasmus. Bissige Kommentare waren sein Markenzeichen, und so hatte er sich beim Scheidungstermin mit dem Kommentar verabschiedet: Wenn seine Ex in Zukunft mal wieder Lust auf guten Sex hätte, stände er dafür gerne zur Verfügung. Die geschiedene Ehefrau war deutlich getroffen: »Für das eine bin ich ihm noch gut genug!«

Nach einiger Zeit waren ihr Schmerz und die Trauer gemildert, und sie sann über eine elegante Rache nach.

So rief sie ihren Ex-Mann ein Jahr nach der Trennung an. Sie hätte es sich überlegt, sie nähme sein Angebot an, er möge sie aus ihrem sexfreien Zustand befreien. Sie verabredete sich ganz ernsthaft mit ihm zu einem Date. Seine freudige Zusage am Telefon: »Sex mit der Ex, das hat einen besonderen Reiz«, hatte allerdings nur kurze Gültigkeit. Eine gewisse Nervosität erfasste ihn, weil er ihr nicht traute. Er befürchtete, irgendwie reingelegt zu werden. Er machte sich ziemlich viele Gedanken, wie er verhindern könne, als Samenspender und Zahlvater missbraucht zu werden. Auf die Idee, das Ansinnen abzulehnen, kam er nicht. Stattdessen verlangte er einen Vertrag, um Alimentenforderungen auszuschließen. Zur eigentlichen Verabredung kam er angespannt. Allerdings grundlos, denn er bekam nur ihre hämische Absage zu hören: »Wenn du ernstlich glaubst, ich hätte dich nochmals erhört, dann irrst du dich gewaltig.«

Verlassene haben häufig Rachegelüste. Amüsant fanden wir auch diese Geschichte: Grit hat Peter verlassen. Sie ist gerade bei ihrem Neuen eingezogen. Peter zeigte sich äußerlich sehr gefasst. »Ich kann damit umgehen. Man kann niemanden ewig an sich binden.« Aber in Gesprächen, die er mit den Freunden seiner Ex führte, ließ er raffiniert durchblicken: »Es geht uns jetzt deutlich besser als zuvor.« Nur bei zwei oder drei Bekannten schwärmte er verstohlen: »Es ist absurd, aber es ist ein wildes Gefühl, plötzlich der heimliche Geliebte von Grit zu sein.«

Diese frei erfundene »wiederbelebte« Liaison brachte Grit in erhebliche Nöte mit ihrem neuen Freund.

Auch die folgende Revanche am Verflossenen fanden wir erfrischend: Der Familienvater konnte Hunde nicht leiden, aber dennoch hatte er sich unsterblich in eine Hundebesitzerin verliebt und verließ für diese seine Frau. Er war äußerst irritiert, als seine Ex und die fast erwachsenen Töchter ihm vorspielten, in seiner Nähe würde es seltsam riechen, »irgendwie nach Hund«. Das war eine Vorstellung, die ihm äußerst unbehaglich war. Vor allem, weil er selbst es (natürlich) nicht wahrnehmen konnte und sehr besorgt war, anderen könnte dieser Geruch in seiner Nähe ebenfalls auffallen.

Eltern und Kinder lügen

Ein Haar trennt die Wahrheit von der Lüge, sagt ein persisches Sprichwort. Die besten Lügner sind diejenigen, die selbst an das glauben, was sie erfunden haben. Das klingt paradox, trifft aber den Kern. Wir sind dann besonders effektiv mit einer Lüge, wenn sie uns als nur ein kleines bisschen von der Wahrheit entfernt erscheint. Es ist eine Kunst, sich selbst so einzustimmen, dass wir am Ende den eigenen Schwindel kaum noch bemerken. Ein Körnchen Wahrheit, und schon wird die Lüge glaubhafter:

Auf einer Klassenfahrt wohnten die Schüler in verschiedenen Gastfamilien. Zu einem Treffpunkt sollten sie selbständig mit dem Bus kommen. Ein 17-Jähriger entschuldigte sein Zuspätkommen so: »Ich habe mir noch das Museum angesehen.« Ganz aus der Luft gegriffen war seine Ausrede nicht, er ist tatsächlich mit dem Bus am Museum vorbeigefahren, hineingegangen war er aber nicht. Ein kleiner Flirt mit der gleichaltrigen Tochter der Gasteltern war der wahre Grund der Verzögerung. Er konnte die Verspätung nicht korrigieren, aber er stand in einem besseren Licht, da ein kultureller Anlass ihn die Zeit vergessen ließ.

Eine Freundin wollte uns eine besondere Bucht schmackhaft machen: »Dort gibt es Delphine.« Sie untermauerte ih-

Ein Körnchen Wahrheit braucht die Lüge, und schon wird sie glaubhaft

ren Vorschlag mit der Ergänzung: »Ich habe mich dort bei einem Delphin schon einmal an der Rückenflosse festhalten können.« Ein netter Versuch, uns dorthin zu locken, aber leider etwas zu dick aufgetragen. Wir hielten ihr daraufhin ihre Behauptung als ziemliche Flunkerei vor, doch sie rettete sich mit der Behauptung, sie hätte doch »fast« eingefügt. Was auch geschummelt, aber kaum noch zu beweisen war. Sie ist aus dem Schneider.

Kinderlügen

Es ist immer gut, sich ein Hintertürchen offen zu halten. Besonders, wenn soziale Anerkennung oder Glaubwürdigkeit auf dem Spiel stehen, will keiner als Lügner gelten: »Wer einmal lügt, dem glaubt man nicht, auch wenn er tausendmal die Wahrheit spricht!« Diese Botschaft haben wir verinnerlicht. Als Kinder haben wir uns schrecklich geschämt, wenn wir beim Schwindeln erwischt wurden. Natürlich waren wir trotzdem nicht brav und ehrlich. Ob wir Süßes stibitzten oder uns an verbotenen Orten aufhielten, rauchten oder uns mit den »falschen« Freunden trafen, auf jeden Fall zitterten wir nach jedem Fehltritt, bis klarwurde: Keiner hat etwas gemerkt.

Wenn wir etwas Verbotenes taten, haben wir alles Mögliche angestellt, um Spuren zu verwischen. Als Heranwachsende haben wir schnell gelernt, zum Beispiel den verräterischen Geruch aus unserem Atem und aus unserer Kleidung zu tilgen, nachdem wir heimlich Zigaretten gepafft oder getrunken oder wüst gefeiert hatten. Verschleiern war besser als mit einer schlechten Ausrede oder einer glatten Lüge dazustehen und peinlicherweise auch noch verdächtig rot zu werden.

Elternlügen

Und mit den Jahren erkannten wir, dass unsere Eltern es mit der Wahrheit auch nicht so genau nahmen. Der Nikolaus, der in seinem großen goldenen Buch angeblich unsere guten und schlechten Taten niedergeschrieben hatte, und das Christkind, das angeblich die Geschenke unseres Wunschzettels erahnen konnte und dann ungesehen unter den Weihnachtsbaum legte, waren Standardlügen. Den Kindern, die unbedingt wissen wollten, wo die Babys herkommen, wurde die Geschichte vom Klapperstorch aufgetischt.

In anderem Zusammenhang wird unerwünschtes Verhalten durch dreiste Lügen bedroht: Onanie löse Schwindsucht aus, früher Sexualverkehr führe zu Wachstumsverzögerung. Oder ganz profan: Vieles Fernsehen ziehe Augenschäden nach sich, gebeugtes Sitzen, sprich: Rumlümmeln würde Haltungsschäden verursachen.

Spricht man Eltern auf solche Lügen an, hört man die Ausrede, das gehöre zur Kindheit, Kinder würden die Wahrheit nicht verstehen oder nicht verkraften. Fadenscheinige Ausreden. Schon beim Klapperstorch geht die Lüge eher mit Schamgefühlen einher und zeigt, dass Eltern kindliche Wahrnehmungshorizonte oft nicht richtig abschätzen können, und es spiegelt ihre Schwierigkeiten, die Welt kindgerecht und dennoch so genau wie möglich zu beschreiben.

Aber Eltern zeigen Kindern auch, wann und wie Lügen doch notwendig sind.

- »Wenn der Lehrer fragt, wo du warst: Denk daran, du warst krank. – Deswegen sind wir erst einen Tag nach Ferienende zurückgekommen.« In Wirklichkeit wollten die Eltern die stressige Rückfahrt am staureichen Ferienende vermeiden.

- »Wenn Oma anruft: Wir kommen nicht, weil Papa noch arbeiten muss! – Sag bloß nicht, dass wir weggehen wollen.«
- »Papa darf nicht erfahren, wie teuer deine neuen Ski waren.«

Lügen lösen Kinder-Konflikte

Lügen sind auch ein Versuch, bei gegensätzlichen Haltungen oder Einstellungen den Konflikt nach außen zu leugnen, um so den Widerspruch scheinbar aufzulösen und die Situation damit vorerst zu entschärfen.

»Ich lüge nur, wenn ich in Not bin«, erklärte ein Elfjähriger. Er kam viel zu spät nach Hause und entschuldigte sich damit, dass er sein Fahrrad schieben musste, weil ein Reifen zu wenig Luft gehabt hätte. Wirklich zu spät war er aber, weil er mit seinen Freunden ein spannendes Fußballduell auf dem Bolzplatz ausgetragen hatte und wissentlich die Vorgabe ignorierte, bei Einbruch der Dunkelheit zu Hause zu sein. Und die Luft hatte er erst vor der Haustür aus dem Reifen gelassen.

Der Konflikt ist klar – Fußballspielen versus Anordnung. Seine Lösung: eine Lüge. Der mögliche Gewinn: keine Konflikte mit der elterlichen Autorität. Das Risiko: die Gefahr, erwischt zu werden. Seine Mutter hatte früher mal mit ihm ein Gespräch über Notlügen geführt, und er hatte das Gefühl, er wäre ziemlich eindeutig in Not gewesen.

Auch die 14-Jährige, die felsenfest behauptet: »Ich habe meine Goldfische verschenkt, als ich klein war, weil sie langweilig waren und ich das Wasser nicht immer wechseln wollte«, hat sich ihre Welt zurechtgebogen, bewusst oder unbewusst. Selbst wenn sie es abstreitet: Die Wahrheit ist, dass sie die Fische in einem scheinbar unbeaufsichtigten

Moment ins Klo geschüttet hat. »Im Meer haben sie es besser«, hatte die damals Siebenjährige behauptet, der es offensichtlich schon zu dieser Zeit wichtig war, ein guter Mensch zu sein.

Die Lügen der Erwachsenen folgen dem gleichen Impuls: Der Ehemann hat Lust, ein drittes Bier zu trinken. Seine bessere Hälfte hasst es, wenn er mehr als zwei Bier trinkt: »Er verliert dann sein Niveau.« Aber: Ist sie für einen Moment außer Sicht, bestellt er ein neues Bier und kippt den Rest des alten Glases schnell hinunter, in der Hoffnung, dass er einem bissigen Kommentar oder einer Auseinandersetzung entkommen kann mit der Erklärung: »Ist doch immer noch mein zweites!«

Der Mensch braucht nicht alles zu billigen;
verzeihen muss er können.
Thomas Niederreuther

Lügen nachtragen?

Menschen sehnen sich nach Vertrauen, nach Offenheit, nach ehrlichen Antworten, auf die sie zählen können. Sie wollen nicht zweifeln an dem, was Freunde ihnen erzählen. Sie wollen nicht misstrauisch sein. Sie wünschen sich so sehr, ein Leben voller Vertrauen zu führen, dass sie sich so verhalten, als würden sie jedem glauben. Deshalb sind sie geschockt und enttäuscht, wenn sie eine Lüge entdecken. Das Gebäude von Vertrauen und Gegenvertrauen wankt. Sie hassen die Lüge, weil sie argwöhnisch macht. Nach einer entdeckten Lüge sind sie irritiert, und der Lügner, dem sie herzlich zugetan waren, wird ihnen fremd. Sie distanzieren sich innerlich, vielleicht nur ein wenig, aber immer noch genug, um den Abstand zu spüren. Sie fürchten, sie könnten nie mehr so vertraut miteinander sein wie vor der Lüge.

Selbst wenn man laut streitet, sich hässliche Dinge an den Kopf wirft, erscheint das weniger schlimm als eine Lüge. Deckt man eine Lüge auf, lassen sich die Empfindungen mit dem verletzten Gefühl vergleichen, das man spürt, wenn einem etwas Böses oder Gemeines angetan oder gesagt wurde. Man geht auf Distanz zum Lügner, vielleicht zieht man sich sogar für eine gewisse Zeit zurück. Auch kleinere Lügen können schon einen Rückzug auslösen:

Man begegnet einer Freundin in der Stadt, obwohl sie erklärt hatte, »keine Minute Zeit zu haben«.

Ein Freund konnte sehr unterhaltsame Geschichten von seiner Zeit in einem noblen Internat erzählen. Das war witzig, bis jemand, der ihn noch länger kannte, durchblicken ließ, dass sie kurz vor dem Abitur gemeinsam vom städtischen Gymnasium geflogen seien.

Ein Bekannter bestärkt unsere Kritik an einer Theaterinszenierung, und wenige Minuten später hören wir, wie er mit einem anderen Gesprächspartner von derselben Aufführung schwärmt.

 **Hand aufs Herz, gehören Sie auch zu den Menschen, die solche Lügen nur schlecht verzeihen können und unter Umständen sogar nachtragen?**
Möglicherweise blenden Sie folgenden Zusammenhang aus: Starke Persönlichkeiten unterschätzen oft den Druck zur Konformität, den sie auf andere ausüben. Ungewollt zwingen sie einen Gesprächspartner dazu, ihre Meinung zu teilen. Der Gesprächspartner fühlt sich genötigt, ihnen zuzustimmen. Sie werden so Anlass für eine überangepasste, vorsichtige Argumentation. So manche Scheinheiligkeit und Schmeichelei in ihrer Gegenwart sind wohl eindeutig Lügen, aber darüber sollte man sich nicht wundern. Nicht jeder traut sich, seine Meinung zu sagen, wenn er mit Gegenwind rechnen muss.

Wenn alle Menschen immer die Wahrheit sagten, wäre das die Hölle auf Erden.

Oft bewerten wir einen harmlosen Versuch, uns hinters Licht zu führen, zu negativ. Wir vergessen, dass wir selbst auch gelegentlich der Versuchung nicht widerstehen können, ein wenig zu mogeln. Höchstwahrscheinlich messen wir hier mit zweierlei Maß. Schade ist dabei, dass wir mit unserer Strenge Freundschaften und Kontakte fahrlässig aufs Spiel setzen.

Jean Gabin, der großartige französische Schauspieler mit einem klaren Blick auf die Realitäten des Lebens, gibt zu bedenken: »Wenn alle Menschen immer die Wahrheit sagten, wäre das die Hölle auf Erden.«

Wie oft haben wir gelogen und sind nicht erwischt worden? Diejenigen, die wir anlogen – unsere Ehepartner, unsere Freunde, unsere Arbeitskollegen –, sie wären, hätten sie unsere Unwahrheit entdeckt, vielleicht auf Distanz gegangen.

Dennoch lügen wir. Natürlich immer in der Hoffnung, nicht erwischt zu werden. Unsere Aussichten dafür stehen nicht schlecht, denn der größte Teil unserer Lügen bleibt unerkannt. Aber selbst wenn wir ertappt werden, stehen die Chancen gut, dass wir uns herausreden können. Meistens findet sich eine glaubhafte Erklärung. Und fast immer lässt sich eine wohlwollende Absicht als Anlass für eine Lüge erfinden.

Oft erweist es sich auch als erfolgreich, an das Verständnis des Gegenübers zu appellieren. Und eine Entschuldigung, auch wenn sie nur ein Lippenbekenntnis ist, ist besser als schamhaftes Schweigen. Wahrscheinlich kommt man damit durch. Eine Untersuchung zeigt: Ebay-Kunden sind eher bereit, eine schlechte Bewertung zurückzuziehen, wenn sie eine ausführliche schriftliche Erklärung und eine Entschuldigung erhielten anstatt Geld.[14]

Lügen und Freundschaft

Dass man sich nach einer Lüge wieder herauswinden kann, ist das eine, aber weshalb soll man überhaupt lügen? Die wichtigste Rechtfertigung für die Lüge ist ein indirektes Argument: Ein Mensch, der immer die Wahrheit sagt, wäre in dieser Welt verloren. Er wäre das Opfer derjenigen, die seine Offenheit ausnutzen, und er würde sich eine Menge dramatischer Konflikte einhandeln. Aber das Wichtigste ist: Er wäre wahrscheinlich sozial vollkommen isoliert, ohne Freunde und ohne Arbeitsplatz. Das haben wir bereits angesprochen.

Meinungen weichen oft voneinander ab. Nicht immer will man das an die große Glocke hängen. Wir sind, ob wir es wahrhaben wollen oder nicht, voller Ressentiments. Selten ist es opportun, diese lauthals zu verkünden. Nicht immer sind wir so mitfühlend, so verständnisvoll und verzeihend, wie wir es behaupten. Gelegentlich löst selbst ein unangenehmes Missgeschick, das einem anderen widerfährt, bei uns eine erhebliche Schadenfreude aus. Zeigen wollen wir es lieber nicht. Und auch in dicken Freundschaften sieht man die Dinge nicht immer wirklich gleich. Häufig sind wir deutlich anderer Meinung, aber den Disput über eine Kontroverse, den genießen wir nur auf harmlosen Gebieten. Wir wollen Dissonanzen nicht allzu deutlich werden lassen: Wir mildern unsere Kritik. Wir beschönigen eine Dummheit, wir übergehen eine Gehässigkeit, wir wollen die Details eines Fehlverhaltens gar nicht genau ergründen. Die Gemeinheiten eines Freundes oder auch eines Vorgesetzten betet man schon mal gesund.

Wir übertreiben die Freude über ein Wiedersehen. Wir heucheln Interesse an der langweiligen Geschichte über

Dinge, die uns nicht die Bohne interessieren. Wir verschönern die Reaktion auf Bilder von Urlauben. Grundrisse von Wohnungen werden plötzlich als architektonische Traumlösungen gepriesen. Und hat der Freund sein Schlafzimmer in einem wässrigen Blau gestrichen, was unserer Meinung nach die Optik des Zimmers vollkommen ruiniert, kann man sicher vorhersagen: Dieses vernichtende Urteil wird verschwiegen. Normalerweise werden wir uns jeden Kommentar verbeißen. Wir wollen den Freund nicht beleidigen, unsere Wertung würde seinen Geschmack so-

Von Karl Valentin stammt die ironische Bemerkung: »Gar net erst ignorieren!« (Noch nicht mal ignorieren!) Er beschrieb damit die Haltung einem Menschen gegenüber, mit dem man gebrochen hat. Man kann diesen Satz auf zwei Arten verstehen:

Erstens: Man nimmt denjenigen noch nicht mal so wichtig, dass man ihn ignoriert. Denn durch Ignorieren gäbe man ihm ungewollt eine Menge Aufmerksamkeit. Man geht scheinbar normal mit ihm um.

Zweitens: Man beachtet denjenigen so wenig, dass man noch nicht einmal selbst bewusst registriert, dass man ihn ausblendet.

Wenn man so will, wäre dies das perfekte Ausblenden. Man blendet selbst das Ausblenden aus.

Ein neutraler Zuschauer würde in beiden Fällen kaum erkennen können, wie sehr wir mit diesem Menschen gebrochen haben. Beide Varianten sind absurd, aber es sind letztlich ultimative Lügen. Unsere wirkliche Einschätzung dem Ignorierten gegenüber wollen wir noch nicht einmal erahnen lassen. Solche Verhaltensweisen sind als Lügen schlecht zu erkennen. Wir müssen damit leben, dass ein Großteil aller Mogeleien unerkannt bleibt. Eine ehrliche Meinung erfahren wir selten. Fast alles wird uns nur als geschminkte Fassung angeboten.

wieso nicht ändern, und warum sollten wir ihm die Freude verderben?

Sicher ist aber auch, dass man die eigene Reaktion kaum als Lüge klassifizieren würde. Man legt einen feinen Schleier über das Ganze und wird schon bald wieder der Illusion frönen: »Üb immer Treu und Redlichkeit«, und vergessen, das wirkliche Motto lautet: »Üb immer Treu nach Möglichkeit.«

Man redet über das, was ein bestimmter Mensch gesagt oder getan hat, in seiner Gegenwart gänzlich anders als in seiner Abwesenheit. Auch das sind Lügen. Der nur halb eingestandene Ärger über einen Freund – auch eine Lüge. Die schmeichelnde Untermalung einer Forderung – wieder eine Lüge.

Aber man benennt es nicht so direkt. Man umschreibt es – diplomatisch oder fürsorglich oder pädagogisch. Wir nennen es schönfärben, die halbe Wahrheit sagen oder politisch korrekt sein, aber sicher nicht: Lüge.

Verkäufer sind keine Freunde

Wissen wir, was uns bewegt?

Ein Gesprächspartner, der unsere Körperhaltung vorsichtig kopiert – gewollt oder ungewollt –, wird von uns sympathischer beurteilt als jemand, der das nicht tut. Schlägt er die Beine übereinander, so wie wir es tun, stützt er den Kopf auf die Hand, so wie wir es tun, und ganz wichtig, lehnt er sich vor, wenn wir uns vorlehnen, dann hat er das Sympathiespiel zu 50 Prozent gewonnen.

Wie genau ist in diesem Fall unsere Wahrnehmung? Letztlich reagieren wir mit unserem Urteil auf ziemlich simple

Äußerlichkeiten. Können wir in einer kurzen Begegnung auf unser Urteilsvermögen bauen? Diese Frage kann klar beantwortet werden: Wir können es nicht.

Es ist fast unmöglich, in einem kurzen Dialog jemanden, der sich bewusst verstellt, zu enttarnen. Die typische Situation für einen kurzen Kontakt mit einem Fremden ist ein Verkaufsgespräch. Es ist fast ausgeschlossen, dass wir die Aufrichtigkeit eines geschulten Verkäufers richtig einschätzen. Er ist der wesentlich professionellere Teil dieser spezifischen Interaktion. Viel wahrscheinlicher ist es, dass *er* uns um den Finger wickeln kann, als umgekehrt. Er schätzt ab, wie viel Geld wir maximal ausgeben werden, welche Kriterien uns wichtig sind, und er wird versuchen, uns durch einbindende Informationen zu gewinnen: In Schulungen

Wir kaufen Lügen:
Gesundheit
Sicherheit
Gutes Aussehen
Gute Stimmung
Sauberkeit

wurde ihm beigebracht, die Käufer nach Typen zu unterscheiden, zum Beispiel Kunden, die an technischen Details interessiert sind oder eher an Faktoren des Designs. Diese werden dann auf ganz verschiedene Weise angesprochen und die Kaufargumente darauf abgestimmt. In einigen Schulungen wird sogar darauf geachtet, ob ein Mensch für Geräusche empfänglich ist, und dieses Wissen wird in die Art, den Kunden anzusprechen, eingebaut. In großen Autofirmen beschäftigen sich Ingenieure sehr intensiv mit dem Klang der sich schließenden Autotür. Für viele Kunden sind solche Details für einen Kauf viel entscheidender, als sie ahnen. Achten Sie einmal darauf, wenn ein Händler Ihnen ein Neufahrzeug präsentiert. Man kann wetten, dass er Ihnen den Klang der schließenden Tür auf irgendeine Art vorführt.

Gerüche beeinflussen Menschen unterschwellig. Die wenigsten Kunden, die ein Kaufhaus betreten, beachten bewusst den Duft von Parfüms oder frischem Brot, der ihnen im Eingangsbereich eines Warenhauses entgegenweht. Selbst der Duft einer gerade arbeitenden Kaffeemaschine allein reicht den Verkaufsstrategen heute nicht mehr aus, ergänzt wird die Präsentation durch einen Duftspender, der die Intensität des originalen Kaffees bei weitem übertrifft. – Sehen werden Sie diese Verkaufshilfe selten.

Düfte werden eingesetzt, weil sich herausgestellt hat: Die Kauflaune steigt deutlich, wenn die Nase eine erfreuliche Rückmeldung an unser Gehirn weitergibt.

Bewusst wahrnehmen müssen wir all dies nicht, denn unsere Kauflust wird in jedem Fall gesteigert.

Wir kaufen Gesundheit, Sicherheit, gutes Aussehen, gute Stimmung, Sauberkeit, Lebensfreude. Wir kaufen Lügen.

Münchhausen im Chatroom

Wären wir sicher, dass unsere Lügen nicht aufgedeckt würden, dann lögen wir wahrscheinlich Balken krumm. Die meisten Menschen ahnen die eigene Tendenz zur Dramatisierung und zur Selbsterhöhung. Ohne die Kontrolle durch eine achtsame Umgebung schösse unsere Phantasie ins Kraut. In jedem von uns steckt ein kleiner Münchhausen. Wenn Zuhörer keine Möglichkeit haben, unsere Geschichten zu verifizieren, und keine eigene Erfahrung mit dem Inhalt besitzen, dann ist die Verführung groß, alles etwas schöner, dramatischer, heldenhafter oder auch gefährlicher zu flunkern.

Am Telefon lässt sich die eigene Schönheit leicht übertreiben – solange der Gesprächspartner uns nicht sieht und auch zuvor noch nie gesehen hat. Die Attraktivität eines Urlaubsziels können wir leicht großreden, solange wir die Einzigen sind, die je dort waren. Unsere Kompetenz oder Heldentaten werden, wenn Zeugen fehlen, sehr schnell übertrieben. Angeber leben nach diesem Prinzip und vielleicht auch mancher Angler.

Ein Internet-Chatroom bietet den kleinen und großen Hochstaplern viele Chancen. Ein Chatroom ist ein Diskussionsforum, in dem die Teilnehmer nur über das Internet miteinander in Verbindung stehen. Es ist so ähnlich, als würde man in einer fremden Stadt in eine Kneipe gehen und mit irgendwem reden, den man überhaupt nicht kennt. Hier kann unter Umständen ein persönliches Gespräch leichter geführt werden als in der Heimatstadt, weil man diesen Unbekannten höchstwahrscheinlich nie wieder treffen wird.

Vergleichbares geschieht beim »Chatten«. Jeder Teilnehmer schickt Botschaften über die Tastatur seines Computers. Alle, die in diesem Moment mit diesem Chatroom verbunden sind, können die Nachricht sofort lesen. Wenn jemand Lust hat zu reagieren, bekommt man eine Antwort. Wer mag, kann sich mit einem Chatpartner in ein »Hinterzimmer« zurückziehen, dort können die geschriebenen Botschaften nur noch vom Partner gelesen werden.

Dieses Medium erweist sich zunehmend als beliebter Freizeittreff. Viele Besucher von Chatrooms haben das Ziel, Informationen auszutauschen und mit anderen zu kommunizieren. Die Ernsthaftigkeit der einzelnen Teilnehmer ist recht unterschiedlich. Für manche zählt die Wahrheit kaum: Männer sind stets etwas größer, Frauen haben etwas weniger Speck um die Hüften, alle sind jünger, und niemand würde zugeben, dass er drei Schachteln pro Tag raucht. Verzeihliche Lügen.

Für meine Söhne

Hehle nimmer mit der Wahrheit!
Bringt sie Leid, nicht bringt sie Reue;
Doch, weil Wahrheit eine Perle,
wirf sie auch nicht vor die Säue.

Theodor Storm

Die feinen Lügen

Die Wahrheit ist eine Perle. Sie ist viel zu kostbar, als dass sie für jeden – und jederzeit – angemessen wäre.

Die Lüge gehört zum Leben. Wir können nicht jeden Menschen aktiv auf unsere Seite ziehen und von unserer Einschätzung überzeugen. Allein diese Realität zwingt uns dazu, die Wahrheit zu variieren.

Da will der Vierjährige wissen, was lügen ist, und die jungen Eltern zeigen anhand simpler Beispiele, ohne moralischen Zeigefinger, wie man lügt: Es bereitete dem kleinen Knirps ein diebisches Vergnügen zu behaupten: »Es regnet draußen«, obwohl die Sonne lachend am Himmel stand. Eine Weile macht es dem Kleinen Spaß, immer wieder neue Lügen zu kreieren. Trotz des Lügentrainings ist aus dem Kind ein aufgeschlossener, normal ehrlicher Erwachsener geworden. Natürlich haben auch diese Eltern nicht alles erfahren, was ihr Sprössling im Laufe der Jahre angestellt hat, aber nach ein paar Monaten hat er fast immer freimütig selbst die haarigsten Geschichten doch noch erzählt. Zum

Beispiel die folgende, die zeigt, wie viel Verantwortung – in ihrem eigenen Sinne – Kinder entwickeln.

Durch geschicktes Taktieren zwischen den verschiedenen Eltern durfte der mittlerweile 15-Jährige mit drei Freunden ohne Aufsicht nach Berlin fahren. Der Trick, den die Teenager angewandt hatten, war einfach und wirksam: Jeder Jugendliche erzählte seinen Eltern, die anderen Eltern hätten bereits zugestimmt. Über eine Tante organisierten sie sich ein Hotel, denn in einer Jugendherberge wäre der Abend zu einer Tageszeit vorbei gewesen, »in der es in Berlin erst richtig losgeht«. Im nächsten Schritt wurde also die Tante als Garant für die Unbedenklichkeit des Hotels zitiert. Ihr wiederum hatten sie erklärt, die Eltern sähen die frühen Schlusszeiten der Jugendherberge auch als unnötige Einschränkung.

Für die Erschrockenen unter den Lesern sei angemerkt, dass alle mitfahrenden 15-Jährigen Berlin aus mehreren Reisen kannten und auch bei früheren Aufenthalten schon gezeigt hatten, dass sie nicht verlorengehen, ihren Weg finden, sich mit dem U-Bahn-Fahren auskennen und die Unwägbarkeiten einer Großstadt halbwegs einzuschätzen wussten.

Natürlich haben die Wildfänge gelogen. Aber sie waren nie in einer ernstlichen Gefahr, sie waren viel vorsichtiger als 18-Jährige, die den gleichen »Flugversuch« beim Flüggewerden unternommen hätten. Sie haben sich eine Freiheit erschwindelt, für die sie offensichtlich reif waren, die sie eindeutig bewältigt haben und die ihnen gutgetan hat. Der Großteil ihrer Schwindeleien wurde erst im Nachhinein durchschaut. Vielleicht war das gut so. Sicher ist, dass dieses Abenteuer sonst so nicht stattgefunden hätte. Und die Eltern mit Halbwahrheiten zu füttern war wahrscheinlich eine genauso wichtige Erfahrung und Lehrstunde wie die Eroberung einer Großstadt.

Am erleichterten Lachen der Eltern war zu spüren: Sie waren froh, erst im Nachhinein davon erfahren zu haben. Das Wissen, dass nichts Ernstes passiert war, stimmte sie gnädig. Die Pubertierenden übernahmen auf diese Art eine deutliche Verantwortung für das eigene Leben, früher als üblich.

Manchmal kann man sich mit einer spontanen Lüge aus einer unangenehmen Situation herauswinden:

Thomas fährt mit dem Auto über einen Zebrastreifen, obwohl ein Fußgänger am Straßenrand steht. Die Besatzung eines Streifenwagens beobachtet die Szene, verfolgt das Auto und stoppt es. Ohne sich einer Schuld bewusst zu sein, hört der erstaunte Fahrer den Vorwurf: »Sie haben gerade einen Fußgänger beim Überqueren des Zebrastreifens behindert.« Ohne langes Nachdenken kommt als erste Reaktion eine spontane Lüge: »Der Fußgänger hat uns doch ein Zeichen gegeben!«, und der ebenfalls mit ausgestiegene Beifahrer setzt ohne Zögern die nächste Lüge hinterher: »Er hat uns vorbeigewinkt.« Mit einer Hand macht er die typische Bewegung, mit der man einem Wagen signalisiert, er solle weiterfahren. Alles gelogen und ein perfektes Zusammenspiel! Die verblüfften Polizisten sind unschlüssig, sie haben diese Geste nicht gesehen – wie auch – und verlassen verunsichert die Szene.

Sozialkosmetik

Vieles funktioniert in unserer Gesellschaft nur, weil wir einem Menschen helfen, sein Gesicht zu wahren, auch wenn er ordentlich ins Fettnäpfchen tritt: Judith lebt seit mehreren Jahren getrennt von ihrem Mann, sie hat sich in ihr ehemals gemeinsames Ferienhaus zurückgezogen. Ihre Nachbarn, die nur in den Ferien für einige Wochen in diesen Häusern wohnen, sehen sie also nur in dieser kurzen Zeit. Judith hat für jeden Besucher und bei jeder Einladung dieselbe stereotype Einleitung: Sie richtet Grüße aus, von Alfred, ihrem Mann, »mit dem ich gerade noch telefoniert habe«. Oder wenn die Freunde gerade erst angekommen sind, erklärt sie, dass Alfred erst vor ein paar Stunden abgefahren sei. »Er hätte euch zu gerne noch gesehen, aber leider musste er dringend fort.« Keine dieser Geschichten ist wahr. Es sind alles Lügen, die Judith erfindet, um nicht als die sitzengelassene Ehefrau dazustehen und nicht bekennen zu müssen, dass sie mit dieser Situation nicht zurechtkommt. Für Judith ist dies die einzig mögliche Form, vor den Bekannten mit dem Auszug ihres Mannes umzugehen. Sie will vor Menschen, die sie weniger gut kennt, nicht als die Verlassene dastehen und bemitleidet werden. Das Besondere an der Situation ist, dass alle Nachbarn längst Bescheid wissen. Sie haben Judiths Marotte akzeptiert, sie richten Grüße aus und blenden dann das Thema für den Rest des Tages oder der Einladung aus. Judith wird trotz ihrer seltsamen Art, mit der Trennung umzugehen, ernst genommen. Alle wissen um das Problem und spielen mit, um ihr die »Schmach« zu ersparen. Freundliche Lügen.

Besser eine Lüge als eine sinnlose Konfrontation.

Zugegeben, das ist ein skurriler Fall, aber abgeschwächt findet Vergleichbares häufig statt. Wir begegnen täglich Menschen, denen wir aus Höflichkeit, Takt oder Rücksicht nur eine geschönte Form unserer Meinung sagen. Wir halten uns zurück (solange es sich um entfernte Kontakte handelt), wenn jemand eine ungesunde Lebensweise propagiert, mit dem Partner oder seinen Kindern rüde umgeht, zu cholerischen Reaktionen neigt, bei bestimmten Themen keinen guten Gesprächspartner mehr abgibt oder einfach mit Kritik schlecht umgehen kann. Wir lachen sogar über manchen Witz, obwohl er alt ist oder wir die Pointe nicht erkennen können.

Vieles veranlasst uns zu freundlichen Lügen. Sozialkosmetik könnte man den guten Ton oder die gelernten Umgangsformen nennen, die ein unverzichtbarer Puffer sind. Besser eine pro-soziale Lüge als sinnlose Konfrontation.

Manche Menschen lügen sogar aus Hochnäsigkeit: Peter ist ein unverbesserlicher Rechthaber, weiß aber, dass er andere nicht ständig mit seiner selbstgefälligen Rechthaberei vor den Kopf stoßen kann: »Ich tue oft so, als würde ich den Einschätzungen der anderen glauben, auch wenn das gelogen ist.« Diese Lüge ist für ihn der Weg, seine Freunde nicht ständig herabzuwerten und damit zu beleidigen. Ohne Zweifel handelt er »pro-sozial«.

Lügen tut Beziehungen gut

Aus einer Bekanntschaft wird eine Freundschaft, weil wir uns gegenseitig öffnen. Im Idealfall werden Empfindungen und Einstellungen vertrauensvoll ausgetauscht und Sympathie vielfältig vermittelt und aufgebaut.

Freunde sind solidarisch. Wir stellen uns auf die Seite unserer Freunde, selbst dann, wenn wir nicht vollständig ihrer Meinung sind, oder sogar, wenn wir wissen, dass sie unrecht haben. Wahrheit und Offenheit erschaffen Beziehungen, Lügen stabilisieren Beziehungen.

Bilge hatte eine hässliche Auseinandersetzung mit einer Bekannten, sie hat sie in aller Öffentlichkeit geohrfeigt. Obwohl ihre beste Freundin Susan solche Ausfälle strikt verurteilt, signalisiert sie Bilge eine gewisse Akzeptanz für deren Ausraster: »Sie hat dich aber auch wirklich massiv provoziert!« Hier wird Solidarität größer geschrieben als ehrliche Rückkopplung, denn Susan hielt die Ohrfeige in Wirklichkeit für einen unverzeihlichen Ausraster.

Solidarität kann so weit gehen, dass man für einen Freund sogar vor Gericht lügt. Peter erfährt von einem Auffahrunfall seines sehr guten Freundes Alex: Ein jugendlicher Fahrer touchierte ihn leicht bei einem riskanten Überholmanöver auf der Autobahn. Alex war allein im Wagen, aber der Rowdy hatte einen Beifahrer. Frech schieben die beiden Alex die Schuld in die Schuhe, und es kommt zu einer Anklage. Die Chancen, heil aus dieser massiven Anschuldigung herauszukommen, stehen schlecht, Peter bietet, ohne zu zögern, seinem Freund Unterstützung an: »Ich sag für dich aus. Wir waren gleichzeitig mit zwei Fahrzeugen unterwegs. Ich war vor dir und habe alles im Rückspiegel gesehen. Das sage ich auch vor Gericht.«

Wahrheit und Offenheit erschaffen Beziehungen. Lügen stabilisieren Beziehungen.

So weit gehen nur wenige. Jedoch sehen die meisten wohlwollend über Schwächen guter Freunde hinweg: Gerd kann Whiskey trinkende Männer eigentlich nicht leiden, wenn sich aber sein bester Freund nach dem Essen seinen Whiskey gönnt, sieht er lächelnd darüber hinweg. Er redet sich ein, es wäre eine Ausnahme. An seiner Haltung hat sich nichts geändert. Sein Widerwillen gegen Whiskey ist in Sekundenschnelle reaktiviert, wenn ein weniger guter Freund zum Glas greift. Dann wendet Gerd sich sofort angeekelt ab.

Oder: Eigentlich hasst Sigrid Zigarrenraucher, aber dann kommt ein Freund zu Besuch, den sie lange nicht gesehen hat und dem sie herzlich zugetan ist. Und plötzlich tut sie so, als störe es sie nicht, wenn er in ihrer Wohnung raucht, obwohl sonst striktes Rauchverbot herrscht – auch bei besten Freunden.

Das Klagen über Wehwehchen, das uns bei manchem Bekannten aufstößt, wird bei einem guten Freund eher lächelnd hingenommen, wir gehen sogar darauf ein.

Gelegentlich verbiegt man seine Moral enorm um der Freundschaft willen: Drei Freundinnen erregten sich vehement darüber, dass der Freund einer der dreien unerlaubt ihre E-Mails gelesen hatte. So hatte er entdeckt, dass diese während einer Auslandsreise eine heftige Liaison hatte. Die drei Freundinnen würden ihrerseits eine Affäre niemals verzeihen. Aber in diesem Fall wird die kleine Sünde, private E-Mails zu lesen, zum großen Vergehen, das sogar das Fremdgehen toppt. Sie lassen sich dabei auf keine Diskussion ein: Die E-Mails zu lesen war viel schlimmer als das »Techtelmechtel«. Das Verletzen der Privatsphäre wird höher bewertet als die Tatsache des Betrügens. »Im Übrigen hätte er ja von dem Fremdgehen nie erfahren.«

Wir pflegen unsere Freundschaften durch ein wohlwollendes Verständnis, das andere Menschen kaum erwarten dürften. Das Interesse an den Details des Lebens der Freunde wird stets leicht überbetont, selbst wenn manche Einzelheit nicht wirklich unsere echte Aufmerksamkeit weckt.

Und wir erwarten von einem Freund auch, dass er oder sie sich auf vielfältige Weise solidarisch verhält. Wer dies nicht bedingungslos tut, verliert den Status Freund ziemlich schnell.

Lehrt eure Kinder die Wahrheit,
aber bereitet sie auf eine Welt
voller Lügen vor.
Werner Mitsch

Lügen entdecken

Beginnen wir mit einer Spielart der Lüge, die wir bisher noch nicht direkt angesprochen haben, die aber eine bemerkenswerte Form der Lüge darstellt.

Viele Menschen besitzen eine spitze Zunge. Ihre Bemerkungen können einen Menschen abqualifizieren, ohne dass diese Absicht als solche direkt erkennbar ist. Dennoch sind es gezielte Boshaftigkeiten: Einen Erfolg herabzuwürdigen, indem man den Spruch vom blinden Huhn, das auch einmal ein Korn findet, benutzt, ist eine erkennbare Variante. Aber einen Erfolg mit dem Satz zu kommentieren: »… es ist offensichtlich, eine solche Leistung kann man nur einmal im Leben vollbringen«, ist die Torpedo-Version. Wenn der Ton ohne jede Ironie bleibt, erkennt der Zuhörer erst im zweiten Gedanken, dass die eigentliche Botschaft lautet: »Das war nur ein (einmaliger) Zufall!«

»Du siehst gut aus! Was ein bisschen Schminke für einen Unterschied machen kann.« Spüren Sie, dass die eigentliche Botschaft im zweiten Satz verborgen ist und lautet: »Nur die Schminke gibt dir eine Chance, gut auszusehen«? – Dann haben Sie einen guten Riecher für eine verdeckte Provokation. Hier liegt der Unterschied zwischen der freundlichen Kabbelei und dem mehr oder weniger schlecht kaschierten Schlag unter die Gürtellinie.

»Du trägst ein schönes Kostüm. Es hat einen ausgesprochen vorteilhaften Schnitt.« Der zweite Satz kann eine warmherzige und freundliche Variante des ersten sein, aber auch ein hinterhältiger Hinweis auf eine schlechte Figur. Hören Sie den Unterschied? Es bedarf weiterer Informationen, um die reale Botschaft herauszufiltern.

Selbst in einem einzelnen Adjektiv kann eine ziemliche Boshaftigkeit elegant verpackt werden. Da wird das »Hellblau« des Sportwagens zu einem »Schlüpferblau« und damit zu einer süffisanten Herabwürdigung des Wagenbesitzers.

Auch wenn »schweinchenrosa« für jeden als Herabwürdigung einer gewählten Farbe erkennbar ist, gilt dies weniger für das Wort »pink«, das die gleiche Farbe benennt. Ein modisches Kostüm in einem frischen Rosa mit »Oh, pink!« zu beschreiben signalisiert die desavouierende Absicht nur unterschwellig. Nur wer den Unterton hört, kann den Unterschied erkennen.

Wenn besonders gepflegt lackierte Fingernägel als »Sekretärinnen-Nägel« beschrieben werden, dann wird die Boshaftigkeit wieder etwas greifbarer.

Die obigen Beispiele erscheinen auf den ersten Blick nur als ein Spiel mit Worten, aber unterschwellig spürt man geradezu die ausgefahrenen Krallen.

Das wachsame Unterbewusstsein

Wenn wir einem Menschen konzentriert zuhören, bemerken wir sofort, wenn er etwas Fehlerhaftes sagt. Wir prüfen vieles, ohne groß darüber nachzudenken. Behauptet jemand, die Französische Revolution habe 1798 stattgefunden, wir wissen aber, dass 1789 das richtige Jahr ist, fällt es uns sofort auf. Beschreibt ein Freund einen Weg falsch, und wir haben aufmerksam zugehört, erkennen wir es. Schildert ein Dritter den Charakter eines Bekannten, spüren wir augenblicklich, ob wir ein anderes Bild dieses Menschen haben.

Meist können wir gar nicht anders, als die »Realität«, hier die Aussage eines anderen, mit dem abzugleichen, was wir an Vorwissen haben. Das gehört zu unserer intellektuellen Grundausstattung, es läuft automatisch ab.

Wir sind auf die eine oder andere Art immer auf der Hut, wir machen den Gegencheck mit unserem eigenen Wissen. Leider sind wir aber darin nicht so versiert, dass uns alles sofort auffällt. Unser Gedächtnis, auch wenn es unbewusst arbeitet, ist nicht immer so schnell. Manchmal realisieren wir den Widerspruch zur eigenen Einschätzung erst später. Es kann geschehen, dass uns noch nach Tagen eine Botschaft querkommt. Ohne sichtbaren konkreten Anlass wird uns eine Abweichung bewusst, das Unterbewusstsein hat eine Dissonanz erkannt und dagegen rebelliert, bis der Widerspruch ins Bewusstsein gelangte.

Ein Beispiel. Wir hören zu, als Harald seinen Freunden ausschweifend von einer halsbrecherischen Kanufahrt erzählt. Er wäre fast ertrunken, hätte er nicht einen kühlen Kopf bewahrt. Ganz nebenbei fragt er, ob die Zuhörer auch Thomas K. kennen, der dabei war. Niemand kannte ihn. Die Frage schien im ersten Moment unbedeutend. Erst einige Stunden später, längst sind alle wieder zu Hause, schleicht sich die Frage nach Thomas K. wieder ins Bewusstsein. Unbewusst haben wir den Wahrheitsgehalt der Geschichte nochmals »kontrolliert«: Die Frage nach dem Bekannten erscheint erst jetzt als eine Absicherung, dass niemand der Zuhörer die Story nachprüfen konnte. Wir merken erst mit einer Verzögerung, dass sie nicht in den Kontext passte, und ahnen nun das Ziel dieser Kontrollfrage. Wir erkennen viel später erst den Hinweis, dass hier zu dick aufgetragen wurde. Jetzt beschleichen uns Zweifel am Wahrheitsgehalt der Geschichte.

Wie sich später herausstellt, berichtete Thomas K., den wir vorher nicht kannten, die Geschichte deutlich weniger dramatisch.

Einwände und Vorwände

Ein Einwand ist eine ernstgemeinte Frage, die geklärt werden kann. Eine schwierig zu durchschauende Form von Lüge ist die Strategie, immer neue »Einwände« zu (er)finden, die sich als Vorwand entpuppen und damit als Lüge. Ein Vorwand ist eine vorgeschobene Ausrede, die eine Verweigerung kaschieren soll. Hier will der Gesprächspartner nicht eingestehen, dass er längst eine unumstößliche Entscheidung getroffen hat: Wenn jemand immer neue Argumente gegen etwas vorbringt, können Sie diese Lügen-Strategie durchschaubar machen, indem Sie fragen: »Und wenn wir das Problem gelöst hätten?« Bitten Sie Ihr Gegenüber, den Satz zu beenden: »Wenn wir das Problem gelöst hätten, dann ...?«

Meist erkennen dann auch andere schnell, dass die Kette der Gegenargumente endlos ist. Nur wer auf diese Frage sinngemäß antwortet: »Ja, dann können wir es machen!«, der hat wahrscheinlich reale Bedenken oder Fragen, aber keinen generellen Widerstand. Findet jemand allerdings immer wieder etwas, was dagegenspricht, dann ist das Zeichen deutlich: Er will nicht.

Auch bei gravierenden Dingen, zum Beispiel, ob oder wann man heiratet, kann man die Einwände durch Fragen nach konkreteren Inhalten prüfen.

Den Einwand »Wir haben noch nicht genug Geld gespart, um zu heiraten«, kann man unter die Lupe nehmen mit der Testfrage: »Wie viel Geld brauchen wir denn, deiner Meinung nach?«

Kommt jetzt eine konkrete und realistische Zahl, sind die Bedenken ehrlich und keine Ausflucht.

Kommen neue »Argumente«, zum Beispiel: »Das Geld ist die eine Sache, aber wir brauchen auch eine bessere Wohnung«, sollten Warnlichter angehen. Es handelt sich um Vorwände. Die Wahrscheinlichkeit von Ausflüchten nimmt zu. Eine weitere Nachfrage ist angebracht: »Was für eine Wohnung wünschst du dir, wenn wir verheiratet sind?«

Wenn daraufhin keine konkrete und realistische Beschreibung einer gemeinsamen Wohnung kommt, kann man schon recht sicher sein, dass der Heiratswunsch nicht auf beiden Seiten gleich stark ist. Weitere Ausflüchte wie: »Wir müssen beruflich besser dastehen«, oder: »Heiraten hat doch Zeit, bis wir Kinder haben wollen«, beweisen ziemlich klar: Die Diskussion würde unendlich weitergehen.

In einer kleinen Firma bitten Sie Ihren Boss um eine fällige Lohnerhöhung. Bekommen Sie zur Antwort: »Es gibt erst mehr, wenn wir einen richtig großen Auftrag an Land gezogen haben«, stellen Sie die Testfrage: »Was ist ein richtig großer Auftrag?«

Ist die Antwort wirklichkeitsnah und konkret, zum Beispiel: »Wenn uns der Auftrag ein halbes Jahr Arbeit garantiert«, kann man realistischerweise auf eine Lohnerhöhung hoffen.

Mit Antworten wie: »Wir müssen aber auch die neue Maschine abbezahlt haben« oder »Und die allgemeine Wirtschaftslage muss sich klar verbessert haben«, sollen Sie vertröstet werden. Die Lohnerhöhung wird auf den Sankt-Nimmerleins-Tag verschoben.

Bei Vorwänden ist jeder lösungsorientierte Dialog überflüssig. Da will jemand etwas absolut nicht, auch wenn er Kompromissbereitschaft vortäuscht. Sie werden zu härteren Bandagen greifen müssen. Wollen Sie eine Sache durchsetzen, werden Sie deutlichen Druck anwenden müssen, oder es wird keine Veränderung geben. Nur über echte Einwände können Sie miteinander reden und gemeinsame Lösungen oder Kompromisse finden.

Eine Lüge kann nur so lange eine Lüge sein,
solange es eine Wahrheit gibt.

John le Carré

Unsere Wahrnehmung ist keine Kamera

Haben Sie schon einmal bemerkt, wie in der Dämmerung aus zufälligen Schatten und Flächen plötzlich eine Silhouette entsteht oder man im Dunkeln unerwartet eine Gestalt zu erkennen glaubt, die uns einen gehörigen Schrecken einjagt?

Das fühlt sich ziemlich unbehaglich an. Erst durch einen anderen Blickwinkel oder einen Wechsel der Beleuchtung wird klar: Wir haben lediglich einen großen Ast im Gegenlicht falsch gedeutet oder eine zufällige Anordnung von Blättern oder den Schatten eines Gebüschs falsch interpretiert. Froh, nicht in Gefahr zu sein, wenden wir uns ab, obwohl wir hätten schwören können: »Da war etwas.« Wahrnehmen ist keine eindeutige Sache. Wir »sehen« nie die Realität, sondern wir »erleben« unsere Interpretation eines Gegenstandes oder einer Situation.

Mancher mag glauben, im Hellen sei Wahrnehmen eine weniger strittige Angelegenheit. Auch das ist eine Illusion.

Ein typisches Beispiel sind die Aussagen verschiedener Augenzeugen, die haargenau dasselbe Ereignis beschreiben sollen. Sie enthalten fast nie größere Übereinstimmungen. Farben von Fahrzeugen, ihre Geschwindigkeiten, ihre Fahrtrichtung können extrem differieren. Das Geschlecht, das Alter oder besondere Merkmale beteiligter Personen oder ihre

Kleidung werden fast nie übereinstimmend wiedergegeben. Vermeintlich im Detail wahrgenommene Abläufe können sich vollkommen widersprechen.

Warum ist das so?
Wir glauben, unser Verstand liefere uns ein eindeutiges Abbild der Realität, aber allein das ist schon ein Wunsch. Wir sind noch nicht einmal in der Lage, wenn ein Gesicht auf dem Kopf steht, sicher zu sagen, ob dieser Mensch lächelt oder nicht. Unser Verstand schafft es, aus einer chaotischen Fülle von Informationen ein sinnvolles Gebilde zu konstruieren, mehr nicht. Es ist eine Interpretation. Manchmal haben wir *keine* Chance, eine eindeutige Realität zu kreieren.

Doppelbilder oder Was stimmt hier eigentlich?

Wenn Sie dieses Bild sehen, werden Sie sich erinnern oder bald erkennen, dass diese Zeichnung zwei unterschiedliche Frauen gleichzeitig zeigt, obwohl wir immer nur eine davon wirklich sehen können. Einmal erkennen wir eine alte Frau mit einer Warze auf der Nase, oder diese Warze verwandelt sich in die kleine Nase einer jungen Frau, die von hinten im Halbprofil gezeigt wird, das Auge der alten wird zum Ohr und der Mund der alten zur Halskette der jungen. Können Sie beide Gesichter »ansteuern«? »Ansteuern« deshalb, weil dieses Vexierbild von unserer Wahrnehmung Höchstleistung fordert. Wir arrangieren die Informationen, filtern sie und fügen sie zu einer sinnvollen Kombination zusammen. Unser Auge »sieht« – in beiden Fällen – exakt das Gleiche. Warum können wir immer nur *eine* »Auslegung« dieses doppelten Bildangebots wahrnehmen?

Die heute allgemein akzeptierte Erklärung: Wahrnehmen ist keine direkte Abbildung der uns umgebenden Realität. Das Auge arbeitet noch wie eine Linse, aber die Prozesse der Nervenleitung und der Verarbeitung dieser Signale haben mit den Prozessen in einer Kamera nichts gemeinsam. Das, was wir als Realität empfinden, wird erst in unserem Gehirn über komplexe Prozesse zusammengefügt. Die verschiedensten optischen Täuschungen zeigen, wie leicht sich unser Gehirn (nicht das Auge) täuschen lässt.

Sozialpsychologische Untersuchungen zeigen, dass wir sogar die Wirklichkeit umdeuten, um einen Sinn darin zu sehen. So wurden in den 50er und 60er Jahren folgende Experimente durchgeführt: Den Versuchspersonen wurde eine etwas unscharfe Zeichnung einer U-Bahn-Szene gezeigt. Mehrere Personen saßen oder standen in diesem Bild, und eine Gestalt hatte einen nicht genau zu spezifizierenden Gegenstand in der Hand, von »Messer« über »Flasche« bis zu

»kleinem Buch« waren viele Interpretationen möglich. Das Experiment bestand darin, dass das Bild nur an einer einzigen Stelle variiert wurde: Einmal war die Person mit dem unspezifischen Gegenstand in der Hand eindeutig ein Weißer, im zweiten Fall eindeutig ein Farbiger.

Leider gab es eine sehr hohe Zahl von Versuchspersonen, die bei der Zeichnung mit dem Kopf eines Farbigen glaubten, ein Messer in seiner Hand zu erkennen. Im Fall des Weißen hingegen glaubten sie, viele unterschiedliche Dinge erkennen zu können, aber sehr selten eine Waffe.

Was wir sehen, wird erst durch die Interpretation unseres Gehirns zu etwas individuell »Sinnvollem« – zu einer vermeintlichen Wahrheit. Deshalb kann selbst eine kleine Unschärfe in einem Bild oder in unserer Wahrnehmung leicht große Auswirkungen auf unsere Interpretation haben.

Wahrheit ist etwas, das unsere Psyche erzeugt

Wahrheit ist nichts wirklich Endgültiges oder Festgelegtes. Vollkommen aufs Glatteis geraten wir, wenn wir versuchen, zwischen Gut und Böse, Richtig und Falsch zu entscheiden. Was heute noch richtig war, kann morgen oder im nächsten Jahr bereits ganz anders betrachtet werden. Und es ist nicht allein unsere Wahrnehmung, die von Stimmungen beeinflusst ist. Auch ob etwas schön ist oder nicht, bestimmt unser Gehirn.

Ein eigenwilliges Beispiel solcher Doppelwirklichkeit war der Liebesschwur eines verlassenen Mannes: »Ich liebe doch sogar ihre Schwangerschaftsstreifen. Sie erinnern mich an unsere Kinder!« Wer möchte ein solches »Kompliment« ernsthaft hören? Dieser Mann ist nicht ganz grundlos verlassen worden. Wahrscheinlich bewertet der Sprecher die Schwangerschaftsstreifen ähnlich, wie seine Frau es tut: als einen Makel, den man leicht übersehen kann. Doch im Moment des Verlassenwerdens verweigert seine Psyche jede Kritik an dem immer wertvoller gesehenen »Objekt« – meine Frau.

Er sagt über die Schwangerschaftsstreifen nichts wirklich Wahres, aber er sagt etwas über die Heftigkeit, mit der er seinen Verlust erlebt. Das Verlustgefühl ist so zerreißend für ihn, dass er alte Realitäten buchstäblich über Bord wirft und voller Überzeugung eine Ode an die Schwangerschaftsstreifen dichtet. Niemand kann entscheiden, noch nicht einmal der Odensänger selbst, ob er diese Lüge glaubt. Im Moment des schmerzenden Verlusts ist es seine »gefühlte« Wahrheit. Ihn Lügner zu nennen würde den Kern nicht treffen, denn die Zweifel an seiner Beschreibung, wenn es sie denn überhaupt gibt, sind viel zu klein. Lügen im eigentlichen Sinne setzen voraus, dass der Sprecher weiß, dass er etwas sagt, was er nicht wirklich meint – das haben wir schon angesprochen.

Auch Lügendetektoren finden keine Wahrheit

Wissenschaftlich gesehen, gibt es nur wenige halbwegs verlässliche Merkmale für eine Lüge. Das einzige gesicherte Indiz ist eine kleine Verzögerung zu Beginn einer lügnerischen Antwort.[1] Die Verzögerung beträgt allerdings nur wenige Millisekunden, und die Unterschiede sind nicht immer oberhalb der Wahrnehmungsschwelle.

Selbst Lügendetektoren, die den Hautwiderstand, die Pulsrate und ähnliche physiologische Merkmale aufzeichnen, haben höchstens eine 75-prozentige Chance, einen Lügner zu enttarnen. (Es gibt neben Lügen viele andere Ursachen für physiologische Reaktionen.) Sie sind damit immer noch besser als geschulte FBI-Leute, die angeblich auf 60 Prozent entdeckter Lügen verweisen können. Bei einem Durchschnittsmenschen liegt die Quote bei mageren 30 Prozent.[2]

Auch bei professionellen Lügen-Aufdeckern gibt es Unterschiede: Polizisten, die besser als ihre Kollegen Lügen entdecken, achten auf Widersprüche. Das heißt, sie achten auf die innere Konsistenz und Logik einer Aussage und auf die Körpersprache. Wer Gesten benutzt, um seine Aussage zu unterstreichen, sagt eher die Wahrheit. Die Polizisten, die Lügen weniger gut erkennen, glauben Männern weniger als Frauen und achten darauf, ob jemand den Blickkontakt vermeidet oder herumzappelt. Dies sind letztlich aber keine zuverlässigen Lügenindikatoren.[3]

Am meisten wird in Telefonaten gelogen, weniger in elektronischer Post und am wenigsten in einem formellen Brief. Diese Diskrepanz ist so deutlich, dass Berater ihren Firmenkunden häufiger vorschlagen, mit Kunden eher zu telefonieren und bei Mitarbeitern in wichtigen internen Fragen elektronische Mails zu verwenden oder Gesprächsprotokolle zu fertigen.[4] Es ist aufschlussreich, über die Hintergedanken dieser Anleitung nachzudenken.

Der nervöse Lügner

Ein unsicherer Lügner fühlt sich nicht wohl in seiner Haut. Das wird besonders deutlich in dem Moment, in dem er lügt. Unsichere Lügner stehen unter Stress. Nervosität lässt sich schlecht unterdrücken. Ihre Anspannung zeigt sich unterschiedlich, zum Beispiel durch:

- Fahrigkeit
- Zu viel sprechen
- Blinzeln

Aber: Selbst ausgewiesene Verhörspezialisten weisen immer wieder darauf hin, dass es viele Gründe für eine nervöse Anspannung geben kann. Lüge ist nur *eine* mögliche Ursache. Der FBI-Agent Joe Navarro glaubt, viele Lügensignale erkennen zu können, aber schildert auch mehrere nachgewiesene Justizirrtümer, die ihren Ursprung in der sichtbaren Nervosität eines Beschuldigten hatten.[5] Die Nervosität wurde fälschlich als Lügenzeichen missdeutet.

Einen anderen Ansatz verfolgt der Psychologe Paul Ekman; er glaubt, dass wir in unserem Gesicht für sehr kurze Zeit unsere Stimmung zeigen und geübte Beobachter diese kurzzeitigen Stimmungssignale (Mikroexpressionen) erkennen können. Er glaubt unter anderem Fröhlichkeit, Verachtung, Trauer, Ärger, Ekel, Furcht, Überraschung ließen sich so herausfiltern.[6] In extremen Zeitlupen-Aufnahmen sind solche Gesichtsbotschaften relativ klar zu erkennen. Ekman geht davon aus, dass in dem Moment, in dem das gesprochene Wort nicht mit diesen Mimik-»Aussagen« übereinstimmt, eine Lüge gegeben sein kann.

Der Psychologe nennt es »nonverbales Durchsickern von Gefühlen«.[7]

Der Haken an dieser Idee: Die meisten Menschen sind bestenfalls nach einer intensive Schulung in der Lage, diese kurzzeitigen Mimik-Signale wahrzunehmen, und noch schwieriger ist es, sie korrekt zu deuten.

Alle diese Hinweise auf Nervosität oder mimische Diskrepanzen sind leider – für sich genommen – kein schlüssiger Beweis für eine Lüge. Keinem wächst eine lange Nase.

Realitätsprüfung

Die sichere Methode, Lügen zu erkennen, kann es also nicht geben. Im Allgemeinen schützt das, was man Realitätsprüfung nennt, uns am ehesten: »Habe ich schon Ähnliches erlebt oder beschrieben bekommen?« – »Was weiß ich aus eigener Anschauung über den Sachverhalt?« Das Wichtigste ist der eigene Sinn für Realität. Wenn es keinen Zweifel in mir gibt, spielt es fast keine Rolle, ob ich belogen werde, denn ich werde alles glauben.

Da erklärt Petra, die oft über Geldnöte klagt, sie habe genug gespart, um eine geplante gemeinsame Reise mitzumachen. Was tun, wenn man eine Gruppenreise plant und am Ende nur eine Rechnung bekommt? Würde man der Beteuerung uneingeschränkt glauben, dann bliebe man zum unangenehmen Schluss möglicherweise auf Kosten sitzen. Darüber hinaus hätte man eine konfliktträchtige Konstellation in die Freundschaft hineingetragen. Fragt man aber nach einer Vorleistung, selbst wenn der Veranstalter sie so umfänglich gar nicht verlangt: »Wie machen wir es mit dem Geld? Wir müssen jetzt eine Anzahlung leisten«, prüft man damit im Vorfeld die Bonität und hat das Problem mit Hilfe einer kleinen Schwindelei wahrscheinlich vom Tisch.

Im Überschwang einer Erzählung behauptet Georg, bei einem lange zurückliegenden Steinwurf wäre ein kleiner Kiesel so ungünstig geflogen, dass er gegen den Zahn seiner Begleiterin geprallt sei und der Zahn seither einen Riss habe. Wahrscheinlich im selben Moment fällt dem flunkernden

Wenn es keinen Zweifel in mir gibt, spielt es fast keine Rolle, ob ich belogen werde, denn ich werde alles glauben.

Erzähler ein, dass seine Zuhörer diese Begleiterin kennen könnten. Sie besitzt allerdings makellose Zähne, ohne Plomben oder Kronen. Jeder bewundert ihre schönen Zähne. Und so schließt er seine Erzählung mit der Bemerkung ab: »Das ist aber lange her, und jetzt ist der Sprung wieder zusammengewachsen.«

Wer nicht weiß, dass ein gerissener Zahn nicht wieder zusammenwachsen kann, könnte ihm glauben. Hier schützt uns unser Wissen davor, die Flunkerei ernst zu nehmen.

Details erfragen

Je subtiler man in der Lage ist, nach Details zu fragen, umso mehr lässt sich ein Lügner irritieren. In dem Moment, in dem es uns gelingt, einen Lügner zu verunsichern, und wir ihn mit echten »Beweisen« seiner Lüge konfrontieren, kann man oft die stockende Sprache spüren, den suchenden Blick, das Fassen an den Kopf oder das Kratzen. Man nimmt den ausweichenden Blick oder gerade den kämpferischen, zu langen Augenkontakt deutlicher wahr. (Dies sind deutliche Indikatoren, aber keine zwingenden Signale für Lüge. Abgebrühte Lügner zeigen sie nicht.)

Gelegentlich hilft es auch, den Lügner ein wenig zu provozieren, zum Beispiel durch: »Das kann nicht sein!«, um dann die Reaktionen auf diesen Versuchsballon genau zu beobachten. Denn es gibt körperliche Veränderungen, zum Beispiel eine leichte Steigerung der Hauttemperatur im Gesicht, etwas geringer als ein Erröten. Diese Veränderungen kann man spüren, auch wenn sie nicht total eindeutig sind. Auch kleine Wechsel in der Mimik lassen sich erkennen. Bei etwas Erfahrung nimmt man die leichte Verzögerung einer phantasierten Antwort leichter wahr.[8]

Und wie schon angedeutet: Am Telefon lügen Menschen besonders viel und einfach, weil sie damit der Kontrolle durch die Augen des Zuhörers entzogen sind.[9] Aber wenn sie etwas schriftlich niederlegen müssen, dann vermeiden es die meisten Menschen zu lügen. »Das hab ich gar nicht gesagt!« – diese gern benutzte Ausrede lässt sich aus naheliegenden Gründen bei einer schriftlichen Lüge kaum einsetzen. Wer Lügen verhindern oder aufdecken will, sieht dem Sprecher in die Augen und lässt sich zusätzlich alles schriftlich geben. Das funktioniert nicht nur, wenn es um etwas Ernsthaftes geht, sondern auch auf einer spaßigen Ebene. Der Königsweg, Lügen aufzudecken, bleibt das Nachfragen nach Details, es lockt den Lügner aufs Glatteis.

Gegen Lüge immunisieren
Unser Vorwissen bietet den besten Schutz, um nicht auf Lügen hereinzufallen. Auch Ärzte müssen – selbst auf ihrem Fachgebiet – für manche Lüge erst »immunisiert« werden. Vor Zahnärzten konnte auf einem Kongress widerspruchslos behauptet werden, Inuit hätten 34 Zähne, im Gegensatz zu den 32 Zähnen, die alle anderen Menschen haben. Diese Lüge konnte plaziert werden, weil die Zuhörer nicht darauf vorbereitet waren, eine solche Aussage eines Kollegen überhaupt anzuzweifeln. Mit der Anzahl der Zähne von Inuit hatte sich noch niemand beschäftigt, also gab es keinen Anlass für Misstrauen. Wir müssen schon den Ansatz für einen Zweifel haben, damit wir einen Hinweis auf eine Lüge spüren können. Das nennt man »Immunisieren«.

Kinderleicht sind wir zu belügen, wenn wir uns in einem

Bereich nicht oder nur wenig auskennen. Wenn etwa esoterische oder andere Heilslehren pseudonaturwissenschaftliche Behauptungen aufstellen, treffen sie damit viel leichter auf offene Ohren, wenn das Publikum nur geringes naturwissenschaftliches Vorwissen hat.

Als gesellschaftliches Problem erweist sich zunehmend, dass Jugendliche kein reales Geschichtswissen über das Dritte Reich haben. Deshalb sind sie viel stärker gefährdet, verfälschenden Lügen aufzusitzen und sie nachzuplappern.

»Normale« Lügen, wie sie uns im Alltag begegnen, haben glücklicherweise die Eigenschaft, letztlich so etwas wie Fremdkörper in der Realität zu sein. Es sind immer Flicken, wenn auch manchmal kunstgestopft. Je genauer wir prüfen können, welche Verbindung eine Aussage mit einer uns bekannten Tatsache hat, desto leichter lässt sich die Lüge von der Wahrheit trennen.

So überraschte ein Gebrauchtwagenverkäufer einen Kunden mit der Bemerkung: »Wenn ich als Verkäufer besser geschult wäre, könnte ich Ihnen den Allradantrieb ausreden.« Der Kunde hatte dieses Detail auf seiner Wunschausstattungsliste ganz oben stehen, leider hatte der Händler aber kein einziges auf beiden Achsen angetriebenes Auto im Angebot. Der Hinweis auf die mangelnde Schulung verdeckt die Sorge des Beraters, dass kein Kauf zustande kommt, weil der Kernwunsch »Allrad« von den Fahrzeugen in seinem Angebot nicht erfüllt werden konnte.

Der Ton macht die Musik

»Ich werde jetzt gehen.« Ein recht neutraler Satz. Erst die Art und Weise, wie wir ihn aussprechen, macht die eigentliche Botschaft klar. Eine Vielzahl unterschiedlicher Interpretationen kann sich aus der Tonlage und der Situation ergeben. Während wir den Satz hören, erkennen wir die Stimmung unmittelbar oder glauben es zumindest. Die mögliche Bedeutung reicht von »Ich bin stinksauer« über »Das Gespräch ist zu Ende« bis zu »Jetzt gehe ich auf keinen Fall«. In einem bestimmten Kontext kann er sogar bedeuten: »Ich möchte unbedingt bleiben« – alles je nach Betonung.

Genau genommen sind diese Botschaften noch keine Lügen, das Heraushören der Intention ist sogar eine Kunst. Aber: Jeder hat seine ganz persönlichen Erlebnisse mit *falschen* »Untertönen« oder »Zungenschlägen«, zum Beispiel mit säuselnden Verführungen oder dem Brustton der Überzeugung, die jeweils lediglich vorgespielt wurden. Auch hier sind Aufmerksamkeit und Erfahrung wie immer die entscheidenden Ansätze, um Vorspiegelungen aufzudecken.

Lug und Trug sind der Welt Acker und Pflug

Sie müssen nicht selbst zur Lüge greifen, aber Sie sollten viel über sie wissen, um sie so oft wie möglich aufdecken zu können.

Wir, die Autoren, haben von vielen Schummeleien erfahren: von gefälschten Abiturzeugnissen, mit denen die Zulassung zu einem bestimmten Studiengang erlangt wurde; von gefälschten Daten in einer Doktorarbeit, weil der Schreiber sich so eine Menge Arbeit ersparen konnte. Wir sahen barocke Schnitzfiguren, von denen wir hinter vorgehaltener Hand erfuhren, dass sie zusammengesetzt waren aus Teilstücken verschiedener anderer beschädigter Figuren. »Unvollständiges oder Beschädigtes erzielt leider einen deutlich schlechteren Preis.« Wir hörten von gefälschten Bürgschaften, falschem Schmuck, Phantasiereisen in fremde Länder, von angeblich hohem Vermögen, das Eindruck bei anderen schinden sollte. Und, und, und.

Wenn man beginnt, darüber nachzudenken, wie viele Lügen und kleine Betrügereien man schon erlebt oder erzählt bekommen hat, stellt man schnell fest, dass die Liste der Geschichten endlos ist.

Kaum jemand hat noch echte Skrupel zu lügen. Selbst diejenigen, die früher wahrscheinlich stärker durch moralische Gebote (der Kirche und des Staates) auf die Wahrheit festgelegt waren, haben dieses Korsett heute abgelegt.

Wir haben zum Beispiel einen hohen Stand an Frührentnern. Manche davon sind regelrecht genötigt worden, sich mit einem vorgeschobenen Zipperlein verrenten zu lassen. Ein großer staatlicher Betrieb hat vor einigen Jahren, als er privatisiert wurde, seine älteren Arbeitnehmer regelrecht aufgefordert, eine Frühverrentung einzuleiten, was ohne materielle Einbußen nur durch Invalidität möglich war. So unter Druck gesetzt, hat eine große Anzahl der Mitarbeiter den Wink verstanden und sich bemüht, als »Invalide« frühverrentet zu werden. Vielen ist es gelungen, obwohl sie in Wirklichkeit recht fit waren.

Lebenslügen und Selbstbetrug

Unsere Psyche ist eine Meisterin des Selbstbetrugs. Der Egoist verleugnet vehement, eigennützig zu handeln; der Faulpelz erklärt sich zum Ausbund an Arbeitswillen; der Eifersüchtige ist allein um das Wohl seiner Geliebten bemüht. Den blinden Fleck erkennen wir beim anderen leichter als bei uns selbst:

Wenn wir uns vor einer Entscheidung drücken, erfinden wir immer neue Gründe, die unser Zögern erklären. Selbst Beziehungen, die längst tot sind, werden so aufrechterhalten. Auch an Jobs wird stur festgehalten, obwohl man sicher abschätzen kann, dass es ratsam wäre, nach einer neuen Arbeitsmöglichkeit zu suchen.

Man hat einen massiven Streit vom Zaun gebrochen, aber man erwartet, dass der andere einlenkt. Viele würden niemals zugeben, dass sie mit einer Kritik oder Forderung weit über das Ziel hinausgeschossen sind. Dieser Selbstbetrug wird uns selten deutlich.

Wir sind vielen Manipulationen ausgesetzt: Eine unterlegte Musik in einem Film ist stärker für unsere Stimmung verantwortlich als die Bilder, aber wir bemerken es nicht. Sehen wir im Fernsehen einen Hai durchs Wasser schwimmen, ist dies nur für wenige beunruhigend. Werden diese Bilder aber mit einer spannungsvollen Musik unterlegt, steigt bei vielen Menschen die Anspannung. Trotzdem glauben wir, es wären die Bilder, die unsere innere Unruhe auslösen. Dass es die Musik ist, oder genauer, die Kombination, bleibt unterschwellig.

Unsere Bewertung eines anderen Menschen hängt davon ab, *wer* uns was über ihn berichtet hat. Trotzdem glauben wir, in unserem Urteil unabhängig zu sein.

In den Ferien sind wir überzeugt, ein bestimmtes Kleidungsstück sei erstens günstig und zweitens stünde es uns ausgesprochen gut. Zu Hause hängt es dann ungetragen im Kleiderschrank, und nach einigen Jahren wird es so gut wie neu der Altkleidersammlung übergeben.

Warum kann man fast umsonst an Kaffeefahrten teilnehmen? Der Veranstalter baut darauf, dass er uns mit kleinen Geschenken zu weit teureren Anschaffungen verleiten wird. Wohlgestimmt kaufen wir zu überhöhten Preisen recht unnütze Dinge. Die Psyche lässt sich leicht täuschen. Heizdecken, Ferienwohnungsanteile, Schönheits- oder Gesundheitspülverchen werden unter Druck an den Mann gebracht.

Bei einem guten Verkäufer haben wir nach wenigen Minuten das Gefühl, einem guten Freund, einem Vertrauten, zumindest einem vertrauenswürdigen Menschen, gegenüberzustehen. Doch woher wollen wir wissen, ob dem so ist? Muss unsere Einschätzung wahr sein? Wohl kaum.

Widersprüche

Widersprüchliche Intentionen »streiten« auch in uns. Wir wollen schlank sein, aber nicht hungern. Wir wollen uns stark fühlen, aber nicht trainieren. Wir wollen sicher Auto fahren, aber auf Schnelligkeit nicht verzichten. Wir wollen friedlich leben, aber Konfrontationen nicht aus dem Weg gehen. Wir wollen eine fremde Sprache besser verstehen, aber wir scheuen die Mühe, sie zu lernen. Wir möchten mehr wissen über Biologie

Wir sind eher die Summe dessen, was wir erinnern, als die Summe der realen Erfahrungen.

oder Astronomie, aber wir wollen darüber keine Bücher lesen. Wir wollen mitreden können in Politik oder Wirtschaft, stellen aber fest, dass unser Wissen recht lückenhaft ist. Regelmäßig eine anspruchsvolle Tageszeitung kaufen und lesen – das ist dann doch zu aufwendig.

Solche Widersprüche verleiten zum Selbstbetrug. Wir verschließen die Augen vor der eigenen Schön- oder auch Schlechtrederei. Und unsere Erinnerung hilft kräftig mit, denn das Gedächtnis gleicht mehr einem Wunschbild als der Realität. »Wir sind eher die Summe dessen, was wir erinnern [wollen], als die Summe unserer Erfahrungen.«[1]

Das Paradox

Es klingt paradox, aber wir betrügen uns selbst. Wir reden uns Dinge oder Sachverhalte schön, ignorieren Unangenehmes, drücken uns mit windigen Ausreden zum Beispiel vor der Arbeit.

Wir führen uns hinters Licht und verleihen unserem Selbstwertgefühl damit ein wenig Auftrieb. Wir biegen Vergangenes zurecht. Wir erinnern uns deutlicher an die schönen Momente. Die Frage bleibt: Sind das harmlose Korrekturen oder doch eher schädliche Verleugnungen?

- Nützt es uns, oder schaden wir uns, wenn wir uns etwas vormachen?
- Was ist besser für unsere seelische Gesundheit und unser Wohlbefinden?

Tatsache ist: Menschen neigen dazu, bestimmte Bereiche ihrer Erfahrungen zu ignorieren und sich durch diese Selbsttäuschung zu schützen: »Besser nicht so genau hinsehen ...« Wir stabilisieren das eigene Image und stärken die gute Meinung über uns selbst.

Generell ist die Frage damit schon entschieden: Wir belügen uns, und wir fahren gut damit. Aber es kommt auf die Dosis an:

- Wer seine Fähigkeiten fortwährend *überschätzt,* hat ähnliche Probleme wie jemand, der sich fortwährend *unterschätzt.*
- Wer glaubt, eine Fremdsprache perfekt zu beherrschen, und nicht erkennen will, dass er nicht verstanden wird, kommt nicht weit.
- Wer immer wieder seinen Job verliert und ausschließlich die Schuld bei anderen findet, wird sein Verhalten selten den Gegebenheiten anpassen.
- Wer nie eine selbstkritische Distanz zu sich aufbauen kann, muss auf Dauer scheitern.

Und bemerkenswert ist: Für Menschen, die besonders gerecht und aufrichtig sein möchten, ist es schwierig, die eigenen Gefühle zu erkennen.

Wenn man einen hohen Anspruch an die eigene Moral hat,

wird man in gewissem Maß rigide. Man sperrt Störungen seiner »Glaubenssätze« aus der Wahrnehmung aus. Das verhindert, dass man das eigene Innenleben, seine Körperempfindungen und seine Impulse ungefiltert erkennt. Je fester wir »glauben«, umso weniger können wir »spüren«.

Aber auch bedingungslose Selbsterkenntnis kann uns alle Energie rauben. Man kann jeden Gedanken, jedes Gefühl, jede Regung in Frage stellen und hinter allem ein Problem wittern. Wer das versucht, schadet seiner seelischen Gesundheit erheblich.

Nicht nur Silvester

Sich selbst täuschen, sich selbst belügen – wie kann das gehen? Wenn ich etwas weiß, kann ich mir kaum vormachen, dass das Gegenteil der Fall ist.

Wir können uns selbst eine Freude machen: Wir treffen uns auf einen Plausch mit Freunden oder faulenzen in der Sonne, je nach Stimmung. Sich selbst zu erfreuen, das scheint zu funktionieren. Doch sich selbst beschummeln, das klingt abstrus.

Wir nehmen uns vor, gesünder zu leben, keine Zigaretten mehr zu rauchen, weniger Alkohol zu trinken, bewusster zu essen und regelmäßig Sport zu treiben, bei der Arbeit kürzerzutreten oder früher zu Bett zu gehen.

Doch schon wenige Tage später flüstert das Verhinderteufelchen: »Nur noch dieses eine Mal.« – »Aber morgen fang ich wirklich an ...« – Wir geloben Besserung, wissen aber im Grunde bereits, dass wir nicht durchhalten werden. 95 Prozent aller guten Vorsätze steht dieses Schicksal bevor: Was wir uns »eigentlich« ganz fest vorgenommen haben, geschieht nicht.

Zum Joggen ist es zu heiß, zu kalt, zu nass, zu spät, zu früh ... wir fangen morgen an.

Wir sind eingeladen. Da ist es doch schlecht möglich, den eingeschenkten Wein stehen zu lassen.

Im Job wird eine interessante Neuerung eingeführt, und man hört sich selbst sagen: »Das ist spannend, da wäre ich gern dabei.« Und schon sind fünf Familiensamstage für die nächsten Schulungen verplant. Kürzertreten ... demnächst.

In allen Beispielen haben wir uns etwas vorgemacht: Wahrscheinlich waren unsere guten Vorsätze schnell – wenn nicht von Anfang an – zum Scheitern verurteilt.

»Ich brauche jetzt eine Zigarette«

Was steckt dahinter? Braucht mein Körper tatsächlich immer Nikotin? Wohl kaum. Es ist wahrscheinlicher, dass ich eine Pause brauche.

Die Zigarette erlaubt mir die kleine Ruhephase. Ich habe mich etwas beschummelt. Aber ich habe auch etwas bekommen, was mir guttut. Manchem fällt es schwer, einfach zu sagen: »Jetzt mache ich eine Pause«, das klingt zu klar nach Lust- und zu wenig nach Leistungsprinzip. Oft können wir uns den Wunsch nach einer kleinen Auszeit ohne eine »vernünftige Erklärung« nicht gestatten. Einfach Nichtstun ist für viele nicht akzeptabel.

Aber Selbstbetrug funktioniert auch so: Ein Ehemann will nicht mit ins Theater. Statt das deutlich zu sagen, was möglicherweise eine lange unerfreuliche Diskussion nach sich ziehen würde, bricht er, ohne nachzudenken, einen Streit über die Telefonrechnung vom Zaun. Die kümmert ihn zwar nicht wirklich, aber gerade jetzt kommt ihm das Thema gelegen. Das Resultat: Sie rauscht ohne ihn aus dem Haus und geht verärgert nach dem Theater mit einer Freundin in eine Bar. Er sitzt gemütlich vor dem Fernseher und kann das wichtige Spiel der Champions League in Ruhe genießen. Die

Raffinesse seiner eigenen Strategie war dem Ehemann wahrscheinlich nicht einmal bewusst.

Viele Selbsttäuschungen funktionieren unbewusst. Wir sind sehr geschickt darin, unsere eigentlichen Intentionen auch vor uns selbst zu verschleiern. Entlarvende Hinweise blenden wir geflissentlich aus. So verlieren wir nicht unser Gesicht, nicht vor anderen und auch nicht vor uns selbst. Ziemlich stur übergehen wir alle Informationen, die uns oder unserer Verdrängung in die Quere kommen könnten. Selbsttäuschung ist meist immun gegen Zweifel und resistent gegen Erkenntnis. Wer sich selbst täuscht, wird stets Argumente finden, die seine Version bestätigen.

Wie Selbstbetrug funktioniert

Demosthenes lebte um 350 v. Chr., schon für ihn war klar: »Nichts ist leichter als Selbstbetrug, denn was ein Mensch wahrhaben möchte, hält er auch für wahr.«

Dostojewski sah in seinen *Erinnerungen aus dem Kellerloch* die andere Seite des Selbstbetrugs, das, was wir (fast) perfekt auch vor uns selbst verstecken: »Jeder Mensch hat Erinnerungen, die er nicht jedem erzählen würde, sondern nur seinen Freunden. Anderes, was er im Sinn trägt, würde er noch nicht einmal seinen Freunden erzählen, sondern nur sich selbst, und das heimlich. Aber dann gibt es noch andere Dinge, die sogar sich selbst zu erzählen er Angst hätte, und jeder anständige Mensch hat eine Reihe solcher Dinge tief in seinem Geist vergraben.«

Auch beim alltäglichen Selbstbetrug ist die Selbstwahrnehmung eingeschränkt. Widersprechendem entziehen wir unsere Aufmerksamkeit. Wir blenden Zweifel so schnell wieder aus, dass sie uns kaum bewusst werden. Fakten, die mit den eigenen Normen und Idealen in Konflikt stehen, überschreiten viel schwerer die Bewusstseinsschwelle. Wir konzentrieren uns auf das, was wir sehen *wollen*, und gestatten uns nur, das wahrzunehmen, was wir bereit sind zu erkennen. Wenn wir nicht erreicht haben, was wir uns vorgenommen haben, steht sofort eine »plausible« Erklärung parat. Das hört sich dann so an:

- Wir sind nicht dicker geworden, die Hose ist nur nach dem Waschen besonders eng.
- Wir haben nicht zu wenig gearbeitet, sondern die Aufgabe war unklar und schwammig formuliert.
- Wir haben die Landkarte nicht unaufmerksam studiert, sondern wir haben uns verfahren, weil die Wegbeschreibung mehrdeutig war.
- Wir brauchen »unbedingt« dieses wunderbare Kleid, dafür überziehen wir sogar das Konto, obwohl wir es schon mehrfach nur mit Mühe ausgleichen konnten.

Wir fühlen uns mit diesen Ausflüchten im Recht. Ein neutraler Beobachter würde sie bezweifeln. Wir aber verteidigen unsere Beweggründe vehement. Wir akzeptieren nur solche Erklärungen, die in unser Konzept passen. Was sich nicht einfügt, wird »weggedacht«, bevor es unser Bewusstsein erreicht. Wir betrügen uns selbst und bemerken es nicht.

Wie kann das gehen?

»Gar nicht«, denken Sie?

Und doch erlebt jeder irgendwann, dass er einem Argument gegenüber einfach nicht aufgeschlossen war und Fakten »übersehen« hat. Wir haben einem Gefühl nicht getraut. In einer anderen Situation sind wir einem Impuls viel zu schnell gefolgt. Wir haben etwas geglaubt, weil wir es glauben wollten, nicht weil Tatsachen dafür sprachen.

Seyran hat einer Verabredung mit einem problematischen Kollegen zugestimmt, weil sie sich berufliche Vorteile versprochen hatte, ohne das eigene mulmige Gefühl für die verquere Psyche dieses Mannes wahrzunehmen. Die Verabredung endet in einer ziemlich peinlichen Szene, in der sie Hilfe von anderen in Anspruch nehmen muss. Sehr unangenehm.

> **Leichtgläubigkeit, auch sich selbst gegenüber, entspringt dem Willen, etwas glauben zu wollen, weniger mangelnder Skepsis.**

Wir täuschen uns, indem wir skeptische Gedanken vom Tisch wischen. Wir tun so, also hätten wir Warnungen nicht erkannt. »Leichtgläubigkeit entspringt dem Willen, etwas glauben zu wollen, weniger mangelnder Skepsis.«[2]

Nicht alles darf ins Bewusstsein

Menschen sind in der Lage, unliebsame und unpassende Ereignisse aus dem Bewusstsein auszugrenzen. Das irritiert, da man – genau genommen – nur Dinge, die bereits das Bewusstsein erreicht haben, ablehnen kann. Dennoch machen wir Erfahrungen, ohne dass sie uns wirklich bewusst werden. Die Psychologie sagt: Reiz und Reaktionen bleiben unterhalb der Wahrnehmungsschwelle.

Wir »erkennen« nur unterschwellig die leichte Ablehnung einer Idee, die wir unserem Vorgesetzten vortragen, und dennoch werden wir beim nächsten Mal Änderungen vornehmen, wenn der »Ablehner« wichtig für uns ist.

Ein hochrangiger Vorgesetzter runzelt kaum erkennbar die Stirn, als Damian begeistert über den Entwurf für sein Projekt berichtet. Kaum eine Woche später spricht ihn ein Kollege auf diese »spannende Sache« an, als er sich sagen hört: »Ich bin mir kaum noch sicher, ob wir damit schon den großen Wurf konzipiert haben.« Etwas irritiert lässt er den Kollegen stehen und läuft mit sehr gemischten Gefühlen über den Flur: »Wieso habe ich, verdammt noch mal, jetzt Zweifel an diesem Konzept?«

Unerschütterliche Überzeugungen

Im Laufe unseres Lebens entwickeln wir bestimmte Einschätzungen und Wertungen. Ob es sich dabei um Urteile oder Vorurteile handelt – wer weiß das schon? Haben wir uns einmal eine Meinung gebildet, ist diese nur schwer zu verändern. So entsteht ein vielschichtiges System, das es uns möglich macht, Fakten und Tatsachen so einzuordnen, dass sie in unser Bild passen, es zumindest nicht in Frage stellen. Bei Informationen, die absolut konträr zu unserem »Denkschema« stehen, kann man sicher davon ausgehen, dass wir sie ignorieren oder für absurd erklären werden. Auch dann, wenn einem neutralen Zuschauer (den es eigentlich gar nicht geben kann) eine so radikale Verdammung ungerechtfertigt erschiene.

Folgender Witz trifft den Nagel auf den Kopf: Ein Mann geht zum Psychiater, weil er glaubt, er sei bereits gestorben. Nach mehreren Sitzungen merkt der Psychiater, dass der Patient ungebrochen an seinem Wahn festhält. Er sagt deshalb zu ihm: »Sie wissen natürlich, dass Tote nicht bluten.«

Der Patient sagt: »Ja. Natürlich!«

Der Psychiater nimmt eine Nadel und sticht sie ihm in den Arm, so dass er blutet. »Was sagen Sie jetzt?«, fragt er. Worauf der Patient antwortet: »Wer hätte das gedacht? Tote bluten ja doch.«[3]

Der Witz spielt mit dem Wissen, dass Meinungen oft gegen jede Logik aufrechterhalten werden.

Eine Freundin behauptet steif und fest, auf einem einige Jahre zurückliegenden Fest »keinesfalls« anwesend gewesen zu sein. Selbst ein Foto, das man ihr von genau diesem Fest zeigt, auf dem sie deutlich zu erkennen ist, kann sie nicht umstimmen. »Das kann nicht sein, ich war nicht da!« Wenn sich jemand richtig verrannt hat, kann es schwierig sein, ihn in die Realität zurückzuholen.

Jeder weiß, wie schwer es ist, jemanden von einer Überzeugung abzubringen. Und für jeden gilt: Sobald man sich eine Meinung gebildet hat, werden nur noch dazu passende Erklärungen zugelassen. Die Psyche beginnt, die festgelegte Sicht durch Suchen und Finden von passenden »Fakten«, so gut es geht, zu untermauern.

Haben Sie schon einmal einem Mann zugehört, wenn er sich Argumente für einen Neuwagenkauf zimmert, obwohl sein eigener Wagen erst vier oder fünf Jahre alt ist? Hat Sie schon einmal eine Frau verblüfft, wenn sie schlüssig nachwies, dass ein bestimmtes Paar Schuhe zwingend in ihren Ausstattungsfundus gehört?

Mit Zähnen und Klauen verteidigen wir unsere Ziele – oft gegen alle Vernunft.

Guter Eindruck und Selbstrespekt

Menschen sind in der Regel bemüht, einen guten Eindruck zu machen. Wir wollen anderen – und auch uns selbst – gefallen.

Eine ironische Selbstbeschreibung, die Groucho Marx zugeschrieben wird, spielt damit: »Ich möchte keinem Verein angehören, der mich als Mitglied haben möchte.« Oder wie Milan Kundera formulierte: »Wenn du mich wirklich kennen würdest, dann würdest du mich nicht kennen wollen.«

Selbstbetrug ist die Strategie der Wahl, keinesfalls die Ausnahme, wenn es um selbstbewusstes Handeln geht.

Dies sind witzige Umkehrungen. Wir schmunzeln darüber, weil 99 Prozent aller Menschen es letztlich anders sehen. Ein Klub, der uns nicht als Mitglied haben wollte, würde von unserer Psyche und unserem Verstand sehr schnell zu etwas Uninteressantem oder Borniertem umgedeutet: »Ich kann überhaupt nicht verstehen, dass ich jemals dort Mitglied werden wollte.«

Selbstzweifel greifen unseren Selbstrespekt an, und genau das wollen wir verhindern. Eine gesunde Psyche ackert so lange, bis sie ihr »inneres Bild von der Außenwelt« so weit korrigiert hat, dass wir wieder mit uns zufrieden sein können. Ein wenig Seelen-Make-up ist dabei nicht nur erlaubt, sondern erwünscht. Es ist ein notwendiges Therapeutikum. Wer dazu nicht fähig ist, ist seelisch gesehen ein Wackelkandidat.

Selbstbetrug ist hier eine gesunde Reaktion. Selbstkritik ist nur dann angebracht, solange sie konstruktiv bleibt und dem Selbstbewusstsein zuträglich ist. Das hat nichts mit

Selbstbeweihräucherung oder Selbstüberschätzung zu tun. Selbstbetrug ist die Strategie der Wahl, keinesfalls die Ausnahme, wenn es um selbstbewusstes Handeln geht.

Die kleinen Manipulationen

Ein kluger Zeitgenosse wusste: »Wenn der Tag kommt, an dem du merkst, dass du dich selber angelogen hast, wirst du sehen, dass das Leben nur noch halb so schön ist.«

Sich bei einem Selbstbetrug zu erwischen ist mindestens so schwierig, wie sich selbst zu kitzeln. Allerdings gibt es eine schwache Form der Selbsttäuschung, die funktioniert, wenn ein Wunsch der Vater eines Gedankens ist und keine überzeugenden Argumente oder Beweise ins Spiel kommen. Diese Selbsttäuschung kann erkannt und aufgehoben werden, wenn uns jemand, den wir ernst nehmen, eindringlich auf unseren blinden Fleck hinweist. Dann kann es durchaus sein, dass wir seine Version in Erwägung ziehen und schließlich zerknirscht unsere Einstellung wechseln. Bei der handfesten Selbsttäuschung suchen wir dagegen nur nach Argumenten, die unsere Einschätzung stärken. Für logische oder analytische Argumente sind wir vollkommen unzugänglich.

Die Grenze zwischen gesundem Selbstbetrug und riskantem ist schmal.

Die Grenze zwischen gesundem Selbstbetrug und riskantem ist schmal.

Wir kaufen einen Wagen, weil er eine noch bessere Sicherheitsausstattung besitzt, und vergessen, wie sehr die höhere PS-Zahl unsere kleine wilde Raserseele gelockt hat. Oder wir erliegen unerkannt der Werbebotschaft vom »grenzenlosen Fahrvergnügen«. Was wir ausblendeten: Die Botschaft wurde von einer jungen Dame mit unverschämt langen Beinen präsentiert und deutete ganz andere Verheißungen an.

Wenn wir einen Sachverhalt aus nur einem Blickwinkel sehen, dann ist auch das Selbstbetrug. Und tatsächlich betrachten wir die meisten Fragen einseitig, obwohl wir wissen: »Jedes Ding hat *zwei,* wenn nicht mehr, Seiten.« Würden wir weitere Perspektiven hinzunehmen, müssten wir wahrscheinlich anders urteilen, als es uns in den Kram passt.

Und oft geht der Selbstbetrug noch weiter: Wir wählen abenteuerliche Interpretationen und konstruieren willkürliche Zusammenhänge, die für andere ziemlich aus der Luft gegriffen erscheinen: Wir machen das Wetter verantwortlich für einen Streit, eine gereizte Stimmung oder für unsere selektive Vergesslichkeit. Wir schieben schlechte Laune, Zweifel, Sauersein auf Stress oder Ärger im Geschäft, aber nicht auf den Partner, der uns mit seiner Sauertöpfigkeit oder Übervorsicht nervt.

Aus solchen Erklärungen ziehen wir Vorteile, solange die behaupteten Zusammenhänge einen minimalen realen Kern haben. Geht der verloren, verlieren auch die Argumente an Gewicht. Die Selbstmanipulation läuft ins Leere. Wir beharren nur noch stur auf einer Position. – Wer erkennt, dass er nur noch einseitig nach Argumenten sucht, sollte auf der Hut sein.

Es gibt Ausnahmen.

Die Qual der Selbsterkenntnis
wird durch die Gnade der Selbsttäuschung gemildert.

Hans-Jürgen Quadbeck-Seeger

Selbsttäuschung schützt

Es gibt für viele Menschen ernste Gründe, eine schmerzliche Vergangenheit weniger leidvoll zu erinnern.

Traumatische Kindheitserlebnisse sind oft besonders schwer zu verarbeiten. Verleugnen ist eine mögliche Variante, mit solchen Belastungen umzugehen. Die Psyche blendet das Erlebte vollkommen aus, »ignoriert« es und »erfindet« eine neue Vergangenheit.

Jasmin redete sich ein, besonders fürsorgliche Eltern gehabt zu haben. In Wirklichkeit wurde sie extrem unterdrückt. Sie wurde sogar oft über Stunden eingesperrt.

Henry, der massiv vernachlässigt wurde, glaubte, besonders große Freiräume gehabt zu haben.

Der alkoholabhängige Vater wurde von Manfred als lebenslustiger, trinkfester Zeitgenosse beschrieben, ein ganzer Kerl eben. Seine Gewaltexzesse wurden als polternde Auftritte verniedlicht. Das eigene Leid blieb ausgeklammert.

Viele Faktoren der Kindheit können »schöngefärbt« werden:

Die depressive Großmutter, unter deren Schwermut man sehr gelitten hat, verwandelt sich mit der Zeit in eine zurückgenommene, stille Omi. Die geliebte, aber magersüchtige große Schwester, um deren Leben man gebangt hat, wird zur figur- und ernährungsbewussten jungen Frau. Der arbeitswütige Vater, den man kaum zu Gesicht bekam, wird nach 30 Jahren zum treusorgenden Familienmenschen, auch wenn er tatsächlich nur durch Abwesenheit glänzte.

Selbst im Alter phantasieren wir manches Lebensleid zu einer kleinen Lebensdelle: Der aggressive heranwachsende Sohn, der über Jahre seine Eltern terrorisiert hat, wird in der Erinnerung zum selbstbewussten, durchsetzungsfähigen jungen Mann, der seine Sturm-und-Drang-Phase durchleben musste.

Wir verdrehen die Geschehnisse und biegen sie zurecht, bis die Vergangenheit mit dem übereinstimmt, was in unser Wunschbild passt. Wir erinnern die Dinge so, wie wir sie gern gehabt hätten.

Selbstbetrug in der Gegenwart

Die Vergangenheit wird geschönt, aber auch in der Gegenwart müssen wir gelegentlich spannungsvolle Bereiche ausblenden.

Ein ernster Ehekonflikt, die lebensgefährliche Krankheit eines Angehörigen, existenzbedrohliche finanzielle Umstände dürfen uns nicht dauerhaft erstarren lassen. Das zeitweilige »Vergessen« versetzt uns in die Lage, unseren Alltag trotz solcher Krisen zu bewältigen. Würden wir den Schmerz, den Kummer, die Existenzangst nicht manchmal abschalten, ließe uns das ständige Grübeln nicht mehr los. Wir wären nicht mehr in der Lage, adäquat zu reagieren. Wenn wir dazu tendieren, unsere Aufmerksamkeit nur noch auf die Bedrohungen zu richten, und unsere Gedanken daran sich permanent in den Vordergrund drängen, dann ist das Zurückschieben dieser Gedanken ganz sicher eine gesunde Form des Selbstbetrugs. Immer dann, wenn wir es schaffen, uns nicht irritieren zu lassen, und handlungsfähig bleiben, ist Selbstbetrug erfolgreich.

Natürlich birgt dieses Ausblenden auch Risiken: Es kann die Grenze zum Gefährlichen überschreiten, wenn wir Warnungen übersehen und uns lebensbedrohliche Situationen gesundbeten. Wer in gefährlichen Gewässern schwimmen will, aber die eigenen Kräfte überschätzt, **Wer über einen schmalen Steg geht, tut gut daran, sich auf das Gehen statt auf die real existierende Gefahr zu konzentrieren.** oder in den Bergen wandert und die Wetterwarnung missachtet, ist leichtsinnig. Genauso wie jemand, der an sich selbst die Anzeichen einer bedrohlichen Krankheit leugnet und nicht zum Arzt geht.

Das rechte Maß liegt auch hier im Abwägen: Von Angst überflutet zu sein ist ebenso gefährlich wie leichtsinniges Verharmlosen.

Wer über einen schmalen Steg geht, tut gut daran, sich auf das Gehen statt auf die real existierende Gefahr zu konzentrieren, ohne sie dabei gänzlich zu ignorieren.

Aber mancher Selbstbetrug ist einfach überflüssig.

Rauchende Umweltschützer im dicken Geländewagen

Wir biegen uns die Welt zurecht, bis sie zu unserem Selbstbild passt. Mancher Anhänger der Hippiebewegung, der früher Privatbesitz verachtete, alles mit allen teilen wollte und heute allein in einer feudalen Villa lebt, hätte dies vor 30 Jahren als völlig undenkbar zurückgewiesen. Mancher ökologisch oder alternativ orientierte Autobesitzer rollt mit einem liebevoll gepflegten Geländewagen über innerstädtische Straßen. Zur Rechtfertigung wird die deutlich bessere Fahrsicherheit angeführt. Geflissentlich übersehen wird, dass diese Wagenklasse meist keine Knautschzone hat und das Verletzungsrisiko dadurch für die Insassen deutlich größer ist, aber auch für eine Person, die von einem solchen Wagen angefahren wird. Diese Stadtpanzer zwängen sich mühsam in Parklücken und fressen sehr viel Benzin. Ungeteertes Terrain haben sie selten oder nie erobert. Vielleicht gibt es deshalb ein Schlammspray, mit dem man die wildere Fahrt durch feuchtes, unwegsames Terrain vortäuschen kann.

Längst ist die aufmüpfig sozialromantische Studentin zur Geschäftsfrau geworden. Sie hat die Rolle der Ausbeuterin ihrer Angestellten übernommen, sich in eine »Kapitalistin« verwandelt. Sie ist in eine Schicht aufgestiegen, die sie früher zumindest verbal bekämpfte.

Längst hat der ehemalige »Linksanwalt« die Seiten gewechselt. Schließlich muss er seine Familie ernähren und den Kindern eine gute Ausbildung ermöglichen. Er ist kein »Kind des Proletariats« mehr, sondern gehört jetzt zu der Klasse: Mein Haus. Mein Auto. Mein Boot.

Wir wollen nicht bigott den moralischen Zeigefinger erheben. Wenn es dem Selbstwert hilft, kann und muss man seine Einstellung ändern und das »neue Leben« genießen. Der Sinn von Selbsttäuschung ist es, mit sich im Reinen zu bleiben.

Wer akzeptiert, dass seine veränderten Lebensbedingungen auch seine Weltanschauung verändert haben, und zu diesen korrigierten Ansichten steht, fühlt sich besser als derjenige, der verkrampft an veralteten Anschauungen festhält oder seine neuen Ideen mit schlechtem Gewissen überlagert.

Falsche Erinnerungen

Wir erinnern uns an Dinge, denen wir Aufmerksamkeit geschenkt haben. Auch unser Selbstbild beruht auf Erinnerungen, die bis in unsere Kindheit und Jugend zurückgehen. Doch wie zuverlässig sind unsere Erinnerungen? Wie wahr sind unsere Wahrnehmungen? Welchem Wandel unterliegen sie, auch ohne seelische Not?

Wir registrieren genau genommen nur eine Auswahl dessen, was tatsächlich vorhanden ist. Was in unser Bewusstsein gelangt, hängt von einer Art persönlichem Filter ab, der »bestimmt«, was wir bemerken. Ob etwas für uns persönlich von Bedeutung ist oder nicht und ob es in unser Selbstbild passt oder nicht, entscheidet sich – salopp ausgedrückt – bereits, bevor es in unser Bewusstsein dringt.

Verfälschte Erinnerungen können entstehen, wenn wir Fehlinformationen erhalten, suggestiv befragt werden oder ein Bild vor Auge haben, wie etwas gewesen sein sollte.

Eric, ein großer Griechenland-Fan, erinnerte sich: Die Volksabstimmung über die Wiedervereinigung Zyperns sei fehlgeschlagen, weil die türkische Minderheit in Zypern dagegen war. Die Mitgliedschaft der gesamten Insel in der EU blieb deshalb unmöglich. Einige Monate nach der Abstimmung schilderte er überzeugt diese Version der verhinderten Eingliederung in die EU. Fakt ist, abgelehnt wurde die Wiedervereinigung von den griechischen Zyprioten. Eric wollte einfach nicht glauben, dass seine geliebten Griechen die Einigung blockiert hatten. Gedächtnistäuschungen sind selten so leicht zu beweisen.

Viele Pseudo-Erinnerungen sind harmlos und in ihren Auswirkungen unbedeutend. Jeder hat schon einmal die Erfahrung gemacht, dass er gar nicht genau sagen kann, ob eine Kindheitserinnerung auf echtem Erinnern oder auf Fotos und Schilderungen von Verwandten beruht. Trifft man nach vielen Jahren Freunde aus der Kinder- oder Jugendzeit, werden Erlebnisse aus diesen Tagen wieder aufgefrischt. Und dabei stellen wir oft fest, dass manche Situation gänzlich unterschiedlich erinnert wird, obwohl jeder an die Echtheit seiner Geschichte glaubt.

Falsche Erinnerungen erzeugen

Wenn jemandem Erlebnisse plastisch suggeriert werden, auch wenn sie frei erfunden sind, glaubt eine größere Zahl von Versuchspersonen später, dass diese Geschehnisse wirklich stattgefunden haben.

Im Experiment wurde Versuchsteilnehmern vorgetäuscht, sie seien im Alter von fünf Jahren in einem großen Kaufhaus verlorengegangen. Sicher war, dass die Teilnehmer als Kind kein vergleichbares Erlebnis hatten.[4] Die falsche Erinnerungsgeschichte wurde von den Versuchsleitern ausgeschmückt: Verlorensein für längere Zeit, Weinen, Hilfe und Trost durch eine ältere Frau und glückliche Wiedervereinigung mit der Familie. – Alles Lügen, die angeblich von Verwandten berichtet wurden, in Wirklichkeit aber frei erfunden waren.

Erinnerungen können künstlich erzeugt werden.

29 Prozent der Teilnehmer »erinnerten« sich nach den Lügengeschichten – mehr oder weniger intensiv – an dieses erfundene Ereignis.

In weiteren Untersuchungen wurden wahre Ereignisse mit falschen vermischt: Den Teilnehmern wurde suggeriert, sie hätten bei einer Hochzeitsfeier den Brauteltern unabsichtlich eine Schüssel voll Punsch über die Kleidung gekippt.

Oder in einer anderen Versuchsreihe wurde ihnen aufgetischt, alle Kunden und Angestellten eines Lebensmittelgeschäfts hätten fliehen müssen, weil sie versehentlich die Sprinkleranlage ausgelöst hätten.

Stets geschieht Ähnliches: Die falschen Erinnerungen kehren zurück, fast genauer als die echten. Mit leichter Verzögerung werden sogar neue phantasierte Details erinnert: Die Hochzeit habe im Freien stattgefunden, man sei herumgerannt und habe etwas umgestoßen: »Eine Punschschüssel oder so«, und es wurde geschimpft.

Die Experimente zeigen, dass künstliche Erinnerungen an Ereignisse erzeugt werden können, die so nicht stattgefunden haben.

Was im Experiment möglich ist, geschieht alltäglich ganz genauso. Auch bei Zeugenvernehmungen, Verhören und psychotherapeutischen Sitzungen werden falsche Erinnerungen erzeugt, leider auch dann, wenn eine solche

Unsere Erinnerung ist niemals objektiv.

Beeinflussung gänzlich unerwünscht ist. Zum Beispiel sind Fälle bekannt geworden, in denen Therapeuten unbeabsichtigt ihre Patientinnen in dem Glauben bestärkten, in ihrer Jugend missbraucht worden zu sein, obwohl ein solcher Missbrauch nie stattgefunden hat. Die Verführung, aktuelle seelische Probleme auf handfeste Ursachen zurückführen zu können, war zu groß.

Wie krass Realität und vermeintliche Realität voneinander abweichen können, zeigt der Fall einer jungen Frau, die glaubte, zweimal schwanger gewesen zu sein und jeweils abgetrieben zu haben. Später stellte sich heraus, alles war Phantasie. Die Betroffene war noch Jungfrau.[5]

Fest steht: Niemand erinnert sich wirklich objektiv. Jede länger oder kürzer zurückliegende Abspeicherung trägt eine größere oder kleinere »Unschärfe« in sich.

Sich vorzustellen, dass wir uns auf unsere Erinnerung nicht absolut verlassen können, kann beunruhigend sein. Wir werden uns wohl trotzdem damit abfinden müssen, dass ein großer Teil unseres Erinnerns verfälscht ist und die Vergangenheit selektiv repräsentiert.

Betrogenes Kurzzeitgedächtnis

Doch nicht nur falsche Kindheitserinnerungen lassen sich implantieren, auch aktuelle, lediglich imaginierte »Erfahrungen« lassen sich im Gedächtnis verankern.

Im Experiment beschrieb man Teilnehmern einfache Tätigkeiten: auf den Tisch klopfen, einen Hefter hochheben, einen Zahnstocher zerbrechen, die Finger kreuzen, mit den Augen rollen. Dann wies man sie an, entweder die Handlungen wirklich auszuführen oder sie sich nur *vorzustellen* oder passiv einer Beschreibung verschiedener Handlungen nur *zuzuhören*.[6]

In der zweiten Sitzung sollten die Versuchspersonen sich einige der zuvor ausgeführten Tätigkeiten nur *vorstellen*.

In der letzten Sitzung wurden sie gefragt, welche Handlungen sie in der ersten Sitzung tatsächlich ausgeführt hätten. Dabei zeigte sich: Je öfter die Teilnehmer eine nicht ausgeführte Handlung imaginiert hatten, umso größer war die Wahrscheinlichkeit, dass sie sich später einbildeten, sie zuvor auch wirklich ausgeführt zu haben.

Eine falsche Erinnerung kann schon entstehen, wenn ein Dritter erklärt, ein Ereignis habe stattgefunden. Oft genügt die Behauptung, man sei bei einer Tat gesehen worden: Untersuchungen zeigen, dass Personen, die zunächst wissen, dass sie einen Fehler oder eine Tat *nicht* begangen haben, diese später doch gestehen, weil sie angeblich gesehen wurden. Sie produzieren Schuldgefühle, gelegentlich erfinden sie sogar die Umstände, die zur Tat oder zum Fehler führten.[7]

Es ist relativ einfach, jemandem eine Erinnerung zu implantieren. Leichter sozialer Druck kann bereits dazu führen, dass man versucht, einen bestimmten Sachverhalt wunschgemäß zu rekapitulieren, und dabei eine vermeintliche Erinnerung kreiert.

Es kann sogar vor Gericht zu einem Fehlurteil kommen. Die Nervosität eines Beschuldigten wird fälschlicherweise als Schuldeingeständnis interpretiert. Daraufhin unter Druck gesetzt, kommt es zu einem falschen Geständnis. Nach wiederholter Befragung glaubt der zu Unrecht Beschuldigte sogar, sich an den Tathergang zu erinnern. Auf diese Problematik haben wir schon hingewiesen.

Wenn Sie glauben, Sie persönlich könnten besser zwischen Phantasie und Realität unterscheiden, dann möchten wir Sie auf etwas aufmerksam machen, das nicht direkt mit falschem Erinnern zu tun hat: Sicher kennen Sie Momente, in denen Sie während der Einschlafphase träumend plötzlich mit dem Arm oder einem Bein zuckten. Sie phantasierten, etwas sei auf Sie zugekommen oder sie seien gestolpert oder Sie drohten aus dem Bett zu fallen. Obwohl Sie spürten, dass Sie sich in einer Art Halbschlaf befanden, war die Phantasie so stark, so lebendig und real, dass sie zu einer körperlichen Schutzbewegung führte. Noch nicht richtig eingeschlafen, wird die Phantasie zur Realität. So schnell spielt uns die Imagination einen Streich.

Sich selbst belügen – gut so

David Nyberg, ein Lügenforscher, schreibt: »Sei immer du selbst. Aber wenn das nicht gut genug ist, dann sei jemand anderes.«

Wir alle teilen das Bedürfnis, vor anderen besser dazustehen, als wir es unserer Meinung nach schlussendlich verdient hätten. Aber wir wollen dieses Ungleichgewicht auf keinen Fall besonders deutlich werden lassen.

Um eine gute Meinung von uns selbst zu haben, müssen wir dafür sorgen, dass die Unstimmigkeiten in unserem Inneren gering bleiben. Entsteht eine Diskrepanz zwischen unseren Ansichten, unseren Einstellungen und anderen Informationen, dann entwickeln sich daraus möglicherweise in uns Widersprüche oder Konflikte.

Ein Beispiel: Wir halten uns für einen guten Sänger mit einem absoluten Gehör, andere stellen aber gelegentlich fest, dass wir mit einem gesungenen Ton ziemlich danebenlagen.

Wird uns diese Einschätzung anderer deutlich, gerät unsere Selbstbewertung ins Wanken. Das heißt: Wir fühlen uns schlecht. Um dem entgegenzuwirken, variieren wir unsere Wahrnehmung und unsere Interpretation der Situation, und besonders gerne bezweifeln wir die Urteilskraft der Kritiker, denn wir wollen unserem Selbstwertgefühl keinen Schaden zufügen. Unser Ziel ist eine konsistente, in sich schlüssige Selbstsicht.

Kognitive Dissonanz

Der Psychologe Leon Festinger befasste sich damit, Verhaltensweisen vorherzusagen, die aus der Spannung zwischen zwei oder mehr Ideen, Ansichten, Einstellungen oder Meinungen im Inneren eines Menschen resultieren. Er nennt solche Spannungen »Kognitive Dissonanz«.[8] Innere Spannungen dieser Art erleben wir als unangenehm und versuchen sie aufzulösen. Festinger wollte in seinen klassischen Untersuchungen zum Beispiel wissen, was geschieht, wenn wir für eine Lüge bezahlt werden.

Ein typisches Experiment: Studenten verrichten langweilige Tätigkeiten. Danach sollen sie einer nachfolgenden Gruppe vorlügen, die Aufgabe sei interessant. Manche bekamen 20 Dollar für die Lüge, andere einen Dollar. Am Schluss sollten die Lügner bewerten, ob die zuvor verrichtete Tätigkeit interessant oder öde war. Diejenigen, die 20 Dollar bekamen, urteilten mit langweilig. Die Schlechtbezahlten gaben an, die Aufgabe habe Spaß gemacht.

Festinger und seine Kollegen schlossen daraus, dass bei Vorliegen einer hinreichenden äußeren Rechtfertigung (20 Dollar) die Menschen bereit sind zu lügen, ohne dass sie die Lüge selbst glauben; wenn der Betrag aber dürftig ist, tendieren sie **Das, was wir objektiv nennen, ist nicht viel mehr als eine Summe subjektiver Weltsichten.** dazu, die Lüge selbst zu glauben, weil sie so ihr Gefühl eigener Dummheit, für einen lumpigen Dollar gelogen zu haben, lindern können.

Kognitive Dissonanz oder genauer das Bedürfnis, sie aufzulösen, wird als ein Trieb, ähnlich stark wie Hunger, eingestuft.

Wirklichkeit wird damit subjektiv. Das, was wir objektiv nennen, ist nicht viel mehr als eine Summe subjektiver Weltsichten.

Eine objektive Wirklichkeit gibt es genauso wenig wie eine objektive Normalität.

Normalität wird heute in allen Wissenschaften definiert als eine festgelegte Schwankungsbreite um einen gedachten Mittelwert. Selbst in der Psychiatrie wird heute eine ähnliche Definition für psychische Normalität angewandt. Selbst im Alltagsleben einigen sich Menschen oft unausgesprochen darauf, was sie als *normal* werten wollen, und mit der Zeit kann sich diese »Norm« erheblich verändern.

Die Statik unserer Weltanschauung

Was uns als Sturheit oder Unbelehrbarkeit bei unseren eigenen oder den Ansichten anderer erscheint, hat auch einen vernünftigen Hintergrund. Könnte schon eine einzige Information unsere Einstellungen deutlich verändern, glichen wir eher einem Wetterfähnchen als einem intelligenten Menschen. Unsere Einstellungen bilden eine Hierarchie von Werten, die sich gegenseitig bedingen und die wir zur Untermauerung jeder eigenen Überlegung immer wieder heranziehen. Diese komplexe Vernetzung ist eine lebenswichtige Stabilisierung unseres inneren Abbilds der Welt – wenn Sie so wollen: die Statik. Ein ganz wesentlicher Schutz besteht darin, dass, selbst wenn sich ein Teilaspekt als zwingend falsch erweist, nicht unser ganzes Weltgebäude zusammenbricht, vielmehr setzen wir in das Haus lediglich ein neues Fenster an eine Stelle, die zuvor fensterlos war.

Die Selbsterkenntnis, nach der wir alle vermeintlich streben, hat in Wirklichkeit das Ziel, ein besseres Selbst zu finden, als wir wirklich vorzuweisen haben. Würden wir uns »ehrlich« betrachten, kämen wir wohl zu dem gleichen Schluss wie John Barth: »Selbsterkenntnis bedeutet immer eine schlechte Nachricht.«[9] Und so belügen wir uns über uns selbst, indem wir unsere Motive schönfärben und an unliebsamen Einsichten haarscharf vorbeischielen.

Wenn man es überspitzt formuliert, ist unser Verstand dazu da, eine Entscheidung intellektuell abzusichern, die nie allein auf unserem rationalen Kalkül, sondern immer auch auf facettenreichen, unbewussten Impulsen beruht.

Thomas gaukelt sich vor zu wissen, warum er die Geschwindigkeitsbeschränkung sträflich missachtet hat: Er »musste« den Überholvorgang zügig abschließen. Er blendet aus, dass er die Beifahrerin mit dem Sound des PS-starken Wagens beeindrucken wollte.

Petra »vergisst« die teure Kaviardose im Einkaufswagen. Sie ahnt, dass der unverschämte Preis sie zu diesem Täuschungsversuch angestachelt hat. Sie blendet aus, dass sie ihre Freunde mit etwas beeindrucken wollte, das sie sich nicht leisten kann.

In Wirklichkeit wissen wir wenig über das, was uns angetrieben hat.

Es ist unserem Wohlbefinden zuträglich, die Dinge so zu sehen, wie sie in unser Lebenskonzept passen. Damit unterstützt unsere Psyche unser Selbstbewusstsein auf verschlungenen Pfaden. Wir glauben zum Beispiel, dass unser letztlich völlig zufälliges Losglück doch etwas mit unserer Person zu tun hat, wenn wir bei einer Lotterie die Lose selbst aus der Trommel holen. Wir bilden uns ein, den richtigen Griff zu haben. Das hat offensichtlich nichts mit der Wirklichkeit zu tun, dennoch bestehen wir darauf, unser Glückslos selbst zu ziehen. Wir wollen nicht einfach ein zufälliges Los ausgehändigt bekommen. Wir glauben an unsere glückliche Hand. Immer wieder. Was lässt sich ernsthaft dagegen vorbringen?

Moralapostel

Auch Moral enthält erhebliche Komponenten von Selbstbetrug. Ein Beispiel: In England begannen Versicherungsmakler schon vor vielen Jahren damit, Lebensversicherungen von unheilbar Kranken aufzukaufen. Für einen Teil der Versicherungssumme erwerben Sie das Recht, beim Tod des Kranken die gesamte Versicherungssumme zu erhalten. Der Deal: Der Versicherte hat sofort eine größere Summe Geld für seine Behandlung oder für einen letzten Wunsch zur Verfügung. Stirbt er bald, dann hat der Käufer der Versicherung gut verdient. Ein Geschäft, das uns nicht gefällt. Fast jeder empfindet eine gewisse Abscheu, wenn mit dem zu erwartenden Tod Geschäfte gemacht werden.

Doch emotionslos gesehen hat der Kranke zu Lebzeiten den Nutzen aus seiner eigentlich erst bei seinem Tod fälligen Versicherung. Er hat Geld zur Verfügung, das er ohne diesen Deal letztlich niemals würde ausgeben können. Er ist vollkommen frei, damit zu tun, was ihm beliebt. Und der Käufer hat zum Ausgleich seiner Vorlage einen finanziellen Gewinn.

Trotzdem fühlt man sich bei der Vorstellung solcher Vereinbarungen aus irgendeinem Grund mies. Obwohl die Geschichte rein sachlich gesehen akzeptabel ist, drückt doch der moralische Schuh, egal wie nüchtern wir versuchen, die Fakten zu betrachten. Was wir in diesem Beispiel spüren, ist die Beharrungskraft unseres Weltbildes. Selbst die klare Erkenntnis, dass dieser Deal für alle von Vorteil ist, führt nicht dazu, dass wir die emotionalen Zweifel beseitigen können. Und wenn Sie jetzt denken: »Na, irgendwas ist doch faul an der Geschichte!«, begegnen Sie genau diesem kleinen Selbstbetrug, dass nicht sein kann, was nicht sein darf. Aber Sie können sicher sein: Mit der Realität hat dieser Zweifel nichts zu tun.

Diese Lebensversicherungskäufe sind heute zurückgegangen, nicht aus moralischen Gründen, sondern weil sich gezeigt hat, dass die kalkulierten Lebenszeiten häufig überschritten wurden. Die Käufer mussten zu lange auf ihr Geld warten – finanziell gesehen waren die Kranken die Gewinner.

Gemeinschaftlicher Selbstbetrug

Wenn wir wissen möchten, was wir von uns selbst zu halten haben, greifen wir auf Beurteilungen anderer zurück. Das tun selbst diejenigen, die von sich behaupten, ihnen sei die Meinung eines Dritten vollkommen gleich.

Die Einschätzung anderer hilft jedem, auch sich eine Meinung über verschiedenste Fragen zu bilden. Zum Beispiel bei politischen und gesellschaftlichen Fragen. Selbst wenn wir einen neuen Wagen kaufen wollen, reden wir mit anderen darüber. Wenn wir die Qualitäten eines Arztes oder die Integrität eines anderen Fachmannes abschätzen wollen, dann greifen wir auf die Erfahrungen von Freunden und Bekannten zurück und stützen uns damit auch auf deren Urteile. Natürlich suchen wir besonders die Einschätzungen von Menschen, die ähnlich denken und handeln wie wir selbst. Wir wollen nicht mit sehr überraschenden Wertungen konfrontiert werden.

Wir neigen dazu, uns denen ähnlich zu machen, die wir mögen.

Menschen passen sich einander an, im Guten und im Schlechten. Wir neigen dazu, uns denen ähnlich zu machen, die wir mögen. Wir wollen möglichst viele Gemeinsamkeiten finden oder erzeugen. Wir haben parallele Interessen, beurteilen politische und moralische Fragen ähnlich, selbst bei Freizeitbeschäftigungen gibt es Übereinstimmungen. Wir bestätigen uns gegenseitig in vielen Aspekten.

So wie wir alles Mögliche teilen, so teilen wir auch unsere Selbsttäuschungen. Wir halten Kontakt zu Menschen und passen unsere Sicht der Dinge fortwährend einander an. In vielen Freundschaften sind die gemeinsamen Überzeugungen eine notwendige Basis der Beziehung. Man kann nicht mit jemandem befreundet sein, dessen Meinung in wesentlichen Punkten deutlich von der eigenen Meinung abweicht. Während einer Unterhaltung unter Freunden vollziehen sich fortwährend auf vielfältige Weise Anpassungsprozesse. Wir gleichen unsere Einschätzungen einander an.

Über einen neuen Gedanken oder eine Wertung, die wir noch nicht abgeglichen haben, berichten wir nur mit einer vorsichtigen Intonation. Wir prüfen, welche Resonanz unsere Idee beim Gegenüber findet. Finden wir keine Zustimmung oder erfahren sogar vorsichtige Kritik, so passen wir uns an, in dem Maß, wie wir unser Gegenüber schätzen, auch wenn wir die Missbilligung nur durch einen Unterton wahrnehmen.

Es gibt tolerierte Diskrepanzen: das Faible für eine Fußballmannschaft, die Wertschätzung eines Schauspielers, Vorlieben bei der Inneneinrichtung oder Automarken. Dennoch bleiben Abweichungen in einer engen Zone, sie führen sonst zu Spannungen.

Wir diskutieren miteinander und sind sensibel für den Grad der Zustimmung bzw. Ablehnung. Wir registrieren, was beim anderen gut oder weniger gut ankommt. Ganz ohne Worte treffen wir so etwas wie Vereinbarungen darüber, was wir wie ansprechen und welche Themen wir gänzlich vermeiden.

Leichte Abweichungen tolerieren wir, kritische Aussagen interpretieren wir bis zum bestimmten Grad um, damit sie akzeptabel bleiben. Sind die Abweichungen groß, werden wir unruhig und versuchen vielleicht das Thema zu wechseln. Eventuell gehen wir sogar auf Distanz, besonders dann, wenn uns die Unterschiede *zu* groß erscheinen.

So entsteht und stabilisiert sich ein System von gemeinsamen Einstellungen, das aber auch etwas mit gemeinsamen Vorurteilen und Selbsttäuschungen zu tun hat.

Die Lüge lieben lernen

Fleetwood Mac, die Kultband der Siebziger, sang: »Tell me lies, tell me sweet little lies.« Eine offene Hommage an die Lügen der Liebe.

*If I could turn the page
In time then I'd rearrange
Just a day or two
Close my, close my, close my eyes*

*But I couldn't find a way
So I'll settle for one day
To believe in you
Tell me, tell me, tell me lies*

Übersetzt lautet der Textauszug in etwa so:

*Wenn ich die Zeit zurückdrehen könnte,
ich würde es tun,
nur für einen Tag oder zwei.
Schließe meine, schließe meine, schließe meine Augen.*

Aber es gibt keinen Weg,
also nehme ich mir einfach einen Tag
und glaube an dich.
Erzähle mir, erzähle mir, erzähl mir Lügen.

In vielen Situationen ist es lebensklug, Lügen einfach hinzunehmen und gelassen anzuerkennen: Niemand ist immer absolut ehrlich, auch nicht mit Ihnen. Wenn jemand Sie belügt, kann das bedeuten: Man will Sie schonen, man möchte Ihnen Gutes tun oder freundlich sein, oder man will etwas von Ihnen. Vielleicht möchte jemand Ihr Freund sein. Oder er will einfach nur ein guter Mensch sein. Möglicherweise wäre er gern so ausgebufft wie Sie. Vielleicht will er Ihnen gefallen oder ihnen sogar imponieren, vielleicht will er Sie erobern oder Sie einfach nur für sich einnehmen.

Er möchte sich mit Ihnen verbrüdern.

Oder: Vielleicht tun Sie ihm auch leid.

Oder: Ihm macht Übertreiben einfach Spaß.

Oder: Er versieht eine Geschichte gern mit einer besseren Pointe.

Auch bei miesen Motiven des lügenden Gegenübers ist Schweigen oft taktisch das Geschickteste.

Wenn jemand Sie auf irgendeine Art hinters Licht führen will, hilft es Ihnen dann, laut nach der Wahrheit zu schreien? – Nein, meistens ist es klüger, die Schummelei zu durchschauen und den Lügner in dem Glauben zu lassen, er hätte sein Ziel erreicht. Enttarnen ist nicht immer hilfreich: Wir wissen nicht, wie clever der andere dann umschaltet, wie viele noch hinterhältigere Schliche ihm zusätzlich einfallen, welchen Trumpf er danach aus dem Ärmel ziehen und zu welchen Finten er greifen wird, die wir vielleicht nicht mehr erkennen können. Solange man den Schaden für sich begrenzen kann, spricht nichts dagegen, den Lügner in vermeintliche Sicherheit zu wiegen.

Selbst wenn Sie sich entschieden haben, Lügen zu vermeiden, sollten Sie es schaffen, eine Lüge zu entdecken und den Lügner gewähren zu lassen – nicht um die Lüge zu akzeptieren, sondern um weiteres Lügen überflüssig zu machen.

Manche Lügen kann man einfach geschehen lassen

Über manche Lügen kann man einfach hinwegsehen und sie als Ausdruck einer sonst schlecht vermittelbaren Botschaft erkennen.

Wenn jemand, nachdem eine Arbeit so gut wie getan ist, fragt: »Kann ich helfen?«, will er übersetzt sagen: »Ich bin faul, aber ich möchte euer Freund bleiben.« Warum solche Lügen nicht als das nehmen, was sie sind? Ein Eingeständnis der eigenen Unzulänglichkeit und dennoch eine Bitte um Verständnis und Akzeptanz.

- Die Aufschneider sagen mit ihren Lügen auch: »Finde mich toll, hab mich gern, sei mein Freund. Ich will dich unterhalten, aber ich glaube, mein kleines bisschen Abenteuer reicht nicht aus, um für dich attraktiv zu sein.«
- Die Vorsichtigen wollen auf jeden Fall vermeiden, in ein Fettnäpfchen zu treten: »Widersprüche kann ich nicht gut ertragen; mit einer Meinung allein dazustehen ist mir äußerst unangenehm – lieber hänge ich mein Fähnchen in den Wind.«
- Die Schmeichler suchen um jeden Preis unsere Anerkennung: »Ich will, dass du mich magst. Das geht besonders leicht, wenn ich dir angenehme Dinge sage und meine kritischen Gedanken sehr weit nach hinten schiebe.«

- Die Abhängigen zeigen, dass sie möglichst keinen Konflikt mit uns wollen: »Ich brauche dich, nichts darf zwischen uns stehen. Dich zu verlieren ist viel bedrohlicher für mich, als mich zu verstellen.«
- Die Konfliktscheuen wollen ihre Kräfte schonen: »Ich bin anderer Meinung, habe andere Ziele, aber im Moment kann ich sie nicht offen vertreten. Ich fühle mich zu schwach, habe Angst vor einer Konfrontation.«

Kurt bauscht Geschichten häufig auf, schmückt sie aus und gibt gern ein bisschen an. Als die anderen ihm einmal grinsend erklären, er trage jetzt wohl doch zu dick auf, erwidert er keck: »Wenn ihr mir das nicht glaubt, lüge ich euch nie wieder an.«

Wer könnte einem solchen Lügner widerstehen?

Allen Zweiflern, die immer noch glauben, die Wahrheit, nur die reine Wahrheit, wäre der Schlüssel für ein friedliches Leben, möchten wir noch etwas zu bedenken geben: Ohne eine aggressive Tendenz dem Angesprochenen gegenüber würden wir einem flüchtigen Bekannten niemals in Gegenwart anderer sagen:

»Sie langweilen mich.«

»Sie sind ungepflegt.«

»Ihre Haare stinken.«

»Sie haben Mundgeruch.«

»Ich möchte Ihre Frau verführen.«

»Sie arbeiten schlampig.«

»Sie sind hässlich.«

»Sie haben Pickel.«

oder

»Sie haben einen Urinfleck auf der Hose.«

Wahrheitsfanatiker

Wir lernen gelegentlich Menschen kennen, die sich mit scheinbar radikaler Offenheit in den Mittelpunkt stellen und angeblich stets sagen, was sie denken. Dass sie dabei eine Art von verdeckter Aggression ausleben, ist nicht sofort erkennbar. Auf jeden Fall bringen sie ihre Mitmenschen oft in recht peinliche Situationen.

Während eines Festes wird ein Anwesender gefragt: »Wie gefällt dir Marion?« Marion sitzt in der Nähe und hört interessiert zu. Ein freundliches »Nett« ist die Antwort. Der etwas schüchterne Angesprochene kennt sie kaum und hat nur wenige Worte mir ihr gewechselt. Der »Wahrheitsfanatiker« mischt sich im gleichen Augenblick ein. In einer gewagten Interpretation behauptet er, das Wort »nett« wäre lediglich eine Ausrede, die man benutzt, wenn die Person eigentlich wenig interessant sei. Sofort herrscht betretenes Schweigen in der Runde. Was bleibt, sind Peinlichkeiten. Solche Sätze kann man nicht zurückbiegen. Die so Beschriebene ist bloßgestellt. Der gutgemeinte Kommentar »nett« steht wie eine Beleidigung im Raum. Mit dem Satz: »Was wahr ist, muss wahr bleiben«, will sich der Wahrheitsfanatiker rechtfertigen. Er vergisst, dass erst sein Kommentar die Höflichkeitsformel als Herabwürdigung etikettiert hat.

Wir brauchen die Lüge

Wir lernen sprechen. Wir lernen, die Stimme und die Körpersprache der anderen zu interpretieren, wir wollen lernen, »Lügen zu erkennen«. Warum sollten wir nicht auch – ganz selbstverständlich – »lügen lernen«? Unser Leben ist voller Widersprüche, und wir leben mit diesen Widersprüchen. Uns werden Geheimnisse anvertraut, und wir schützen deren Entdeckung. Wir offenbaren uns und verlassen uns darauf, dass auch unsere Geheimnisse geschützt bleiben. Ohne manipulative Techniken kann niemand ein Geheimnis dauerhaft für sich behalten. Das zu ignorieren wäre fatal und einfältig zugleich.

Nicht jede Wahrheit ist zu jedem Zeitpunkt mitteilbar und verlangt – gelegentlich – Lüge:
    Höflichkeit verlangt Lüge.
    Freundlichkeit verlangt Lüge.
    Ethik verlangt Lüge.
    Vertraulichkeit verlangt Lüge.
    Humanität verlangt Lüge.
    Sozialer Kontakt verlangt Lüge.
    Respektvoller Umgang verlangt Lüge.
    Gerechtigkeit verlangt Lüge.
    Liebe verlangt Lüge.

Fast nichts, was wir zu wissen glauben, kann dem Anspruch genügen, absolut wahr zu sein. Wahrheit oder Lüge, das ist eine Frage des Standpunktes und eine Frage der Wahrnehmung und auch eine Frage des Zeitgeistes. Weder die Wahrheit noch die Lüge können von sich behaupten, moralisch zu sein. Ob etwas moralisch ist, das entscheidet sich auf einer anderen Ebene. Hier muss über Wirkung und Folgen nachgedacht und grundsätzlich abgewogen werden. Zwei verschiedene Menschen kommen bei der gleichen Ausgangslage dennoch leicht zu verschiedenen Entscheidungen, die jeweils moralisch oder unmoralisch sein können.

Gewiss aber bleibt: Die menschliche Selbsttäuschung gehört zur eindrucksvollsten Software, die je entwickelt wurde[1].

Tiere können sich verstellen. Nur wir Menschen besitzen die komplexe Fähigkeit zur Täuschung. Wir sollten dieses besondere Talent sensibel nutzen.

Zum Weiterlesen empfehlen wir:

Für Glück: Martin Seligman: Der Glücks-Faktor – Warum Optimisten länger leben, Köln 2011

Für Liebe: Manfred Hassebrauck/Beate Küpper: Warum wir aufeinander fliegen – Die Gesetze der Partnerwahl, Reinbek 2002

Für Gesichter lesen: Paul Ekman: Gefühle lesen – Wie Sie Emotionen erkennen und richtig interpretieren, Heidelberg 2010

Für Körpersignale: Joe Navarro: Menschen lesen – Ein FBI-Agent erklärt, wie man Körpersprache entschlüsselt, München 2010

Für die Nöte der Männer: David D. Gilmore: Mythos Mann – Wie Männer gemacht werden. Rollen, Rituale, Leitbilder, München 1993

Für die philosophisch Interessierten: Simone Dietz: Die Kunst des Lügens – Eine sprachliche Fähigkeit und ihr moralischer Wert, Reinbek 2003

Für wissenschaftliche Experimente zu kleineren Betrügereien: Dan Ariely: Die halbe Wahrheit ist die beste Wahrheit, München 2012

Und natürlich für Powerfrauen und Powermänner: Ute Ehrhardt: Gute Mädchen kommen in den Himmel, böse überall hin, Frankfurt/Main 2011

Anmerkungen

Alle Menschen lügen

1 vgl. Thomas Müller: Kleine Lügen erhalten die Freundschaft. In: *Bild der Wissenschaft* 9/2003, Seite 66–68

2 Lukas Heiny: Lügen lernen. In: *Financial Times Deutschland* vom 3.9.2004

3 vgl. ebd.

4 Heiner Knallinger: Die II., München 2001

Kann denn Lüge Liebe sein?

1 vgl. Manfred Hassebrauck/Beate Küpper: Warum wir aufeinander fliegen. Die Gesetze der Partnerwahl, Reinbek 2002, Seite 24f.

2 vgl. ebd., Seite 20f.

3 vgl. ebd., Seite 27f.

4 vgl. Martin E.P. Seligman: Der Glücks-Faktor, Bergisch Gladbach 2003, Seite 22

5 vgl. Christina Maria Berr: Zu schön, um von Dauer zu sein. In: *Süddeutsche Zeitung* vom 12.4.2005, Seite 9

6 Zitiert nach: Markus Diem Meier: Alles nur Berechnung. In: *Facts* vom 2.5.2002

7 vgl. Hassebrauck/Küpper, a.a.O., Seite 119

8 vgl. ebd., Seite 115f.

9 vgl. ebd., Seite 88ff.

10 vgl. Seligman, a.a.O., Seite 318

11 vgl. Claudia Wallis: The New Science of Happiness. In: *Time,* special issue vom 17.1.2005, Seite 43

12 Hartwig Hanser: Keine reine Erziehungssache. In: *Gehirn&Geist,* 5/2003, Seite 54

13 vgl. Hassebrauck/Küpper, a.a.O., Seite 57

14 vgl. ebd., Seite 95f.

15 vgl. Harald Martenstein: Vom Wesen der Liebe. In: *Geo* 12/02, Seite 88ff.

16 vgl. Hassebrauck/Küpper, a.a.O., Seite 96

17 vgl. ebd., Seite 63f.

18 vgl. ebd., Seite 117f.

19 vgl. ebd., Seite 117

20 vgl. ebd., Seite 193

21 vgl. ebd., Seite 62f.

22 vgl. Jörg Blech und Rafaela von Bredow: Eine Krankheit namens Mann. In: *Der Spiegel* vom 30.12.2003

23 vgl. Hassebrauck/Küpper, a.a.O., Seite 115

24 vgl. wissenschaft.de vom 26.2.2001: Gefühlsausdruck bei Männern im unteren linken Gesichtsviertel, www.wissenschaft.de/sixcms/detail.php?id= 155085/

25 vgl. Hassebrauck/Küpper, a.a.O., Seite 34f.

26 vgl. ebd., Seite 40

27 vgl. Gerd Kröncke: Der Amerikaner und die Hutmacherin. In: *Süddeutsche Zeitung* vom 2./3.8.2003, Seite 3

28 Thomas Müller: Kleine Lügen erhalten die Freundschaft. In: *Bild der Wissenschaft* 9/2003, Seite 66

Kleine Lügen machen glücklich

1 vgl. Wallis, a.a.O., Seite 47

2 vgl. ebd., Seite 48

3 vgl. Seligman: a.a.O., Seite 98

4 vgl. ebd., Seite 21

5 vgl. ebd., Seite 72

6 vgl. Kurt Sokolowski: Emotion. In: Jochen Müsseler/Wolfgang Prinz (Hrsg.): Allgemeine Psychologie, Heidelberg 2002, Seite 346

7 vgl. Wallis, a.a.O., Seite 43

8 vgl. Seligman, a.a.O., Seite 320

9 vgl. ebd., Seite 37

10 vgl. ebd., Seite 38

11 vgl. ebd., Seite 10f.

12 vgl. ebd., Seite 356

13 vgl. ebd., Seite 357f.

14 Christina Berndt: Medizin ist Show. in: *Süddeutsche Zeitung* vom 5.8.2003, Seite 15

15 vgl. Radio-Interview am 6.11.2004, in »Zwischen Rhein und Weser«, WDR 2. Die GERAC-Studie an 3500 Patienten hat gezeigt, dass bei einer Akupunktur an chinesischen Akupunkturpunkten (Verum) mit einer Akupunktur an nichtchinesischen Punkten kein signifikanter Unterschied nachgewiesen werden konnte.

16 Christina Berndt, zit. nach Verena Pilger, a.a.O., Seite 15

17 vgl. Robert A. Hahn: Nocebo. Der Glaube, der krank macht. In: *Psychologie Heute* 04/1996, Seite 64

18 Vgl. www.berlin-institut.org/fileadmin/user_upload/handbuch_texte/pdf_ Karsch_Renten_EU.pdf

19 vgl. Jörg Blech: Die Krankheitserfinder. Wie wir zu Patienten gemacht werden, Frankfurt am Main 2003, Seite 58

20 Vgl. http://www.sueddeutsche.de/leben/schaedliche-nahrungsergaenzung-vorsicht-vitamine-1.59649 oder http://www.spiegel.de/wissenschaft/mensch/gesundheitsrisiken-wissenschaftler-raten-von-vitaminpillen-ab-a-809208.html

21 vgl. Benedict Carey: Feeling Guilty? Small Lies, or a Secret Life Can Be Healthy. in: *The New York Times,* Beilage der *Süddeutschen Zeitung* vom 24.1.2005, Seite 11

22 vgl. Simone Dietz: Die Kunst des Lügens, Hamburg 2003, Seite 45

23 Peter Estérházy: Harmonia Caelestis, Berlin 2001, Seite 7

24 vgl. Daniel Kahneman: Es geht um eine Colonoscopie. In: *Time,* special issue vom 17.1.2005, Seite 47

25 vgl. Philip Wolff: Gut erfunden ist fast schon wahr. In: *Süddeutsche Zeitung* vom 31.12.2004, Seite 13

26 vgl. Eduardo Gianetti: Lies we live by. London 2000, Seite 6 ff.

27 Zitiert nach: David Nyberg: Lob der Halbwahrheit. Warum wir so manches verschweigen, Hamburg 1994, Seite 204/205

28 vgl. Frans de Waal: Wilde Diplomaten. Versöhnung und Entspannungspolitik bei Affen und Menschen, München 1991

Die Gesellschaft der Lüge

1 Schulz von Thun, zit. nach Ute Ehrhardt: Und jeden Tag ein bisschen böser, Frankfurt/Main 1996, Seite 114 ff.

2 vgl. Ijoma Mangold: Ein afrikanischer Eisberg. In *Süddeutsche Zeitung* vom 2.8.2003, Seite 11

3 Alex Rühle: Ein Brett im Kornfeld. In: *Süddeutsche Zeitung* vom 19.7.2003, Seite 13

4 vgl. Dietz, a.a.O., Seite 43

5 Nyberg, a.a.O., Seite 195

6 *SPIEGEL ONLINE:* Die Wahrheit über die Lüge, 18.2.2003

7 Jean Michel Saillo: Lügen Sie los! In: *P.M.,* August 2006

8 vgl. Leo Kauter: Vom Lügen, Betrügen, und der Moral. Mülheim an der Ruhr 2003, Seite 50

9 vgl. o.A.: Tisch, bewege dich. In: *Spiegel,* 48/2003, Seite 77

10 Zitiert nach: Kristina Junker: Der große Bluff. In: *Cosmopolitan,* 11/2004, Seite 159

11 Heute zu finden unter www.alibi-profi.de

12 Heute unter www.move-your-card.com/

13 vgl. Heiny, a.a.O.

14 vgl. Harald Czycholl: Welche Entschuldigungen am besten ankommen. In: *Welt Online,* 7.1.2012

Lügen entdecken

1 vgl. Heiny, a.a.O.

2 vgl. ebd.

3 vgl. Jochen Paulus: Aus Erfahrung werden Polizisten klug. In: *Psychologie Heute,* 8/2004, Seite 11

4 vgl. Eva Tenzer: Lügen in Zeiten moderner Kommunikation. In: *Psychologie Heute,* 8/2004, Seite 10

5 vgl. Joe Navarro: Menschen lesen – Ein FBI-Agent erklärt, wie man Körpersprache entschlüsselt, München 2010, Seite 220

6 vgl. Paul Ekman: Gefühle lesen – Wie Sie Emotionen erkennen und richtig interpretieren, Heidelberg 2010, Seite 304

7 vgl. ebd., Seite 296

8 vgl. Philip Wolff: Lügen haben lange Leitungen. In: *Süddeutsche Zeitung* vom 7.12.2004, Seite 10

9 vgl. Tenzer, a.a.O., Seite 10

Lebenslügen und Selbstbetrug

1 vgl. Wallis, a.a.O., Seite 47

2 Dietz, a.a.O., Seite 135

3 vgl. Daniel Goleman, Lebenslügen. München 1995, Seite 85

4 vgl. Elizabeth F. Loftus: Falsche Erinnerungen. In: *Spektrum der Wissenschaft*, 3/2002, Seite 63

5 vgl. ebd., Seite 62

6 vgl. ebd., Seite 66

7 vgl. ebd.

8 vgl. http://ethologiepsychologie.wordpress.com/2011/11/15festingers-theorie-der-kognitiven-dissonanz/; Hauptwerk: Leon Festinger: Theorie der kognitiven Dissonanz, Bern [u.a.] 1978

9 Zitiert nach: Nyberg, a.a.O., Seite 133

Die Lüge lieben lernen

1 David Nyberg: Kleine Lügen erhalten die Freundschaft, in: Bild der Wissenschaft 9/2003, Seite 66 ff.